Das Buch

Die Spionageabwehr gilt gemeinhin als die spannendste Aufgabe jedes Geheimdienstes: Was unternimmt die Gegenseite, um uns auszukundschaften - und was tun wir, um dies zu unterbinden? Im Geheimdienst der DDR war dafür die Hauptabteilung II (HA II) zuständig.
Naturgemäß interessierten sich die Dienste der Bundesrepublik für die ostdeutsche Republik. Folglich beschäftigte sich auch die HA II besonders mit dem BND, dessen Zentrale in Pullach bei München residiert.
Erstmals berichtet ein leitender Mitarbeiter der Spionageabwehr über Aktionen des Bundesnachrichtendienstes gegen die DDR. Er schreibt über Geschichte und Entwicklung des Dienstes und über die erfolgreiche Abwehr von Angriffen. Die Frankfurter Allgemeine Zeitung schrieb am 1. November 2000 zum Buch: »Das MfS war tief in die Kommunikationswege des westdeutschen Nachrichtendienstes eingedrungen (…), es hatte im Geheimdienstkrieg unzweifelhaft die Nase vorne, und Wagners Buch belegt dies erneut.«

Der Autor

Helmut Wagner war seit seinem 21. Lebensjahr beim Ministerium für Staatssicherheit, zuletzt im Range eines Oberstleutnants. Seit Beginn der 60er Jahre arbeitete er in der Spionageabwehr und galt als Spezialist auf der deutschen Linie, d. h. für BND, BfV und MAD. Wagner stammt aus Ostpreußen und kam als 11jähriger in die sowjetische Besatzungszone. Nach einer Lehre als Stahlbauschlosser ging er mit 19 zur Volkspolizei, wenig später zum MfS.
Er studierte an der Juristischen Hochschule des MfS in Potsdam-Eiche und erwarb sich den Ruf eines Auswertungsspezialisten.

Helmut Wagner

Schöne Grüße aus Pullach

Operationen des BND gegen die DDR

edition ost

ISBN 978-3-360-01020-9

5. Auflage 2007

Titel: Eingang der BND-Zentrale in Pullach;
Foto: Rainer Raeder
Reihenentwurf: Trialon
Satz: edition ost
Druck: Salzland-Druck, Staßfurt

Inhalt

Der Linie II der Spionageabwehr des MfS der DDR gewidmet

Vorwort

Betrachtet man die Zeit nach dem Ende der DDR und die noch immer andauernde Periode des mühsamen Zusammenwachsens zwischen West und Ost, so wird eines deutlich: Die Wende in der DDR hatte die richtigen Verlierer, aber auch die falschen Gewinner.

Die Bundesrepublik wie die Deutsche Demokratische Republik waren Folge der Nazidiktatur und des anschließenden Kalten Krieges zwischen dem Sowjetimperium und der westlichen Welt. Jede Seite reklamierte für sich, die bessere zu sein und versuchte den Rest der Welt davon zu überzeugen und »zu befreien«. In diesen Kampf der Systeme waren die Geheimdienste eingebunden. Die DDR und deren Spionageabwehr mußten mit den fortgesetzten Versuchen der Gegenseite umgehen, ihren Staat zu unterminieren und zu beseitigen. Wer dies noch immer bestreitet, muß sich vorhalten lassen, nicht souverän und objektiv mit der deutsch-deutschen Geschichte umzugehen.

Der Umstand, daß die eine Seite verschwunden und die andere übriggeblieben ist, macht den Vorgang nicht demokratischer. Die DDR ist nicht untergegangen, weil die Mehrheit ihrer Bürger sie frei und geheim am 18. März 1990 abgewählt hat. Sie ist an ihren Fehlern gescheitert und auch daran, daß ihr die andere Seite seit Anbeginn nach ihrem Leben trachtete.

Wenn ich dies explizit feststelle, so geschieht das nicht als Schuldvorwurf oder aus Selbstmitleid, sondern als sachliche Feststellung. So ist das eben im »Klassenkampf« – es gibt keine »gesetzmäßigen« Sieger.

Und noch etwas: Geheimdienste, gleich welcher Art, haben die Neigung zum Eigenleben. Sie sind nicht – entgegen anderslautenden Behauptungen – demokratisch kontrollierbar. Der Zweck heiligt unverändert die Mittel, und im Kampf gegen den Kommunismus war auch in der Bundesrepublik jedes Mittel recht: Boykott, Verleumdung, Menschenraub, Mord. Im Namen von freedom and democracy, für Erdöl und »Menschenrechte« wurden und werden weltweit Menschen zu Tode gebracht.

Dies und die Tatsache, daß die DDR Teil einer weltumspannenden »Auseinandersetzung der Systeme« war, müßten es eigentlich ausschließen, daß allein die Verantwortlichen in der DDR seit 1990 für die Handlungen und Verbrechen der ostdeutschen Republik in Haftung genommen werden. Die DDR hat sich im Kalten Krieg schuldig gemacht, wohl wahr. Auch die Bundesrepublik ist nicht frei davon.

Doch gesprochen und geurteilt wird nur über die Fehlleistungen der DDR. Wann reden wir über die Handlungen und Verbrechen der Bundesrepublik seit 1949? Wann öffnen die Archive des BND, des MAD und des Verfassungsschutzes?

Ich bin allerdings bescheidener. Dazu sind wir Ostdeutschen in zehn Jahren Einheit hinlänglich erzogen worden.

In ihrem Buch »Das Ministerium für Staatssicherheit« äußerten *David Gill* und *Ulrich Schröter* den Wunsch, ihre Arbeit möge »zu einer differenzierten Beurteilung seiner ehemaligen Mitarbeiter beitragen, ... denn auch in der Tätigkeit des MfS hat es Bereiche gegeben, die nicht der Denunziation, Verfolgung und Verurteilung Andersdenkender dienten«. Diese Aufforderung blieb nach meinem Eindruck bislang ohne Entsprechung. Deshalb entschloß ich mich, das Wirken eines dieser anderen Bereiche des MfS, der Spionageabwehr – Linie II –, aus eigener Erinnerung zu Papier zu bringen. Dieser Bereich war der direkte Gegenspieler des Bundesnachrichtendienstes (BND).

Ich schildere einige Vorgänge und Aktionen der »politisch-operativen Arbeit« der Linie II aus dem vier Jahrzehnte andauernden Geheimkrieg des BND gegen die DDR. Ich möchte die enttarnten Mittel und Methoden sowie die Vorgehensweise des BND dokumentieren und sein Wirken mit den jeweiligen politischen Konstellationen in nationaler und internationaler Hinsicht in Verbindung bringen. Erstmals wird in großem Umfang dargestellt, wie die Hauptabteilung II die Abwehrmaßnahmen gegen den BND organisierte und welche weiteren Linien des MfS in diese Tätigkeit einbezogen waren.

Allerdings bekenne ich offen ein Defizit der vorliegenden Arbeit: Nur bei den Akteuren auf BRD-Seite nenne ich Roß und Reiter mit Namen. Aus Gründen persönlicher Sicherheit verwende ich bei den meisten meiner Kollegen nicht deren Klarnamen. Ich selbst habe mich im Interesse der Glaubwürdigkeit davon überzeugen lassen, daß ich meine eigene Identität offenbaren sollte. Der Verlag kündigte mein Buch noch unter dem Pseudonym *Günter*

Dietrich an. Nach nunmehr zehn Jahren deutscher Einheit und eingetretener Verjährung, aber auch wegen der notwendigen sachlichen Debatte zu diesem Thema verlasse ich die mich bis dato schützende Anonymität.

Im wesentlichen halte ich mich an die »Sprache« des MfS und verwende die Begriffe, die im MfS benutzt wurden. Erläuterungen zu diesen Begriffen folgen den Darstellungen des Wörterbuchs der politisch-operativen Arbeit.

Noch ein letztes Wort. Das MfS ist tot, die westdeutschen und die anderen Dienste leben. Die alten Rivalitäten auch. Die Reaktionen auf diese Veröffentlichung fielen darum bereits im Vorfeld sehr unterschiedlich aus.

Helmut Wagner
Berlin, im Frühjahr 2000

Statt einer Einleitung

Ursprünglich sollte das Buch heißen »Angriffe des BND gekontert«. Das war Anfang der 90er Jahre, als ich zu schreiben begann. Damals war mir noch nicht bekannt, wie tief die Auslandsaufklärung (HV A) der DDR ins Herz des BND in Pullach eingedrungen war. Eigentlich hätte man es nennen müssen »Der BND hatte keine Chance«. Es gab eine beispielhaft gute Zusammenarbeit zwischen der Spionageabwehr und der Hauptverwaltung Aufklärung. Doch postume Häme suggeriert vielleicht den Eindruck, daß man eine verlorene Schlacht nachträglich zum Sieg ummünzt. Deshalb wählte ich den ironisch-distanzierten Titel, der nun auf dem Cover steht.

Als Glanzstücke der nachrichtendienstlichen Tätigkeit im Krieg zwischen den Geheimdiensten West und Ost galt die Plazierung von Quellen im Herzen des gegnerischen Dienstes. Der Sowjetunion gelang das zum Beispiel mit Kim Philby und George Blake im englischen Geheimdienst und mit Heinz Felfe im BND. Sie waren Top- oder Spitzenquellen. Auffallend war, daß dabei die Nachrichtendienste des Ostens bedeutend erfolgreicher waren. Ihnen gelang es insbesondere in solche Bereiche der westlichen Geheimdienste einzudringen, die unmittelbar gegen den jeweiligen Kontrahenten arbeiteten. So beispielsweise die HV A, die mit Klaus Kuron eine Quelle im Bundesamt für Verfassungsschutz in Köln besaß. Kuron war dort verantwortlich für die Tätigkeit der Doppelagenten gegen die DDR. Als Kuron am 7. Februar 1992 zu zwölf Jahren Haft verurteilt wurde, stellte das Oberlandesgericht Düsseldorf fest, daß er der Bundesrepublik schweren Schaden zugefügt und wesentliche Teile des Verfassungsschutzes jahrelang lahmgelegt habe.

Aber auch die Hauptabteilung II des MfS (HA II) verfügte über solche Spitzenquellen: 1984 ging der stellvertretende MAD-Chef und Leiter der Spionageabwehr Oberst Joachim Krase (1919–1987) in Pension. Er hatte fünfzehn Jahre für die Spionageabwehr der DDR gearbeitet. Von Krase erfuhr die HA II alle geheimdienstlichen Aktivitäten und Maßnahmen des MAD sowie den gesamten hauptamtlichen und inoffiziellen Mitarbeiterbestand. Er informierte über Interna aus der Bundeswehr sowie über ihre und die Streitkräfteplanung der NATO. Als wohl wichtigstes Ergebnis dieser Zusammenarbeit zählte die Information über die Stationierungsorte und die Übergabe der Einsatzdokumente von Poseidon-Raketen an die DDR und damit an den Warschauer Pakt.

Diese MAD-Operation der HA II lief unter der Bezeichnung »Küste« – vermutlich deshalb, weil Joachim Krase, als er sich 1969 dem MfS anbot, Major beim MAD Kiel, später MAD-Gruppe 1, war. Auf Seiten des MfS waren in dieser Operation als Hauptakteure eingebunden Günter Kratsch, letzter Leiter der HA II, und sein Stellvertreter Wolfgang Lohse.

Am 8. April 1995 titelte eine große Tageszeitung der Hauptstadt: »Ostberlin kannte alle MAD-Geheimnisse«. Diese Erkenntnis gründete sich auf eine Aussage in einem spektakulären Spionageprozeß in Celle in Niedersachsen. Angeklagt waren vier ehemalige Mitarbeiterinnen der »Residentur Mitte« der HA II, eine sehr erfolgreiche Kundschafter-Gruppe, die 1968 in die MAD-Gruppe III (Hannover) und 1973 in das niedersächsische Landesamt für Verfassungsschutz eingedrungen war. Die Vorsitzende Richterin machte der Hauptangeklagten »Vera« in der Urteilsbegründung das Kompliment: »Dieser Verrat hat die Arbeit des MAD sechs Jahre lang erfolglos und wirkungslos gemacht.« Und verurteilte sie zu acht Jahren Haft.

Hauptakteur seitens des MfS war der Offizier für Sonderaufgaben der HA II/2 Kurt Ulbrich. Vor dem Bayrischen Oberlandesgericht hatten bereits 1991 zwei spektakuläre Prozesse gegen Bürger der Alt-BRD stattgefunden, die als Angehörige des Bundesnachrichtendienstes für die HV A gearbeitet hatten.

Was waren das für Menschen, die im vollen Bewußtsein des Risikos freiwillig ihre Bereitschaft erklärten, die Auslandsaufklärung der DDR zu informieren? Einige von ihnen möchte ich vorstellen:

Alfred Spuhler (Jahrgang 1940), Deckname »Peter«

Er erhielt eine Ausbildung als Fernspäher in der Bundeswehr. Vor seinem Eintritt in den Bundesnachrichtendienst 1968 war er in der Luftwaffe tätig. Als Offizier im BND gewann er durch seine Arbeit in der Abteilung 2, »Technische Aufklärung«, Einblick in die umfangreiche fernmelde-elektronische Spionage des BND gegen die osteuropäischen Staaten. Später wechselte er zur Abteilung 1, »Operative Beschaffung«, und war in der Unterabteilung 12, »DDR operativ«, dem Herzstück der Spionage des BND gegen die DDR, eingesetzt.

1972 erklärte sich Alfred Spuhler zur Zusammenarbeit mit der HV A bereit. Die Motive legte er im Prozeß dar: Seine im BND gewonnene ernüchternde Erkenntnis, daß die von der westlichen Seite geschürte Angst vor der militärischen Überlegenheit des Warschauer Paktes eine Lüge war. Er habe es als seine moralische Pflicht angesehen mitzuhelfen, eine friedenserhaltende Balance herzustellen. Von welch tiefer Überzeugung diese Motivation getragen war, belegt seine Erklärung im Prozeß, daß er im vollen Bewußtsein der Konsequenzen auch heute diese Entscheidung noch einmal treffen würde.

In der Berichterstattung zum Prozeß spielten die von Alfred Spuhler an die HV A übergebenen Bewertungen der Streitkräfte der DDR und der anderen Staaten des Warschauer Paktes, insbesondere die Jahresberichte des BND »Militärischer Lagebericht Ost«, eine große Rolle.

Einer der Hauptzeugen der Anklage, der ehemalige stellvertretende Leiter der Auswertung Abt. VII der HV A, Oberst a. D. Heinz Busch (Jg. 1931), hatte die Berichte einst stets freudestrahlend entgegengenommen. In diesen Materialien waren Erkenntnisse der westlichen Geheimdienste über die Streitkräfte der Ostblockstaaten zusammengefaßt. Dadurch erfuhren die Ost-Geheimdienste, was die Westgeheimdienste über die militärische Stärke des Ostblockes wußten bzw. zu wissen glaubten. In der Presse wurde auch erwähnt, daß Alfred Spuhler Zugang zum Quellen-Computer gehabt habe. Dadurch seien mit seiner Hilfe die Deck- und Klarnamen von mehr als 300 Agenten des BND in den Staaten des Warschauer Paktes identifiziert worden. Richter Ermien Brießmann, der den Vorsitz in diesem Prozeß führte, kam zu der Einschätzung, der BND sei »gläsern und durchsichtig« gewesen und zu einem »Instrument des Gegners« geworden. Nach Darstellung der Verteidigung war der BND für die HV A »offen wie ein Scheunentor«.

Im Jahre 1988 war die Verbindung zu Alfred Spuhler durch die HV A abgebrochen worden. Ein Mitarbeiter der Bildstelle der HV A, Abt. VIII, hatte dem Landesamt für Verfassungsschutz in Berlin (West) Material von Filmen, das von Alfred Spuhler stammte, übergeben, um seinen geplanten Übertritt zu signalisieren. Sowohl die HV A (durch Klaus Kuron im BfV) als auch der BND erfuhren von diesem Sachverhalt. Daraufhin legte die HVA die Verbindung zu Spuhler auf Eis.

Sowohl er als auch sein Bruder Ludwig – der als Kurier die Übermittlung der Materialien an die HV A besorgt hatte – wurden sodann überwacht. Jedoch erst Ende 1989 flogen sie durch Verrat auf: Der frühere stellvertretende Leiter der Abt. IX der HV A (Aufklärung gegnerischer Dienste), Karl-Christoph Großmann – jener Abteilung, die Spuhler, Kuron und auch Gast führte – verkaufte sein Wissen an den BND.

Alfred Spuhler wurde im September 1991 zu 10 Jahren Haft, Ludwig Spuhler zu 5 Jahren und 6 Monaten und ihr Führungsoffizier Generalmajor a. D. Harry Schütt (Jg. 1930) zu 3 Jahren auf Bewährung verurteilt.

Dr. Gabriele Gast (Jg. 1943), Deckname »Gisela«

Sie entstammt einem konservativen Elternhaus. Während ihres Studiums der politischen Wissenschaften an der TH Aachen engagierte sie sich in der christlichen Studentenbewegung und ab Mitte der 60er Jahre in der CDU und im Vorstand der Frauenvereinigung dieser Partei. Als Dissertationsthema wählte sie »Die politische Rolle der Frauen in der DDR«. Ihr Doktorvater wurde Prof. Klaus Mehnert, Ostexperte und ehemaliger Mitarbeiter des Canaris-Apparates der deutschen Wehrmacht, der im Dezember 1941 – von Canaris an die Japaner ausgeliehen – die entscheidenden Informationen zum Angriff der Japaner auf Pearl Harbor (Hawaii) gab. Bis 1973 war sie an dem CSU-nahen Forschungsinstitut für Sicherheit und internationale Fragen in München tätig. Nach Auflösung dieses Institutes bewarb sie sich im Auswärtigen Amt, wurde vom BND angesprochen und am 1. November 1973 eingestellt.

Im Zusammenhang mit dem Dissertationsthema kam sie 1968 in Karl-Marx-Stadt (Chemnitz) auch mit Mitarbeitern der Abt. XV des MfS in Kontakt. Die Linien XV gehörten zur HV A und waren praktisch ihre Außenstellen in den Bezirken der DDR. Diese Kontakte führten dazu, daß enge und tiefe Beziehungen zu einem Mitarbeiter der Abt. XV entstanden, die weitaus vielfältiger und komplizierter waren, als sie gemeinhin unter den Romeo-Beziehungen firmierten. (Genau nachlesen läßt sich das in dem autobiographischen Buch von Gabriele Gast, das 1999 bei Eichborn erschien.)

Das Studium und ihre Beziehungen wandelten das politische Weltbild von Gabriele Gast: »Ich habe das starke Feindbild auch durch die persönlichen Beziehungen verloren. Ich kritisierte zwar vieles, aber ich wollte nicht wieder kämpfen. Die Menschen in der DDR waren nicht Fremde für mich, es waren Deutsche.« Unter dem Eindruck der im BND zugänglichen Informationen ging sie zunehmend auf kritische Distanz zur Außenpolitik der BRD und zur Deutschlandpolitik der CDU.

Gabriele Gast arbeitete im BND unter dem Arbeitsnamen »Dr. Leinefelder« in der Abt. 3, »Auswertung, Unterabteilung 33, Auswertung Politik«. Ihr lagen alle Osteuropa betreffenden Materialien vor. Das betraf Informationen aus offenen Quellen wie Presseveröffentlichungen, aber auch Diplomatenberichte, Informationen von Auslandsresidenturen, Berichte der technischen Aufklärung sowie Agentenmeldungen. In den Jahren 1983 bis 1987 war sie im Bereich der sogenannten Gesamtlage tätig. Dazu gehörte, daß sie an Gesprächen mit Vertretern der zahlreichen Partnerdienste des BND teilnahm. Sie erarbeitete auch einige Zeit die »BK-Lage«, den wöchentlichen Lagebericht für den Bundeskanzler.

Geschätzt wurde ihr scharfer analytischer Verstand und die Eigenständigkeit in der Arbeit, deren Ergebnis beachtenswerte Abhandlungen über Vorgänge im Ostblock waren. Gabriele Gast entschied eigenständig, welche Materialien an die HV A übermittelt wurden. So erfuhr der Ost-Geheimdienst, was der West-Geheimdienst über den Ostblock wußte und aus welchen Quellen er dieses Wissen bezog. Zuletzt war sie stellvertretende Referatsleiterin »Auswertung Sowjetunion« im Range einer Regierungsdirektorin. Von der HV A erhielt Gabriele Gast keine finanziellen Zuwendungen, sie bezahlte selbst Reisen zu den Treffs aus eigener Tasche. Im Jahre 1990, bei der Auflösung der HV A, wurde Gabriele Gast formell von ihrer Tätigkeit entbunden. Materielle Beweise für ihre Existenz lagen in den Unterlagen der aufgelösten HV A nicht mehr vor.

Sie wurde aber von Karl-Christoph Großmann verraten. Er kannte zwar nicht ihren Klarnamen, wußte aber, daß sich hinter der Quelle »Gisela« eine promovierte Wissenschaftlerin mit einem

behinderten Kind verbarg. Diese Hinweise führten zu Gabriele Gast. Am 30. September 1990 erfolgte ihre Verhaftung auf einer Fahrt nach Österreich. Am 19. Dezember 1991 wurde sie von Richter Ermien Brießmann vor dem Bayrischen Oberlandesgericht zu sechs Jahren und neun Monaten Haft verurteilt. Ihr Führungsoffizier Major a. D. Karl-Heinz Schneider erhielt 18 Monate und Oberst a. D. Karl-Heinz Stephan (Jg. 1940) 14 Monate auf Bewährung.
(Die Angaben zu Alfred Spuhler und Dr. Gabriele Gast wurden auf der Basis der Dokumentation »Spionage und Politik nach dem Anschluß der DDR«, erarbeitet. Herausgeber war die »AG Spionageprozesse« im Haus der Demokratie am 15. Juli 1992)

Alte Kameraden, alte Ziele

Der ehemalige Leiter der Abwehrleitstelle Frankreich, Oscar Reile, später Leiter der Abwehr des BND, machte einmal auf den Zusammenhang zwischen der »Tradition des deutschen Soldatentums« und dem Wunsch der Geheimdienstler des Westens aufmerksam: »Da war ... die Hoffnung auf die USA, die Hoffnung, daß dieses Land, damals die weitaus stärkste Großmacht, mit der Wehrmacht gegen die Sowjetunion marschieren würde, wenn Deutschland vor den Westmächten die Waffen niederlegt. Diese Hoffnung hegten viele deutsche Soldaten bis April 1945.«[1]

Jedoch: Die Antihitlerkoalition brach nicht – zumindest hielt sie bis 1945.

Der Beginn des Kalten Krieges ließ die alten Militaristen erneut hoffen. Als im Juli 1946 Gehlen mit den ersten 50 Kameraden die »Arbeit Richtung Osten« fortsetzte, die alle deutschen Geheimdienstzweige während der Zeit des Faschismus betrieben hatten, fehlte Oberst Friedrich Jessel, Spionagechef der Heeresgruppe »Nord« (Kurlandgruppierung). Er befand sich noch im Gewahrsam der Alliierten und trat beim Nürnberger Kriegsverbrecherprozeß auf.[2] Allerdings nicht als Angeklagter, sondern als Zeuge. Ihm wurden vom amerikanischen Anklagevertreter viele Fragen gestellt. Fragen, die sich auf Sachprobleme und seine Untergebenen bezogen. Nach seinem Vorgesetzten, den Chef der Abteilung »Fremde Heere Ost«, wurde allerdings nicht gefragt.

Fragen zu Hinrichtungen sowjetischer Partisanen und Zivilpersonen beantwortete Jessel ausweichend. Es wäre vielleicht ein Schatten auf seinen ehemaligen Chef gefallen, der nun im Auftrag der Amerikaner die frühere Tätigkeit im Osten fortführen sollte. Gehlens Name fiel nicht einmal.

»Die Gestapo und der SD wurden für Zwecke verwandt, die gemäß dem Statut *(des IMT – d. A.)* verbrecherisch waren; dazu gehörten die Verfolgung und Ausrottung der Juden, Grausamkeit und Morde in den Konzentrationslagern, Ausschreitungen in der Verwaltung der besetzten Gebiete, die Durchführung des Zwangsarbeiterprogramms und Mißhandlung und Ermordung von Kriegsgefangenen .«[3]

Im Artikel 10 des Statuts des Internationalen Militärtribunals hieß es: »Ist eine Gruppe oder Organisation vom Gerichtshof als verbrecherisch erklärt worden, so hat die zuständige nationale Behörde jedes Signators das Recht, Personen wegen ihrer Zugehörigkeit zu einer solchen verbrecherischen Organisation vor Nationalen, Militär- oder Kooperationsgerichten den Prozeß zu machen. In diesem Fall gilt der verbrecherische Charakter der Organisation als bewiesen und wird nicht infrage gestellt.«[4]

Zur Tätigkeit des SD stellte das IMT in Nürnberg fest, daß er mit Aufgaben betraut war, die gemäß Artikel 6 des Londoner Statuts des Internationalen Militärtribunals verbrecherisch waren. Zum SD zählte der Gerichtshof die Ämter III (SD-Inland), VI (SD-Ausland) und VII (SD-Weltanschauliche Forschung und Auswertung) des Reichssicherheitshauptamtes (RSHA) und alle anderen Organe des SD, einschließlich ihrer örtlichen Vertreter und Agenten. Dabei war es unerheblich, ob sie hauptamtlich oder nebenberuflich für diese Geheimdienstzweige tätig waren. Grundlage dieses Urteils war die Beteiligung des SD an Kriegsverbrechen und Verbrechen gegen die Menschlichkeit.[5]

SS-Obergruppenführer Ernst Kaltenbrunner, letzter Chef des RSHA, wurde vom Internationalen Militärtribunal zum Tode verurteilt. Zum Tode verurteilt wurde auch der Chef des Amtes III (SD-Inland) SS-Gruppenführer Otto Ohlendorf. SS-Gruppenführer Walter Schellenberg, Chef des Amtes VI (SD-Ausland), erhielt wegen seiner Zugehörigkeit zu einer verbrecherischen Organisation und nachgewiesener Verbrechen gegen die Menschlichkeit von einem amerikanischen Militärgericht sechs Jahre Haft.

Unter Bruch aller völkerrechtlichen Verpflichtungen wurden eine Reihe von Initiatoren und Hauptverantwortlichen für die von diesen Terrororganisationen begangenen Verbrechen in leitenden Stellungen des Staates und der Wirtschaft der BRD übernommen. Spezialisten der Gestapo, SS und des SD tauchten im Verfassungsschutz, der westdeutschen Polizei und bei der Organisation Gehlen auf und übernahmen einflußreiche Stellungen. Wie hatte Gehlen gesagt? »Aus Gründen, die nicht erörtert werden können, hatte der Dienst im Einvernehmen mit den amerikanischen Dienststellen einige führende Angehörige der SS, soweit sie politisch nicht belastet waren, für spezielle Auslandsaufgaben eingeteilt. Ihre Auswahl war gering.«[6]

Nach dieser Lesart hatten also die Amerikaner Schuld, daß er, Gehlen, blutbefleckte Verbrecher einstellte. »In den Jahren nach dem Kriege (war) niemand eingestellt worden, der nicht ordnungsgemäß entnazifiziert war.«[7] Alles hatte seine Ordnung in Deutschland.

Nach amerikanischen Angaben betrug der Anteil der SS-Führer und SD-Agenten am Personal des BND 23,5 Prozent.[8]

Doch nicht nur das. Gehlen: »Die weitere Ergänzung des Personals war zunächst das vordringlichste Problem. Die vorhandenen Kräfte reichten nicht aus; zu vielen, früher auf verschiedenen Fachgebieten tätigen Persönlichkeiten war die Verbindung verlorengegangen... Aus diesem Grunde wurde von Anfang an versucht, neben noch zur Verfügung stehenden ehemaligen Soldaten *(vorwiegend Generalstabsoffiziere und Offiziere aller Dienstränge der Waffengattungen – d. A.)*, vor allem hochwertiges ziviles Personal, z. B. ehemalige Beamte des Auswärtigen Dienstes, ehemalige Angehörige staatlicher Verwaltungen usw. als Mitarbeiter zu gewinnen.«[9]

In den ersten Jahren der Existenz der Organisation Gehlen (OG) fungierte sie auch als eine Art »Tauchstation« für höhere Generalstabsoffiziere, die später wieder »auftauchten« und sich am Aufbau militärischer Formationen beteiligten. Typische Beispiele waren Adolf Heusinger (ehemals Chef der Operationsabteilung des Generalstabes des Heeres) und Hans Speidel (Chef des Generalstabes der Heeresgruppe B).[10] Die Heeresgruppe B wurde von Erwin Rommel kommandiert. Im Zusammenhang mit dem Hitler-Attentat am 20. Juli 1944 wurde der Generalfeldmarschall von den Nazis in den Tod getrieben. Sein Stabschef und Vertrauter Speidel blieb ungeschoren, weil er, um seinen eigenen Kopf zu retten, Rommel bei der Gestapo denunziert haben soll.

Herr Gehlen meinte, erinnerte sich Heusinger später, »es sei sicherlich zweckmäßig, daß ich mich über die Entwicklung der militärischen Lage im Osten auf dem laufenden halte. Mit Agententätigkeit hatte meine Tätigkeit nichts zu tun.«[11]

Gehlen lancierte im Jahre 1953 seinen einstigen Chef Adolf Heusinger in das »Amt Blank«, den Vorläufer des Bonner Verteidigungsministeriums. Heusinger und Speidel hatten während des Nürnberger Militärtribunals eine Rolle gespielt, allerdings nur als Zeugen. Es ging dabei um die Frage, ob der Generalstab und das Oberkommando der Wehrmacht zu verbrecherischen Organisationen erklärt werden sollten oder nicht. Beide Militärs wurden zu Greueltaten in den besetzten Gebieten der Sowjetunion befragt. Heusinger mußte zugeben, daß die deutsche Wehrmacht schwerste Verbrechen begangen hatte, für deren Planung allerdings der Generalstab verantwortlich war. »Das Oberkommando (*des Heeres – d. A.*) war nur für die Weitergabe dieser Befehle an die Heeresgruppen verantwortlich, wie zum Beispiel die Richtlinien über Vergeltungsmaßnahmen gegen Einwohner.«[12]

Nach Christian Streit sind im Zusammenhang mit dem sogenannten Kommissarbefehl, der zum »Barbarossa-Plan«, dem Plan des Überfalls auf die Sowjetunion, gehörte, »in den ersten zwölf Monaten des Krieges allein zwei Millionen sowjetische Soldaten, die in deutsche Gefangenschaft geraten waren, verhungert oder – entsprechend der Vorgabe – planmäßig ermordet worden.«[13]

Dennoch urteilte das Internationale Militärtribunal: »Der Gerichtshof ist der Ansicht, daß Generalstab und Oberkommando nicht für verbrecherisch erklärt werden sollten. Ist auch die Anzahl der beschuldigten Personen größer als im Fall der Reichsregierung, so ist sie doch so klein, daß Einzelprozesse gegen diese Offiziere den hier verfolgten Zweck besser erreichen würden als die verlangte Erklärung.«

Der Gerichtshof kam aber nicht umhin, die verbrecherische Rolle festzuhalten, die die Generalität in der Aggressionspolitik des deutschen Imperialismus gespielt hat. Dort heißt es: Die Generale und Feldmarschälle »sind im großen Maße verantwortlich gewesen für die Leiden und Nöte, die über Millionen Männer, Frauen und Kinder gekommen sind... Ohne ihre militärische Führung wären die Angriffsgelüste Hitlers und seiner Nazikumpane akademisch und ohne Folgen geblieben.« Diese Offiziere waren »sicher eine rücksichtslose militärische Kaste«. Der zeitgenössische deutsche Militarismus habe mit seinem jüngsten Verbündeten, dem Nationalsozialismus, eine kurze Blütezeit, wie er sie in der Vergangenheit kaum schöner gekannt habe, erlebt.[14] Gehlen gehörte zu dieser verbrecherischen Kaste. Er saß aber nicht in Nürnberg auf der Anklagebank.

Im beginnenden Kalten Krieg brauchte man solche Leute und deren Erfahrungen. »Die Generalvertretung in Karlsruhe übernahm der Gehlen-Intimus Alfred Benzinger, ein ehemaliger Feldwebel der Geheimen Feldpolizei. General Alfred Kretschmar, ehedem Militärattaché in Tokio, wurde Generalvertreter in Darmstadt, das Gegenspionage-As der einstigen Abwehr, Oberst Joachim Rohleder, trat an die Spitze der Münchner GV, Oberstleutnant Hermann Giskes, bewährter Funkgegenspieler der Wehrmacht, zog in die Generalvertretung in Bremen ein, gefolgt vom Ex-Obersten Hans-Heinrich Worgitzky, dem ehemaligen IC der Heeresgruppe Mitte und späteren Vizepräsidenten des BND.«[15]

In den Vertretungen, die als die eigentlichen Stützpunkte der aktiven Spionage anzusehen waren – sie waren für die Anwerbung von Agenten, der Schulung und Führung der V-Männer verantwortlich –, und in den Bezirksvertretungen plazierten sich die ehemaligen Obristen und Oberstleutnante. Es gab auch Dienststellen, die nur von ehemaligen Offizieren einer Waffengattung beherrscht wurden.

Mit Beginn des Aufbaus der Organisation Gehlen gab es Kämpfe um Positionen und Einfluß. Erstes Opfer wurde Hermann Baun. Um die Jahrhundertwende in Odessa geboren, gehörte er seit 1939 zur Abwehr I unter Canaris. Seit 1941, nach dem Überfall auf die Sowjetunion, leitete er die Funkaufklärungsleitstelle »Walli I«. Baun gilt als einer der Gründerväter des BND.

Im Gegensatz zu Gehlen war Baun jedoch nicht mit der Gruppierung Gehlen in die USA geflogen, sondern arbeitete in direktem Kontakt mit den Amerikanern am Aufbau einer deutschen Nachrichtenorganisation. Man sagt ihm nach, daß er die meisten Offiziere der Abwehr für die spätere OG rekrutiert habe.

Bauns Vorstellungen einer künftigen Nachrichtenorganisation sahen so aus: Zwei Hauptbereiche sollten von zwei gleichwertigen Partnern geleitet werden – Aufklärung: Baun, Auswertung: Gehlen. »Die Organisation der Aufklärung besteht parallel zur Organisation der Auswertung. Jeder führt seine Organisation, und die Absichten in der großen Linie werden gemeinsam festgelegt. Die laufenden Angelegenheiten verhandelt jeder einzeln mit den Amerikanern. Grundsätzliche Dinge werden gemeinsam besprochen.«[16] So Baun.

Aber Gehlen hatte bei den Amerikanern einen größeren Bonus. Ihre Forderung: Aufklärung und Auswertung müßten unter einem Chef vereint werden, unter Reinhard Gehlen.[17] Baun übernahm die Aufklärung, fiel aber 1947/48 in Ungnade und mußte seine

Abteilung an Oberst Heinz Dinser, dem Stabschef der OG, übergeben.

Anfang der 50er Jahre kam für Baun das Ende in der OG.

Auch andere Führungsköpfe wurden in jener Zeit von Gehlen regelrecht weggebissen.

Eine Auseinandersetzung über Struktur, Aufklärungsziele und Vorgehensweise zwischen der Zentrale in Pullach und den OG-Männern in »vorderster Front«, in Westberlin, brachte einige zur Strecke. In Berlin befand sich eine OG-Filiale, die vorwiegend wissenschaftlich-technische Spionage gegen die DDR betrieb. Der Leiter dieser Filiale war Dr. Oskar Stäbel (Jg. 1902), Decknamen: Dr. Hiller, Dr. Hermes. Stäbel kam aus der Abwehr und war während des zweiten Weltkrieges im OKW für die technische Ausrüstung der Luftwaffe zuständig gewesen. Seine Spionageangriffe richtete Dr. Stäbel gegen Betriebe und Einrichtungen der DDR, die sich mit der Produktion elektronischer Geräte bzw. deren Entwicklung befaßten. Dabei stellte er fest, daß auch andere »Ableger« der OG in seinem »Revier« wilderten. Damit es, wie er meinte, zu keinen Komplikationen käme, wollte er eine Art Koordinierungsfunktion für solche Operationen übernehmen. Dazu legte er schriftlich seine Vorstellungen dar. Mehrmals bat er um persönliche Rücksprache mit Gehlen. Dieser lehnte brüsk ab. Er wollte sich von niemanden reinreden lassen, wie die Aufklärungsarbeit zu organisieren wäre.

Die Querelen zwischen Dr. Stäbel und Gehlen nahmen ständig zu. 1952 kam das »Aus« für Dr. Stäbel. Er wechselte in das »Amt Blank«. Der ehemalige General der Panzertruppen, Gerhard Graf von Schwerin, war Berater des Bundeskanzlers für Sicherheitsfragen geworden und hatte eine »Zentrale für Heimatdienst« im Palais Schaumburg eingerichtet.

Im Oktober 1950 übernahm Theodor Blank diese Funktion. Er nannte sich »Beauftragter des Bundeskanzlers für die mit der Vermehrung und Unterbringung der alliierten Truppen zusammenhängenden Fragen«. In diesem »Amt Blank« entstand auch die »Abwehrstelle Blank«. Leiter dieses »Mini-Geheimdienstes« wurde Friedrich Wilhelm Heinz. Der ehemalige Oberstleutnant kam aus dem Canaris-Apparat und hatte 1943 die »Brandenburger«, eine Diversanten- und Terrorgruppe der Abwehr, kommandiert.

Bei dieser Abwehrstelle Blank kam Dr. Stäbel unter. Doch er war offensichtlich einem »Hochstapler« aufgesessen. Gehlen hatte in Erfahrung gebracht, daß Heinz gar keine Agenten im Osten geführt hatte. Über Mittelsmänner ließ Gehlen den Hitlergegner John, nunmehr Chef des Bundesamtes für Verfassungsschutz, einreden, Heinz habe gegen ihn intrigiert, um selbst Chef des Verfassungsschutzes zu werden. Auch der Anwurf, Heinz arbeite für die Sowjets, scheint nicht ohne Eindruck auf John geblieben zu sein. Der BfV-Präsident ließ eine Heinz-Akte anlegen.

Im September 1953 setzte der politische Abwehrchef John zum Sturz des militärischen Abwehrchefs an. Er legte das Dossier seinem Vorgesetzten im Bundesinnenministerium, Staatssekretär Ritter von Lex, und dem Kanzler-Exekutor Globke vor. Am 29. September 1953 bat Oberstleutnant Heinz, im gegenseitigen Einvernehmen, um seinen Abschied.[18]

Gehlen hatte wieder einmal einen Rivalen zu Fall gebracht, und der »Querulant« Dr. Stäbel kehrte reumütig in den Schoß der OG zurück. Gehlen nutzte die Situation, um einige seiner engsten Vertrauten in das »Amt Blank« einrücken zu lassen – so seinen einstigen Stellvertreter Gerhard Wessel und Adolf Heusinger. »Die Gehlen-Militärs garantierten rechtzeitig, daß die Pullacher Kameraden in Zukunft die Feindaufklärung allein betrieben und ihren Anspruch auf Übernahme in den Bundesdienst durchsetzen konnten. Sie arbeiteten einen Organisationsplan für das geplante Bundesverteidigungsministerium, der (neben der OG und BfV) ein drittes Zentrum geheimdienstlicher Aktivitäten ins Leben rief: den Militärischen Abschirmdienst, abgekürzt: MAD.«[19]

Das Innerste offen gelegt

Am 21. Dezember 1953 verurteilte das Oberste Gericht der DDR sieben Mitarbeiter und Agenten der OG. In der Anklageschrift hatte es geheißen, daß der durch den Hitlerfaschismus entfachte zweite Weltkrieg für die Völker der Welt unermeßliches Leid und eine unübersehbare Vernichtung wirtschaftlicher und kultureller Güter zur Folge gehabt hatte. Das Oberste Gericht kam aufgrund der bekanntgewordenen Fakten zu dem Schluß, daß das gegenwärtige Ziel der »herrschenden Kreise in Westdeutschland darin bestehe, einen neuen Weltkrieg zu entfachen«.

War diese Aussage lediglich kommunistische Propaganda, politische Agitation, Panikmache, eine demagogische Behauptung?

Auch wenn man die ideologische Zwecksetzung einer solchen Unterstellung berücksichtigt – völlig aus der Luft gegriffen war der Vorwurf der Kriegstreiberei keineswegs. Gehlens Organisation gehörte damals zu jenen Institutionen, die der DDR erklärtermaßen den »Garaus« machen wollten.

Wer stand vor Gericht, worüber wurde verhandelt?

Der ehemalige Major Werner Haase (Jg. 1918), Leiter der OG-Filiale 120a, wollte in der Nacht vom 13. zum 14. November 1953 mit einem Agenten ein Telefonkabel zwischen West- und Ostberlin durch den Heidekampgraben legen. Bei dieser Aktion wurde er von einem operativen Einsatzkommando des MfS auf dem Territorium der DDR festgenommen. Die Aktion war vorher durch zwei in die DDR übergetretene OG-Mitarbeiter dieser Filiale bekannt geworden.[20] Der Glaser Karl-Heinz Schmidt (Jg. 1928) aus Luckenwalde war 1952 durch den Mitarbeiter der OG Tretner in Westberlin angeworben worden. Im gleichen Jahr wurde er mit seiner Ehefrau als Schweigefunker ausgebildet. Sie sollten im Kriegsfall als »Netzführer« tätig werden und die Funkstation »Sirene« leiten. Zu ihrer Ausrüstung gehörten amerikanische Funkgeräte vom Typ »12 WG«.[21] Der Oberreferent im Ministerium für Aufbau Walter Schneider (Jg. 1921)[22] wurde im Januar 1953 durch eine Bekannte dem OG-Mitarbeiter Paulberg zugeführt, der ihn anwarb. Angeklagt war ferner der Lehrer Helmut Schwenk (Jg. 1923) aus Köthendorf. Dieser wurde Anfang August 1953 bei einem Besuch in Berlin von einem Freund angesprochen, der ihn darauf aufmerksam machte, wie er von den Amerikanern gespendete Hilfspakete (Care-Pakete) bekommen könnte. Er holte drei solcher Bettelpakete (DDR-Lesart). Bei einem anschließenden Aufenthalt in einer Gaststätte trat eine weitere Person in Erscheinung, die ihn mit dem OG-Mitarbeiter Paulberg in Verbindung brachte. Dieser warb ihn für die OG an.

Der Gewerbelehrer Siegfried Altenkrüger (Jg. 1915) aus Berlin war 1951 durch die OG angeworben worden. Er arbeitete als Kurier.

Als Zeuge während des Prozesses wurde u. a. gehört: der ehemalige OG-Mitarbeiter Wolfgang Höher, ein ehemaliger Major der Wehrmacht, welcher seit 1951 für das MfS arbeitete. Er war im Februar 1953 vom MfS »zurückgezogen« worden. Diese »Zurückziehung« war so angelegt worden, daß der Eindruck entstanden war, als sei Höher vom MfS entführt worden.[23]

Der Schriftsteller Hans-Joachim Geyer[24], stellvertretender Leiter der Filiale X/9592, hatte sich im Oktober 1953 von der OG abgesetzt und seit 1951 für das MfS gearbeitet.

Dieser Prozeß legte erstmals im großen Umfang die Struktur der Gehlen-Organisation sowie die personelle Zusammensetzung und die Spionageangriffe Richtung Osten offen. Dabei wurde in der Anklageschrift[25] nachgewiesen, daß der ehemalige General Gehlen der faschistischen Wehrmacht und Leiter der Abteilung »Fremde Heere Ost« des faschistischen Spionage- und Abwehrdienstes im Generalstab bereits ein Jahr nach dem Krieg mit dem Aufbau eines Spionage-, Sabotage- und Abwehrdienstes begonnen hatte. Diese unselige Traditionslinie war nicht von den Kommunisten erfunden worden. Sie existierte real. Der Antikommunismus war – wie sich schon bald zeigte – konstitutives Element des westdeutschen Separatstaates. Die Kommunistenjäger im Heißen Krieg wurden folgerichtig die Kommunistenjäger im Kalten Krieg. Das hatte eine tiefe innere Logik. Nachdem der Aufbau der Organisation Gehlen 1950 im wesentlichen abgeschlossen und in der neuen Bundesrepublik ein gut getarntes Spionagenetz unter Leitung einstiger Faschisten und Militaristen errichtet worden war, knüpfte man in den folgenden Jahren ein umfassendes Netz von Vertrauensleuten in wirtschaftlichen und politischen Institutionen und Organisationen. Darüber hinaus wurden in großem Umfang in der DDR lebende Personen als Agenten angeworben, die Informationen über die gesellschaftlichen und wirtschaftlichen Verhältnisse sammelten und weitergaben.

Struktur und Gliederung glichen im wesentlichen denen des militärischen Geheimdienstes der Wehrmacht. Die Zentrale, die sogenannte Generaldirektion (GD), auch » Führungsstab« genannt, mit ihrem Leiter Gehlen siedelte sich im amerikanischen Viertel in München, in Pullach, an. Die »Generaldirektion« gliederte sich in drei Hauptabteilungen – auch Hauptlinien genannt: in Hauptabteilung I (Spionage), Hauptabteilung II (Sabotage) und Hauptabteilung III (Abwehr). Diese wiederum zerfielen in verschiedene Gruppen und Abteilungen mit speziellen Sachgebieten, z. B. militärische Spionage (Heeres-, Luft- und Marinestreitkräfte), in wirtschaftliche und in politische Spionage. Außer diesen Hauptabteilungen existierten bei der »Generaldirektion« operative und administrative Abteilungen wie Personal-, Kurier-, Finanz- und Wirtschaftsabteilung, Nachrichtendienstkartei und Funkzentrale. Dieser Zentrale waren mehrere »Generalvertretungen« (GV) der Linie I und III unterstellt. Den »Generalvertretungen« nachgeordnet waren die sogenannten Bezirksvertretungen (BV), die je nach Erfordernis gebildet und in Abt. I und III (Spionage und Abwehr) oder in Abt. II und III (Sabotage und Abwehr) gegliedert wurden. Ihnen oblag die Aufgabe, die Arbeiten der ihnen unterstellten »Untervertretungen« (UV), die spezialisiert auf dem Gebiet der Spionage, Sabotage oder Abwehr arbeiteten, zu steuern. Die untersten operativen Einheiten waren die Filialen, die nach den Vorgaben ihrer jeweiligen »Untervertretungen« handelten.

Von den »Untervertretungen«, insbesondere aber von »Filialen«, wurden die angeworbenen Agenten entweder direkt oder durch den Gruppenleiter (V-Mann-Führer), dem etwa 10 Agenten zugewiesen waren, angeleitet. Die »Filialen« hatten ihren Sitz u. a. in West-Berlin, das bekanntlich inmitten des Territoriums der DDR lag.

Bei dieser Struktur handelte es sich jedoch um kein starres System, es war Änderungen unterworfen. Den übergeordneten Stellen war es möglich, besonders bedeutende »Untervertretungen«, Filialen und Agenten direkt anzuleiten.

Neben den genannten Spionage-Stellen unterhielt die Organisation Gehlen noch eine Anzahl technischer Spezialabteilungen. Für die hauptamtlichen Mitarbeiter wurde eine Agentenschule eingerichtet, in der sie in gewissen Zeitabständen vierzehntägige Lehrgänge absolvierten. Außerdem waren mehrere Geheimfotolabors eingerichtet, so u. a. eines im Westteil Berlins.

Eine Spezialabteilung (G.-Wesen) präparierte Agenten für ihren Einsatz in der DDR und im Ostblock. Sie erhielten gefälschte Dokumente und zur Tarnung benötigte Gegenstände. Ferner existierte ein Laboratorium für technische Apparate und in West-Berlin eine Abteilung, die Agenten im Funken ausbildete und fortlaufend schulte.

Sämtliche Dienststellen der Organisation Gehlen arbeiteten streng konspirativ, wobei sie sich oft als Handelsfirmen tarnten. »Georg Gottschalk & Co., Asphalt und Teer« hieß die Spionagezentrale in München, »Firma Ernst Meißner & Co., Grob- und Feinkeramik« war die »Generalvertretung III« (Abwehr) in Karlsruhe. Eine in Stuttgart bestehende Bezirksvertretung firmierte als »Firma Wachsmut« und eine Bezirksvertretung in Hamburg als »Firma Kühn«. Hinter der »Firma Erwin Bender & Co.« verbarg sich viele Jahre die Untervertretung, die der von dem Angeklagten Haase geleiteten Filiale 120a übergeordnet war. Die Filiale X 9592 war durch die Bezeichnung »Firma Nordland« getarnt. Das in West-Berlin bestehende Fotolabor führte die Bezeichnung »Unionsversicherung Berlin«.

Der 1953 geführte Prozeß machte überdies sichtbar, in welch starkem Maße sich das Personal der OG aus Kreisen der faschistischen Spionage und Abwehr, des SD und der SS rekrutierte. Der Leiter der Filiale 120a, der Angeklagte Haase, war Bataillons- und Regimentskommandeur in der Wehrmacht. Der Leiter einer Bezirksverwaltung, der den Decknamen »Reckenstein« führte, war höherer Abwehroffizier im Generalstab des Oberkommandos der faschistischen Wehrmacht. Der frühere SS-Untersturmführer Schnuppe wurde in dieser Spionagedienststelle als Gruppenleiter eingesetzt. Der Personalchef im Generalstab Hitlers, General Kleikamp (Deckname Kleier), leitete die als Reklamefirma »Werbezentrale Berlin« getarnte Kurierstelle und Meldezentrale.

Die im Dienst der Geheimorganisation Gehlen tätigen Agenten wurden entsprechend ihrer Eignung in »Tipper«, »Forscher«, »Heranholer«, »Quellen«, »Kuriere« und »Funker« unterteilt. Die »Tipper« machten auf Personen aufmerksam, die für den Geheimdienst nützlich sein konnten. Die Tätigkeit der »Forscher« erstreckte sich auf die umfassende Feststellung der persönlichen Verhältnisse und Neigungen der von den »Tippern« benannten Personen. Als »Heranholer« wurden Agenten bezeichnet, die die zur Anwerbung vorgesehenen Personen dem Leiter der Filiale bzw. dem Gruppenleiter in West-Berlin zuführten, nachdem das Ergebnis der Forschung sie hierfür geeignet erscheinen ließ. Bei den »Quellen« handelte es sich um den Kreis der Agenten, der sich auftragsgemäß durch eigene Beobachtungen über die den Geheimdienst interessierenden Objekte informierte. Diese »Quellen« wurden entsprechend ihrer gesellschaftlichen Stellung und Funktion und den sich daraus ergebenden Spionagemöglichkeiten untergliedert in »Penetrierungsquellen« (verantwortliche Mitarbeiter in den Staats- und Wirtschaftsorganen, die in der Lage waren, wertvolles Spionagematerial zu liefern), in »Überprüfungsquellen« (Agenten, die auf Grund der Lage ihrer Wohnung, ihres Arbeitsplatzes oder sonstiger Möglichkeiten in der Lage waren, die interessierenden Objekte direkt zu beobachten und auszuspionieren); »Reisequellen« (Agenten, die infolge ihrer beruflichen Tätigkeit Reisen unternahmen und sich dabei über die wirtschaftlichen, gesellschaftlichen, militärischen Verhältnisse und sonstigen Vorkommnisse in den von ihnen bereisten Gegenden informieren konnten).

Als »IIIer-Quellen« wurden die Agenten bezeichnet, die bei der Volkspolizei, der KVP oder bei sowjetischen Dienststellen tätig waren und Informationen aus ihrem Arbeitsbereich lieferten. »S-Quellen« hatten die Aufgabe, Spionageverbindungen in die Sowjetunion und die Volksdemokratien aufzunehmen. Kuriere hielten die Verbindung zwischen »Quelle« und »Filiale«. Bei den Funkern handelte es sich um ausgebildete Agenten, die Funkgeräte bedienen und auf diesem Weg Spionageinformationen übermitteln konnten.

Die Spionageorganisation Gehlen verfügte über ein ausgedehntes Agentennetz zur Erlangung von Informationen. Die Anwerbung erfolgte streng konspirativ und war grundsätzlich an keinen bestimmten Personenkreis gebunden. Es wurden jedoch Personen bevorzugt angeworben, die wegen ihrer antidemokratischen oder faschistischen Einstellung oder Vergangenheit als besonders geeignet erschienen. Für die Spionage- und Sabotagetätigkeit wurden aber auch asoziale und kriminelle Elemente angeworben.

Ganz besonderes Interesse bestand andererseits an der Werbung von Personen, die in den Organen der Regierung, Verwaltung, Wirtschaft und in den politischen Organisationen tätig waren und auf Grund der von ihnen ausgeübten Funktion Umgang mit geheimzuhaltenden und vertraulich zu behandelnden Unterlagen hatten und von denen bekannt war, daß sie in ihrer politischen Haltung schwankten. Man warb jedoch auch mit Apellen an den Patriotismus, mit Hinweisen auf die »nationale Befreiung«. Diese Methode, die gern bei Umsiedlern angewandt wurde, war eine der hinterhältigsten Formen der Ausnutzung der Gefühle von Menschen. Ihren besonderen Ausdruck fand sie in der von Angeworbenen zu unterschreibenden Verpflichtungserklärung, in der es hieß: »In der festen Überzeugung, daß der bolschewistischen Unterdrückung meiner Heimat nur durch entschlossenes Handeln aller anständigen Männer und Frauen begegnet werden kann, übernehme ich heute anläßlich meines endgültigen Eintritts in die Organisation folgende feierliche Verpflichtung...«

Die hauptamtlichen Mitarbeiter hatten – wie die übrigen Agenten neben ihren speziellen Aufgaben – den allgemeinen Auftrag, neue Agenten zu werben. Sofern das Forschungsergebnis im Sinne des Geheimdienstes positiv ausfiel und eine Personalanfrage bei der »Generaldirektion« keine Bedenken ergab, erfolgte die Ansprache in Form einer Unterhaltung, die – entsprechend den privaten Gepflogenheiten der angesprochenen Person – sorgfältig vorbereitet und grundsätzlich in West-Berlin durchgeführt wurde. Ergab die Ansprache eine Bereitschaft zu einer Agententätigkeit, so erfolgte die direkte Anwerbung.

Eine andere Methode der Agentenrekrutierung bestand im Ausnutzen einer wirtschaftlichen Notlage oder charakterlicher Schwächen. Wer trank, war nicht minder erpreßbar als ein finanziell Abhängiger.

Unter den Tarnbezeichnungen »Tiefe und Forschung« und »Aktion Pfiffikus« erweiterte die OG ihre Tätigkeit ins Ausland. Während die »Aktion Pfiffikus« die Werbung insbesondere auf Personen aus der Wirtschaft, Facharbeiter und Ingenieure sowie auf Studenten und Mitglieder kultureller Institutionen, die Reisen in andere Länder unternahmen, ausdehnte, erstreckte sich die Werbung »Tiefe und Forschung« direkt auf Bürger anderer Nationen.

In der Durchführung der »Aktion Pfiffikus« wurde z. B. der Filiale X 9592 der »Plan 1953 für die Teilnahme für Fachleute aus der SBZD an Tagungen der ständigen Kommission des Rates für gegenseitige Wirtschaftshilfe (Sessionen und Beschlüsse) und für längere Aufenthalte auf Grund der Beschlüsse« übersandt, in dem die Zahl der Teilnehmer, die Dauer des Aufenthaltes und die zu bereisenden Länder – Polen, Tschechoslowakei, Ungarn, Bulgarien, Rumänien, Sowjetunion, Albanien und China – verzeichnet waren.

Auch die »Aktion Hermes« diente der Ausdehnung der Spionage auf das Ausland, indem insbesondere aus der Sowjetunion kommende Heimkehrer oder Fachkräfte, die dort gearbeitet hatten, über die ihnen durch ihren Aufenthalt bekanntgewordenen Verhältnisse ausgefragt wurden. Die Tarnung und Sicherung der angeworbenen Agenten erfolgte in der Weise, daß sie einen Decknamen und nach bestandener Probezeit eine von der Generaldirektion zugewiesene Decknummer, in besonderen Fällen einen auf ihren Decknamen ausgestellten Personalausweis erhielten. Besonders bedeutende Mitarbeiter und Agenten erhielten eine Sicherheitsnotnummer. Sollten sie irrtümlich von der Polizei arretiert werden, verlangten sie nach einem US-Offizier, dem sie die Nummer nennen konnten. Der veranlaßte die Einstellung der Untersuchung und die Vernichtung vorhandener Unterlagen. Diese Notnummer konnte allerdings nur im amerikanischen Sektor von Berlin benutzt werden. In regelmäßigen Abständen wurden die Agenten von ihren Gruppenleitern (V-Mann-Führer) allgemein in der Spionagetechnik für die ihnen erteilten Aufträge in Westberlin geschult. Besonders wichtige Agenten wurden auf kurzen Lehrgängen in Westdeutschland von Sachbearbeitern der Generaldirektion in sogenannten Gästehäusern weiter ausgebildet. Aus Gründen der Sicherheit bestand auch innerhalb der Organisation Gehlen von den Agenten bis zur Generaldirektion ein gegliedertes Meldesystem. Die von den Agenten getroffenen Feststellungen wurden entweder von ihnen selbst in Westberlin dem Gruppenleiter (V-Mann-Führer) mündlich berichtet oder aber auf dem Postwege unter Verwendung von Geheimtinte, die von der vorgesetzten Spionagestelle ausgegeben wurde, übermittelt. Außer dieser direkten Verbindung zwischen den Agenten und ihren Auftraggebern gab es noch die Möglichkeit der Benutzung einer Deckadresse und eines Kuriers. Die Besitzer der Deckadressen waren über die Art und den Inhalt der ihnen übergebenen Berichte nicht informiert. Sie hatten ihre Anschrift zur Verfügung gestellt, weil ihnen beispielsweise erklärt worden war, daß in der DDR wohnende Angehörige ihren in den Westen geflüchteten Verwandten nicht auf direktem Wege schreiben mochten und darum im Rahmen der »Flüchtlingshilfe« um die Vermittlung einer »neutralen« Anschrift gebeten hatten.

Zur Weitergabe der Berichte von den Untervertretungen und Filialen an die vorgesetzte Dienststelle existierte in Westberlin eine Meldezentrale unter Leitung des ehemaligen Generals Kleikamp (Deckname Kleiner). Die Meldezentrale übergab ihre Post einem Verbindungsmann der Military-Post, die in versiegelten Säcken die Kurierpost des Geheimdienstes Gehlen mit Militärflugzeugen nach Frankfurt (Main) beförderte. Dort wurde die Post aussortiert und an die jeweiligen Bezirks- und Generalvertretungen oder auch direkt an die Generaldirektion weitergeleitet. Auf dem gleichen Wege wurde auch die Verbindung der zentralen Nachrichtendienststellen in Westdeutschland zu den unteren operativen Spionagestellen aufrechterhalten. Bei den einzelnen Spionagedienststellen gab es Sicherheitskalender, die Verhaltensmaßregeln für die Sicherheit der Agenten enthielten. Für jeden Agenten war ein besonderes Warnsystem ausgearbeitet, um im Falle einer drohenden Festnahme ihn und die ihm bekannten Agenten rechtzeitig warnen zu können und andererseits sofort von einer erfolgten Festnahme Kenntnis zu erhalten. Ferner existierte die Einrichtung der »toten Briefkästen«, um im Ernstfall miteinander kommunizieren zu können. Tote Briefkästen wurden an unauffälligen Stellen, meist auf Friedhöfen und in Parkanlagen, angelegt. Dort legte der Agent zu einem festgelegten Zeitpunkt seinen Bericht ab, den ein Kurier abholte und entweder direkt nach Westberlin brachte oder einem als Funker tätigen Agenten übergab.

Neben der verstärkt betriebenen Anlage von toten Briefkästen ging die Organisation Gehlen mit Nachdruck dazu über, in der DDR ein flächendeckendes Funknetz einzurichten, das einmal der zusätzlichen Sicherung der Nachrichtenverbindungen zwischen den Quellen und den Spionagestellen in West-Berlin und Westdeutschland dienen sollte, insbesondere aber dazu bestimmt war, im sogenannten E-Fall eingesetzt zu werden. E-Fall gleich Ernstfall bedeutete Krieg – laut der von der Generaldirektion herausgegebene Richtlinie. Der Vorbereitung auf den Ernstfall diente auch die laut Anweisungen der Spionageorganisation bis Ende Dezember 1953 durchzuführende Anlage von »Drahtschleusen«, geheimen Telefonverbindungen zwischen dem Ost- und dem Westteil Berlins, um auf diese Weise die Nachrichtenübermittlung sicherzustellen.

Wie intensiv und planmäßig die Vorbereitungen auf den E-Fall waren, ergab sich aus den Aussagen des Angeklagten Schmidt und des Zeugen Grabe. Schmidt war Netzführer des in seiner Wohnung befindlichen Funkgerätes. Er sollte Vorschläge machen für einen Stellvertreter, da im Kriegsfall mit seiner Einberufung als Soldat zu rechnen war. Nach Möglichkeit sollte dieser körperbehindert sein, weil dort nicht die Gefahr bestünde, als Soldat gezogen zu werden. Das war auch die Ursache, weshalb der Kriegskrüppel Grabe von der Spionageorganisation als Funker angeworben und ausgebildet worden war. Dem Angeklagten Schmidt sollte – neben den in seinem Besitz befindlichen Funkgeräten – noch ein drittes Ersatzgerät übergeben werden, das er eingraben sollte. Das für den Fall, wenn die anderen Geräte durch Kriegseinwirkungen ausfallen sollten. In der Anklageschrift[26] kam zur Sprache, daß die Organisation Gehlen nicht nur mit Billigung, sondern mit direkter Unterstützung und Finanzierung der USA und in Übereinstimmung mit der amerikanischen Politik tätig war. Schon die Tatsache, daß die Organisation bereits im Jahre 1946 gegründet worden war, konnte als Beweis für diese These genommen werden. Zu jener Zeit unterlagen sämtliche Organisationen einer strengen Kontrolle der jeweiligen Militärregierung, und die Neugründung einer Organisation konnte ohne Wissen und Wollen der zuständigen Besatzungsmacht nicht vorgenommen werden. Auch der Umstand, daß Gehlen zum Aufbau der Organisation Kräfte heranziehen durfte, die wegen ihrer militärischen und faschistischen Vergangenheit nach den Grundsätzen des Potsdamer Abkommen zumindest aus dem öffentlichen Leben zu entfernen waren, bestätigte, daß die Amerikaner ihre Hände mit im Spiel hatten. Die der Organisation Gehlen unmittelbar gewährte Anleitung, Hilfe und Unterstützung durch die USA wurde auch belegt durch die Tätigkeit von Verbindungsoffizieren des amerikanischen Geheimdienstes in der Generaldirektion in München. Bei den der Spionageorganisation zur Verfügung gestellten technischen Mitteln handelte es sich um amerikanisches Material. Die dem Angeklagten Schmidt als Netzführer übergebenen Funkgeräte etwa waren »Made in USA«. Auch das dem Angeklagten Haase zur Verfügung gestellte Kabel für die Drahtschleuse war ein amerikanisches Fabrikat. In der Filiale 120a wurden zur Instruktion der Agenten Landkarten amerikanischer Produktion verwendet.

Die Personalakten der hauptamtlichen Mitarbeiter sowie die Fragebögen der Agenten und deren Verpflichtungserklärungen wurden in einer amerikanischen Dienststelle in München aufbewahrt; sämtliche Dienstreisen der Hauptamtlichen der OG zwischen den Stellen in Westdeutschland und Westberlin erfolgten in amerikanischen Flugzeugen auf »Airlift-Order« und die Weiterreise mit der Bahn in Westdeutschland auf »Travel-Order«. Die Beförderung der Agentenpost erfolgte mit amerikanischen Militärflugzeugen. Die Filialen der Spionageorganisation in Westberlin kontrollierten Offiziere des amerikanischen Geheimdienstes CIC, sie waren auch weisungsberechtigt. Bei Westberliner Polizeibehörden traten sie offiziell als »Schutzmacht« auf. Ausgewählten Kräften des Mitarbeiterstabes der Organisation Gehlen wurden Reisen in die USA zum Studium der Organisation und der Arbeitsmethoden der amerikanischen Bundespolizei FBI ermöglicht.

Wurde in Anweisungen der übergeordneten Stellen auf die »befreundete Seite« Bezug genommen, so war dies für die Mitarbeiter der Organisation der Hinweis, daß es sich um einen direkten Auftrag der Amerikaner handelte. Auch die von dem Geheimdienst Gehlen mit Nachdruck geforderte Schaffung einer Drahtverbindung zwischen den Westsektoren und dem Ostteil Berlins ging letztlich auf eine Anweisung der Amerikaner zurück.

Für den Betrieb und zur Erweiterung ihres Spionageapparates wurden monatlich Millionensummen benötigt. Die Agenten bezogen Festgehälter von 100 bis 200 DM im Monat – das Geld kam fast ausschließlich von den Amerikanern.

Der Angeklagte Haase berichtete, ihm sei anläßlich der Abrechnung über die Gelder der Filialen 120a und D geraten worden, besonders sorgfältig zu verfahren, da der Amerikaner darin »sehr gewissenhaft« sei. In einer ihm bekanntgewordenen schriftlichen Anweisung über die Kürzung der von den Filialen benötigten Mittel wurde ausdrücklich darauf hingewiesen, daß die amerikanischen Geldmittel teilweise eingeschränkt seien. Solche Fakten offenbarten, daß die Organisation Gehlen das Werk und das Instrument der amerikanischen Besatzungsmacht war.

Die 1953er Anklageschrift[27] stellte einen Zusammenhang zwischen den außenpolitischen Zielen der US-Regierung (»Containment«, Eindämmung) und die damit im Kontext stehende Remilitarisierung Westdeutschlands her. Das bestreitet heute niemand mehr. Die Ausdehnung des sowjetischen Einflußgebietes bis an die Elbe war dem Westen ein Dorn im Auge. Aus heutiger Sicht – nach dem Scheitern des stalinistischen Sozialismusmodells – scheint dies gerechtfertigt. Aber – und genau hier scheiden sich die Geister – den Menschen im Osten Deutschlands wurde von vornherein die Legitimation abgesprochen, den Versuch eines anderen Gesellschaftsmodells überhaupt zu wagen. Die Alternative zum bürgerlich-kapitalistischen Staat war von vornherein suspekt und sollte schon im Ansatz verhindert werden. Diese Haltung bestimmte in mehr oder minder ausgeprägter Form den Umgang mit der DDR bis zu deren Ende. Insofern konnte es nicht überraschen, daß alle Versuche zur Erneuerung oder Reformierung der DDR 1989 von vornherein zum Scheitern verurteilt waren. Man ließ den Ostdeutschen nicht einmal die Chance, sich an der Erarbeitung einer gemeinsamen, aber neuen Verfassung zu beteiligen. Vom Grundgesetz bis zum politischen System inklusive Wirtschaft wurde alles rückübertragen.

Die Absicht, den 1945 verlorenen Osten Deutschlands wieder zurückzuholen, legitimierte offenkundig dessen vollständige Ausspähung. Diese Spionagetätigkeit erstreckte sich auf alle Gebiete des wirtschaftlichen und gesellschaftlichen Lebens der DDR. Man erkundete Wirtschaftsstruktur, Wirtschaftsplanung, Planerfüllung, den Staats- und Verwaltungsapparat, die politischen Parteien, Organisationen, die Stimmung der Bevölkerung. Besonderes Interesse fanden – wie die Angeklagten 1953 berichteten – Informationen über die Volkspolizei, die Kasernierte Volkspolizei (KVP) und die Sowjetarmee. Das war nicht verwunderlich: In Westeuropa plante man eine Europäische Verteidigungsgemeinschaft (EVG), die aber scheiterte und dann in einen Nordatlantikpakt (NATO) mündete. Seit 1950 kämpften die USA in Korea. Krieg, so schien es, war ein legitimes Mittel der Politik. Weshalb also nicht auch in Europa? Und deshalb mußte die militärische Stärke des Osten ausgeforscht werden.

Und das wirtschaftliche Potential der DDR. Wo war sie verwundbar, welche Rohstoffe waren lebenswichtig? Wo kamen diese her? Die im westdeutschen Wirtschafts-, Verwaltungs- und Regierungsapparat tätigen V-Männer mußten wissen, wo im Krisen- und Kriegsfall der DDR die Daumenschrauben angesetzt wurden.

Darüber hinaus erstrecke sich die Spionagetätigkeit auf Polen, die CSR, Ungarn, Bulgarien, Rumänien, Albanien und China sowie auf die Sowjetunion. Durch die Aktionen »Pfiffikus«, »Tiefe und Forschung« und »Hermes« sollte die Möglichkeit geschaffen werden, die Verhältnisse in diesen Ländern zu eruieren. Agenten sickerten in Polen und CSR ein. Der Zeuge Liebner, der in der Nähe der deutsch-tschechoslowakischen Grenze wohnte, sollte im Herbst 1953 Möglichkeiten illegaler Grenzübergänge erkunden und einen Bürger der CSR für eine Agentenanwerbung vorbereiten.

Die Organisation Gehlen bereitete sich auf einen Tag X im Frühjahr 1954 vor. Innerhalb der Kasernierten Volkspolizei, der Staatssicherheit und der Sowjetarmee sollte bis dahin aktive Zersetzungsarbeit geleistet werden. Dieser Tag X fand bekanntlich nie statt, und die DDR-Propaganda rühmte sich, am 13. August 1961 diesen Bestrebungen einen Riegel vorgeschoben zu haben. Bei aller Vollmundigkeit dieser Behauptung und trotz des hypertrophierten Sicherheitsinteresses der DDR, zu der sie nicht zuletzt von Moskau veranlaßt worden war, sollte die sachliche Feststellung erlaubt sein: Die Einmischung westlicher Geheimdienste in die inneren Belange der DDR war evident. Sie war nicht geringer und wohl auch kaum demokratischer als die Infiltration der Bundesrepublik durch östliche Geheimdienste.

Wer steuert wen?

Eine der Untervertretungen (UV) der Organisation Gehlen befand sich in Augsburg. Diese UV war ausschließlich mit ehemaligen Angehörigen der Luftwaffe besetzt. Ebenso der Ableger in Westberlin, die Filiale X/8970. Hier hatte der Fliegeroffizier Gärtner das Sagen.[28] Diese UV war hierarchisch aufgebaut. In der UV Augsburg herrschten die Offiziere mit den höchsten militärischen Dienstgraden, die sie als Angehörige der faschistischen Luftwaffe innehatten. In der Filiale in Westberlin waren vorwiegend OG-Mitarbeiter tätig, die – außer dem Filialleiter, der ein ehemaliger Major der Luftwaffe war – niedere Offiziersdienstgrade hatten. Die V-Mann-Führer waren sowohl ehemalige Offiziere als auch Manschaftsdienstgrade. Die Agenten in der DDR waren ausschließlich Personen, die zum Bodenpersonal der Luftwaffe gehört hatten und keinen höheren Dienstgrad als Feldwebel nachzuweisen hatten.

Anfang der 50er Jahre begann die Westberliner Untervertretung ihre Fühler nach alten Kameraden in der Sowjetischen Besatzungszone »SBZ« auszustrecken. 1954 trat der OG-Mitarbeiter Reinhold Knüppel (Jg. 1912), Deckname »Klang«, in Aktion. Knüppel war ein ehemaliger Feldwebel der Luftwaffe, der Anfang 1945 in Ungarn in sowjetische Kriegsgefangenschaft geriet. Ende 1946 war er aus der Gefangenschaft entlassen worden und nach Mecklenburg, seiner Heimat, zurückgekehrt. Er stieg in den Schwarzhandel ein und versorgte nicht nur sein Heimatdorf, sondern auch bald die Kreisstadt mit Tabak und Kaffee. 1950 bekam er Kontakt mit der OG. Wegen seiner Schwarzmarktgeschäfte war man ihm auf der Spur, er flüchtete nach Westberlin. Wegen bewiesener Zuverlässigkeit, absolut antikommunistischer Einstellung und aufgrund seines soldatischen Verständnisses wurde er von der Organisation als Hauptamtlicher übernommen. Knüppel arbeitete eng mit den OG-Mitarbeitern Drechsler (Deckname: »Dittmann«), »Roßbach« und Köhler (Deckname: »Hollbach«) zusammen.

Ihr Einzugsgebiet waren Flugplätze in Ostbrandenburg. Ab 1954 wurden diese OG-Mitarbeiter von der HA II und der Verwaltung Groß-Berlin, die Berliner II, bearbeitet. Die Hauptverantwortung lag bei der Berliner II, die den gesamten Komplex unter dem Vorgang »Pilot« führte. Die Federführung lag bei dem damals 21jährigen Harald Kempe (Jg. 1933), dem späteren Leiter der Abteilung II der Verwaltung Groß-Berlin.

Knüppel und die anderen OG-Mitarbeiter hatten besonders die Fühler nach ehemaligen Luftwaffenangehörigen ausgestreckt, die in Berlin ansässig waren. Es gab in Westberlin lose Zusammenkünfte von ehemaligen Wehrmachtangehörigen, die sich zu »Kameradschaftsabenden« in Gaststätten trafen. Dort erhielt Knüppel Kontakt auch zu ehemaligen Angehörigen der Luftwaffe, die in Ostberlin wohnten.

Einer dieser Kameraden war »Richter«. Knüppel gab sich ihm gegenüber großzügig, bot ihm Hilfe und Unterstützung an und versorgte ihn mit Zigaretten. Wenig später verabredeten beide einen Informationsaustausch auf ihrem Gebiet, der Fliegerei. »Richter« ging aber zum MfS, meldete dieses Ansinnen und wurde dort unter Vertrag genommen. »Richter«, der nie wieder etwas mit Militär und Krieg zu tun haben wollte, mußte erst überzeugt werden, daß seine Tätigkeit gegen die OG friedenserhaltend sei.

Im Geheimen Mitarbeiter (GM) »Richter« hatte, wie sich bald zeigte, das MfS einen äußerst cleveren, mit angeborenen nachrichtendienstlichen Fähigkeiten ausgestatteten Mitstreiter gewonnen. Mit seiner Hilfe wurde ein weiterer GM (»Wolf«) an Knüppel herangeschleust. Die HA II war zudem mit dem GM »Sonntag« an diesem Vorgang beteiligt.

Mit Hilfe dieser GM konnte die Tätigkeit dieser OG-Filiale und später die BND-Niederlassung völlig unter Kontrolle gehalten werden. Dazu wurden gesonderte inoffizielle Beobachtungs- und Ermittlungskräfte zum Einsatz gebracht. »Richter« hatte sich, auch aufgrund der intensiven Instruierung durch das MfS, so in die Persönlichkeit von Knüppel hineinversetzt, daß dieser bald kaum noch etwas unternahm, ohne »Richter« zu konsultieren. So schlug dieser ihm vor, über eine Mitarbeit bei der Gesellschaft für Sport und Technik (GST)[29] an Informationen militärischen Inhalts heranzukommen. Mit diesem Einsatz bei der GST konnten die Angriffe der OG bzw. BND durch GM »Richter« noch besser kontrolliert werden. Mit seiner Hilfe wurden über zehn Agenten des OG bzw. BND festgenommen.

Immer dann, wenn Knüppel durch den GM »Richter« moralisch aufgebaut werden mußte, weil wieder einer seiner Agenten »geplatzt« war, plauderte Knüppel drauflos. Dadurch erhielt das MfS Kenntnis über interne Weisungen, Anweisungen, Maßnahmen, Hinweise über Struktur und Personal der UV und Filiale, Schulung und Ausbildung des BND-Personals. Ab 1959 steuerte GM »Richter« den BND-Mitarbeiter Knüppel. Dieser beantwortete schriftlich Fragen, die das MfS über den GM an ihn herantrug. Über diese Schiene – sie lief weiter zu den BND-Mitarbeitern Drechsler und Köhler sowie der Filiale des Fliegeroffiziers Gärtner – konnte schließlich das gesamte, seit 1951 aufgebaute Kuriersystem des BND bis zur »Werbezentrale Berlin«, die Hauptkurier- und Meldezentrale des BND in Westberlin, welche von dem Ex-General Kleikamp[30] bis Ende der 50er Jahre geleitet wurde, vom MfS identifiziert und aufgeklärt werden. Etwa 1960 wurde der Gedanke geboren, mit Hilfe der GM »Richter«, »Wolf« und »Sonntag« für Knüppel ein Netz zu erschließen, das nur aus geworbenen IM des MfS bestehen sollte, um damit eine vollständige Kontrolle über die Tätigkeit der UV in Augsburg zu erhalten. Dieser Gedanke war nicht abwegig. Einen solchen »Fall« hatte es bereits in der HA II gegeben – allerdings nicht auf der deutschen, sondern auf der amerikanischen Linie. Es betraf das Netz des Residenten des amerikanischen Geheimdienstes Friedrich Weihe (Jg. 1903). Weihe, ein ehemaliger Mitarbeiter der Gestapo, hatte seit 1949 für einen militärischen Zweig des amerikanischen Geheimdienstes gearbeitet. Im Laufe der Jahre war nach dem »Schneeballprinzip« ein GM nach dem anderen an Weihe herangeschleust worden. 1956, offensichtlich im Zusammenhang mit der Rückkehr des MfS-Kundschafters

Horst Hesse aus der MiD-Zentrale Würzburg in die DDR, begannen amerikanisch-militärische Geheimdienstzweige ganze Residenturen, die von deutschen Agentenführern geleitet wurden, aufzugeben bzw. abzuschalten. Einige dieser Residenturen bewarben sich bei Gehlen. So auch Weihe. Sein Bewerbungsschreiben vom 11. Mai 1957 hatte folgenden Inhalt:

»An den Bundesnachrichtendienst Bonn
Betr. Bewerbung für den Dienst im Bundesnachrichtendienst
Ich erlaube mir hiermit die höfliche Anfrage, ob für mich als ehemaligen Abwehrmann Möglichkeiten bestehen, im Bundesnachrichtendienst zu arbeiten. Zu meiner Person:
Ich bin 53 Jahre alt, Größe 1,86 m, ledig, im Besitz einer eigenen Wohnung. Habe von 1934 bis 1937 in der Abwehr im M. d. I. in Berlin gearbeitet, z. T. dabei im Ausland. War von 1940 – 1945 bei einem techn. Battl. als Abwehrmann tätig. Meine Tätigkeit war in Rußland, Frankreich, Rumänien und wieder Rußland.
Von 1949 bis 1956 (Oktober) war ich dann für den amerikanischen Nachrichtendienst tätig. Meine Beziehungen erstrecken sich auch noch heute über die Zone bis zum Teil zur Grenze Polens. Mein Ausscheiden aus dem amerikanischen Dienst geschah ehrenvoll, da die Dienststelle aufgelöst wurde. Meine Geheimnummer ist 69 2248. Einem Ihrer hier ansässigen Forscher stehe ich jederzeit mit Rede und Antwort zu Verfügung. Dieses Schreiben habe ich selbst verfaßt.
Friedrich Weihe«[31]

Weihe zählt in gewisser Weise zu den Opfern Gehlens. Gehlen hatte die Order erteilt, daß nur solche ehemaligen Residenten der Amerikaner mit ihren Netzen Chance hatten, beim BND aufgenommen zu werden, wenn sie persönlichen Mut, Einsatzbereitschaft und Loyalität unter Beweis gestellt hätten. Weihe hatte seinen Agenten, die ausnahmslos GM des MfS waren, zugesagt, daß er sich für sie beim BND verwenden wolle und sie sehr hoffnungsvoll sein könnten, bald für einen deutschen Dienst zu arbeiten. Wichtige Informationen würde er nach wie vor entgegennehmen. In dieser – auch für ihn – Zwangslage, er hatte noch kein Zeichen aus Pullach erhalten, ersuchte ihn ein GM, Dokumente nach Westberlin zu bringen. Weihe glaubte, daß diese Materialien der »Eintrittspreis« beim BND sein könnten, begab sich in den östlichen Teil Berlins und wurde – knapp vier Wochen nach seiner

Bewerbung beim BND – vom MfS festgenommen und Ende 1957 zu lebenslangem Freiheitsentzug verurteilt.

Im Gegensatz zu Weihe erwog das MfS bei Knüppel, ihn anzuwerben. So begann »Richter« im Frühjahr 1961, Knüppel in diesem Sinne zu »bearbeiten«. Der GM malte ihm aus, daß Knüppel auf einen Schlag seine finanziellen Probleme loswürde, wenn er sich dem sowjetischen Nachrichtendienst andienen würde. Und er wies darauf hin, daß der sowjetische Nachrichtendienst möglicherweise von seiner Zusammenarbeit mit dem BND wisse, weil Knüppel das ausgeplaudert habe. Entweder besorge Knüppel ihm einen gutbezahlten Posten im Westen, oder er müsse sich so absetzen – was bestimmt nicht in Knüppels Interesse sei. Er wisse, was das bedeute: Befragungen im Aufnahmelager, Hintergründe offenlegen...

Ehe sich aber Knüppel entschieden hatte, kam der 13. August 1961. Die Verbindung zwischen Agent in der DDR und Agentenführer in Westberlin riß ab. Pullach löste die Filialen in Augsburg und Westberlin auf. Das konnten sich die Linie II und GM »Richter« als ihren Erfolg auf die Fahnen schreiben.

Alte Kameraden, Teil II

Dem Vorwurf, in der frühen Bundesrepublik seien alte Nazis und Wehrmachtoffiziere die wichtigsten Stützen des neuen Staates gewesen, während sich die DDR als antifaschistisch präsentierte, wurde mitunter mit dem Verweis auf einige Exponenten der DDR begegnet. Zu den dann genannten Personen gehörte Vincenz Müller, Wehrmachtgeneral seit 1943, Ostfront – 1949 aber Vizepräsident der ersten Volkskammer, seit 1952 Stellvertretender Innenminister, seit 1956 Stellvertreter des Verteidigungsministers und Chef des Stabes der NVA, 1958 aus der NVA entlassen und 1961 durch Freitod gestorben.

Sein Ende ist nie genau aufgeklärt worden, doch es scheint unstrittig, daß der Bundesnachrichtendienst in den Fall Müller involviert war. Insofern ist es gerechtfertigt, an dieser Stelle auf das Schicksal dieses Mannes vom Jahrgang 1894 einzugehen.

Ulbricht als Erster Sekretär des ZK der SED würdigte in seinem Nachruf vom 12. Mai 1961 Müllers Verhalten als »mutig und wahrhaft patriotisch«. Er habe die Lehren aus der Vergangenheit gezogen und »eine selbstlose aktive Arbeit im Nationalkomitee ›Freies Deutschland‹ für die Beendigung des Krieges und für die Wiedergeburt eines demokratischen Deutschland« geleistet.

Und der Stellvertretende Vorsitzende des Staatsrates, Heinrich Homann, meinte auf der Trauerfeier, in Müllers Persönlichkeit, in seinem Leben »verkörpern sich in besonders sinnfälliger Weise Irrweg, Besinnung und Wandlung einer Generation, die auf den Schlachtfeldern zweier Weltkriege erleben mußten, was es für den Einzelnen bedeutete, auf die Fahnen des Militarismus zu schwören und ihm Gefolgschaft geleistet haben«.

Der Hinweis auf die Irrungen und Wirrungen traf wohl zu. Müller war 1914 als 20jähriger Fähnrich eingezogen worden, er kämpfte bis 1918 an vielen Fronten, selbst in der Türkei. 1943 wurde er mit der 4. Armee der Heeresgruppe Mitte bei Minsk eingeschlossen. Deren Kommandeur von Tippelskirch setzte sich ab und übergab Müller – Ritterkreuzträger und Träger des Deutschen Kreuzes in Gold – das Kommando. Dieser bot am 8. Juli der Roten Armee die Kapitulation an und rettete damit einigen Zehntausend Soldaten das Leben.

Zeitlebens mußte er mit dem Vorwurf leben, General unter Hitler gewesen zu sein. Aber er wehrte sich entschieden gegen die Vorhaltung, er habe nichts aus der Vergangenheit gelernt. Eben weil er das getan hatte, polemisierte er gegen »alte Kameraden« in der Bundesrepublik, die ihre verlorenen Schlachten in Memoiren postum gewannen, und gegen die Wiederaufrüstung Deutschlands. Adenauers Westintegration bezeichnete er als »Politik nationaler Würdelosigkeit«. Seine Bemühungen um nationale Verständigung gingen seltsame Wege. Ein Hinweis findet sich in den Erinnerungen von Franz-Josef Strauß.

»Nach dem Tode Stalins am 5. März 1953 scheint es im Kreml gewisse Irritationen gegeben zu haben. Für manchen Beobachter im Westen sah es so aus, als ob man sich in Moskau doch mit dem Gedanken einer Wiedervereinigung Deutschlands angefreundet hätte. In diesem Zusammenhang gehört eine mysteriöse Begebenheit, die sich im August 1955 ereignete, also kurz nach der Genfer Konferenz und wenige Wochen vor Adenauers Reise nach Moskau. Eines Tages ruft mich Bundesfinanzminister Fritz Schäffer an: ›Ich habe etwas mit dir zu besprechen, allerhöchste Geheimhaltung! Wir können es in keinem Raum machen, weder bei dir noch bei mir im Amt, auch in keiner Gaststätte. Wir machen einen Spaziergang!‹

Wir machten einen Spaziergang, nachts, immer um das Bonner Münster herum, ich weiß nicht wie oft...

Bei dem nächtlichen Rundgang berichtete mir Schäffer dann seine Geschichte: Er sei in seinem Wahlkreis in Passau gewesen, und bei dieser Gelegenheit habe ihn der Verleger Hans Kampfinger in einem Dorf bei Passau zusammengebracht mit Vincenz Müller, dem Stellvertretenden Innenminister der DDR. Der ehemalige Wehrmachtgeneral war Ende 1944 beim Zusammenbruch der Heeresgruppe Mitte in Gefangenschaft geraten und hatte sich dem Nationalkomitee Freies Deutschland angeschlossen, einer Gruppierung von Offizieren, die sich auf eine Zusammenarbeit mit den Sowjets einließen.

Dieser Vincenz Müller sei inkognito in Niederbayern gewesen, wo sein Bruder Pfarrer sei. Bei dem Treffen habe er ihn, Schäffer, informiert, daß unter Umständen eine radikale Änderung der sowjetischen Politik gegenüber Deutschland denkbar sei. Die Bundesrepublik müsse lediglich auf die Durchführung des Freiwilligengesetzes verzichten und ihr Verhältnis zur NATO lockern. Müller bat Schäffer, nach Ostberlin zu kommen und dort mit Sowjetbotschafter Puschkin zu sprechen.

Schäffer wollte sich nicht festlegen, sondern erst mit Konrad Adenauer abstimmen. Auf meine Frage, was denn der Alte gesagt und ob er die Reise verboten habe, erhielt ich eine bemerkenswerte Antwort. Fahren Se ruhich hin, Herr Schäffer, habe Adenauer erklärt. Wenn det aber bekannt wird, ich weiß davon nichts. In meinem Auftrach sind Se nich jefahren. Aber fahren Se ruhich...

Schäffer fuhr, und im Herbst 1956 fuhr er erneut. Bei der zweiten Reise machte Müller offenbar sehr weitreichende Andeutungen. Es sei nicht nur nicht ausgeschlossen, es sei durchaus möglich, daß es ohne sowjetisches Eingreifen, vielleicht sogar auf sowjetisches Betreiben hin, zu einer Machtübernahme durch die Nationale Volksarmee in der DDR komme, daß Ulbricht verhaftet und die ganze Regierung abgesetzt würde. Man wünsche mit der Bundesregierung deswegen Kontakt.

Initiatoren dieser Politik seien sowjetische Kreise, die die großen Fehler der Politik Stalins einzusehen begonnen hätten. Man denke an einen Österreich-Status für die DDR. Eine Wiedervereinigung sei zwar nicht oder erst für eine spätere Phase in Aussicht gestellt, aber immerhin käme es zu einer nichtkommunistischen Regierung in der DDR, zu einer wirklichen Demokratie mit vorheriger militärischer Übergangskonstellation und außenpolitisch begrenzter Bewegungsfreiheit.

Der sowjetische Botschafter Georgi Puschkin ließ sich, wenn auch erst nach massiver Intervention Müllers, zwar sprechen, aber heraus kam nichts. Fritz Schäffer wartete vergebens auf die große Enthüllung.

Konrad Adenauer hat mir gegenüber später behauptet, Fritz Schäffer sei auf eigene Faust nach Ostberlin gereist. Dem habe ich widersprochen. ›Herr Bundeskanzler, das stimmt so nicht. Sie haben davon gewußt. Sie hätten ihm jederzeit diese Reise verbieten können... Sie haben es gewußt und aus gutem Grund nichts getan, haben aber erklärt, daß – wenn es bekannt würde – Sie nichts davon wüßten!‹ In Wirklichkeit war Konrad Adenauer gegenüber den Schäfferschen Erzählungen von einem abgrundtiefen Mißtrauen erfüllt.«

Markus Wolf berichtete in seinen Erinnerungen »In eigenem Auftrag« über das Treffen mit Schäffer in Ostberlin. Der Bundesfinanzminister kündigte seine inoffizielle Visite für ein Wochenende an und wollte mit der S-Bahn aus Westberlin kommen. »Dies erschien so wenig glaubhaft, daß die gewünschten Gesprächspartner – der Ministerpräsident der DDR und der sowjetische Botschafter – über diesen Termin« nicht in Kenntnis gesetzt wurden.

»Obwohl wir mit dem Erscheinen des Ministers von drüben nicht rechneten, die DDR war für Bonn als Staat noch nicht existent, muß ein Nachrichtendienst stets auch unwahrscheinliche Vorgänge einkalkulieren. Der von mir beauftragte Oberst wartete zur vereinbarten Zeit am angegebenen Ort, ich hielt mich zu Hause bereit. Und das Unerwartete geschah – der Mann mit seiner kleinen Statur... betrat pünktlich und an einer besonders unansehnlichen Stelle das Gebiet der Hauptstadt der DDR. Der Oberst begleitete den Finanzminister zunächst noch zur Wohnung des Generals a. D. Vincenz Müller, einem Bekannten der Familie Schäffer.

Während dort das erste Gespräch stattfand, wurde ich benachrichtigt. Ich erhielt die Mitteilung, daß der Gast in wenigen

Stunden zurückfliegen müsse. Die von ihm gewünschten Gesprächspartner standen so kurzfristig nicht zur Verfügung, und es wurde entschieden, ich solle gemeinsam mit einem Mitarbeiter der Sowjetbotschaft die Vorschläge Schäffers entgegennehmen.

So kam es zu der für mich denkwürdigen Begegnung mit dem Finanzminister der BRD in unserem kleinen Gästehaus in Rauchfangswerder am Zeuthener See. Dem alten Herrn aus Bayern saßen zwei Mittdreißiger gegenüber, ein Deutscher und ein Russe, nicht sehr protokollmäßig. Fritz Schäffer war die Enttäuschung anzusehen, dennoch trug er seinen Plan zur Bildung einer deutschen Konföderation sehr präzise vor...«

Wolf infomierte Ulbricht über diesen Plan, worauf der Parteichef seinerseits mit einem Konföderationsplan aufwartete, der aber von Adenauer brüsk zurückgewiesen wurde. Ulbricht offenbarte daraufhin, daß die Idee dazu von einem Mitglied der Bundesregierung stamme. Das entsprach durchaus der Wahrheit.

Die Indiskretion wurde allerdings noch übertroffen: »Vincenz Müller und weitere Partner dieses vertraulichen Kontaktes wurden angehalten, vor den Kameras des DDR-Fernsehens die Richtigkeit der Behauptung Ulbrichts zu bestätigen.« Markus Wolf distanzierte sich zurecht davon. Das stimmte »mit meinen Vorstellungen über die Einhaltung vereinbarter Vertraulichkeit keineswegs überein«.

Anfang 1958 wurde Müller aus der NVA entlassen. Am 14. Januar hatte das Politbüro des ZK der SED den Beschluß »Über die Rolle der Partei in der Nationalen Volksarmee« erlassen. Das Offizierskorps der NVA sollte künftig »aus zuverlässigen, der Partei ergebenen Kadern« bestehen – die Zeit der ehemaligen Wehrmachtoffiziere war damit definitiv abgelaufen.

Die begründete Enttäuschung Müllers wollte der BND ausnutzen. Der prominente DDR-Militär, so die Überlegung, sollte als »Spätheimkehrer« zum Übertritt in die Bundesrepublik veranlaßt werden. Ein Stellvertretender Minister, der der DDR den Rücken kehrte...

Das MfS erfuhr davon über eine Quelle aus Westberlin, die mit dem BND zusammenarbeitete – allerdings erst zwei Jahre nach dem Tode von Vincenz Müller. Diese Quelle – IM Klaus Petersen – erhielt vom BND-Führungsoffizier »Dr. Linke« im direkten Auftrag von Gehlen die Order, aus Ostberlin Wertsachen und

Schmuck der Familie Müller abzuholen. Legitimiert war dieser Auftrag mit einem Brief des Sohnes von Vincenz Müller, Dr. Friedrich Müller. Dieser war gemeinsam mit seiner Ehefrau im Jahre 1962 vom BND nach Westberlin ausgeschleust worden.

Über diesen Vorgang wurde der Stellvertretende Minister des MfS, Bruno Beater, in Kenntnis gesetzt. Dieser wies an, daß »Klaus Petersen« ungehindert ein- und ausreisen durfte. Über diese Sache wurde höchste Geheimhaltung verhängt, in keinem Bericht gab es Hinweise darauf.

1961 stürzte sich Müller aus dem Fenster. Vermutlich hatte er die Tatsache, daß er einerseits von seinen ehemaligen Kameraden als Verräter in der Bundesrepublik beschimpft und andererseits von der DDR-Führung wie eine heiße Kartoffel fallengelassen wurde, nicht verkraftet. Der seelische Konflikt hatte sich durch die Bemühungen des BND offenkundig noch vertieft, so daß Müller keinen anderen Ausweg für sich sah als den Freitod.

Anmerkungen

1 vgl. Oscar Reile: Geheime Westfront, 1962, S. 453
2 vgl. Jan Litau: Begegnung mit Spionen, 1965, S. 224
3 vgl. IMT, Bd. XXIX, S. 144
4 vgl. IMT, Bd. I, S. 13
5 vgl. Charisius/Mader: Nicht länger geheim, 1969, S. 132
6 vgl. Reinhard Gehlen: Der Dienst, 1971, S. 225
7 vgl. ebenda, S. 225
8 vgl. Charisius/Mader: Nicht länger geheim, 1969, S. 411
9 vgl. Reinhard Gehlen: Der Dienst, 1971, S. 156 ff
10 vgl. ebenda, S. 183
11 vgl. Zolling/Höhne: Pullach intern, 1971, S. 118
12 vgl. Arkadi Polturak: Nürnberger Epilog, 1988, S. 504
13 vgl. Christian Streit: Keine Kameraden - Die Wehrmacht und die sowjetischen Kriegsgefangenen 1941 - 1945, 1978 und ND vom 4/5.2.95: General Winters Vorschläge, S. 11
14 vgl. Arkadi Polturak: Nürnberger Epilog, 1965, S. 509
15 vgl. Zolling/Höhne: Pullach intern, 1971, S. 168
16 vgl. ebenda, S. 110 ff
17 vgl. ebenda, S. 112
18 vgl. ebenda, S. 241
19 vgl. ebenda, S. 242
20 vgl. ebenda, S. 260
21 vgl. ebenda, S. 148
22 vgl. ebenda, S. 150
23 vgl. ebenda, S. 256
24 vgl. ebenda, S. 258
25 vgl. Entscheidungen des Obersten Gerichts der DDR 3. Band, 1954, S. 28 ff
26 vgl. Entscheidungen des Obersten Gerichts der DDR 3. Band, S. 36 ff
27 vgl. ebenda, S. 38 ff
28 vgl. Zolling/Höhne: Pullach intern, 1971, S. 168
29 Gesellschaft für Sport und Technik; Massenorganisation, am 7. August 1952 gegründet, schaffte vor allem für Jugendliche die Möglichkeit Sportarten wie Schieß-, Gelände-, Flugsport (Segel- und

Motorflug), Fallschirmspringen, Nachrichtensport, Modellbau (Flug-, Schiffs- und Automobilbau) und Orientierungstauchen zu betreiben. Sie veranstaltete nationale und internationale Wettkämpfe. Führte eigene Meisterschaften durch, führte Rekordlisten und nahm Sportklassifizierungen und Auszeichnungen vor. Vornehmlich in den 70er und 80er Jahren diente sie als paramilitärische Organisation der Vorbereitung auf den Wehrdienst.

30 vgl. Zolling/Höhne: Pullach intern, 1971, S. 170

31 vgl. Julius Mader: Die Graue Hand, 1960, S. 134

Aktion »Angriff«

Am 23. März 1978 verbreitete die DDR-Agentur Allgemeiner Deutscher Nachrichtendienst (ADN) folgende Meldung: »Geheimdienst der BRD mißbraucht Transitabkommen. Westberliner zur Spionage gegen die DDR abgerichtet / Urteil gefällt. Vor dem 1. Strafsenat des Militärobergerichts Berlin hatte sich am 21. März der Einwohner von Berlin (West) Manfred Streich wegen langjähriger Spionagetätigkeit für den Bundesnachrichtendienst (BND) der BRD zu verantworten. Die Beweisaufnahme der Hauptverhandlung bestätigte ein weiteres Mal, daß der Bundesnachrichtendienst der BRD widerrechtlich in Berlin (West) Dienststellen unterhält und fortgesetzt das Transitabkommen sowie andere völkerrechtliche Vereinbarungen zwischen der BRD und der DDR zur Organisierung subversiver Verbrechen gegen die DDR mißbraucht. Der BND hatte Streich unter den Decknamen Schubarth und Onesch zur Agententätigkeit verpflichtet. Im Verlaufe von über 60 Agententreffs in Berlin (West) wurde Streich nachrichtendienstlich geschult und dabei von Mitarbeitern der BND-Dienststelle in Berlin (West) beauftragt, unter Verletzung des Transitabkommens insgesamt 110 Spionagefahrten durch die DDR durchzuführen, um militärische Objekte und Anlagen auszuspionieren. Bei Einreisen in die Hauptstadt der DDR sollte er auftragsgemäß spezifische Informationen über die Sicherung der Grenzübergangsstellen sammeln. Wegen der Schwere der begangenen Verbrechen verurteilte das Militärobergericht Berlin den Agenten zu 12 Jahren Freiheitsentzug.«[1]

Solche Meldungen fanden sich zwischen 1971 und 1979 wiederholt in den Tageszeitungen der DDR.

Streich war einer der Transitspione des BND, die im Rahmen der Aktion »Angriff« festgenommen wurden. Dazu später mehr. Zunächst zur Vorgeschichte.

Der Bundesnachrichtendienst hatte bis zum 13. August 1961 Militärobjekte der Gruppe der sowjetische Streitkräfte in Deutschland (GSSD), später Westgruppe sowjetischer Streitkräfte, und der Nationalen Volksarmee der DDR (NVA) durch stationäre Außenquellen (damals wurden diese Quellen Ü-Quellen, also Überprüfungsquellen, genannt)[2] beobachten lassen. Das waren geworbene DDR-Bürger. Die so gesammelten Informationen hatte der BND bei persönlichen Treffs in Westberlin entgegengenommen. Nachdem die Grenzen zu Westberlin dicht waren, unternahm der BND große Anstrengungen, seine in der DDR plazierten Spione mit entsprechenden Hilfsmitteln für die Informationsübermittlung auszurüsten. Die Informationsübermittlung erfolgte fast ausschließlich in Form unsichtbarer Schrift zwischen den Briefzeilen. Die Post wurde an Deckadressen des BND verschickt. Die Informationen waren zu jener Zeit noch unverschlüsselt.

Allerdings war diese Methode der Nachrichtenübermittlung sehr aufwendig, und aktuell waren die Botschaften auch nicht. Aus diesem Grunde ging der BND zu einer anderen Methode über, um militärische Informationen aus der DDR zu gewinnen. Man schickte sogenannte V-Männer auf die Reise durch die DDR. Das waren die (R)eise- und die (T)ransit-Quellen.[3] Der BND begann im großen Maße »eigene Leute« für diese Aufgabe anzuwerben. »Galt in den Anfangsjahren der Organisation der Grundsatz, daß nur mit Vertrauensleuten im gegnerischen Machtbereich gearbeitet wurde, mit Menschen, die sich aus Idealismus bereiterklärten, ihren Anteil an der Bekämpfung des Kommunismus und der östlichen totalitären Regimes zu leisten, so mußte man zunehmend von dieser Art Idealismus Abstand nehmen. Die Zahl derer, die für den freien Westen kämpfen wollten, nahm erkennbar ab. Mit der Ausweitung der Aufgaben des Dienstes traten neben die V-Leute, deren Einsatzbereitschaft und Opfermut in den 40er und 50er Jahren nicht zu übertreffen waren, auch zunehmend bezahlte Agenten. Es ist außerdem richtig, daß in den 60er Jahren auch für die V-Leute, die vorwiegend aus ideellen Gründen arbeiteten, die materielle Seite eine zunehmend größere Rolle spielte. Dies alles führte zu einer gewissen Umschichtung der Auslandsverbindungen.«[4] Das erklärte, weshalb im Laufe der Jahre immer mehr Bundesbürger bzw. Westberliner als Agenten des BND durch das MfS enttarnt wurden, die Zahl der DDR-Bürger hingegen rückläufig war. Die ersten Erkenntnisse dieser neuen Vorgehensweise des BND, geworbene Agenten gegen militärische Einrichtungen auf dem Territorium der DDR einzusetzen, wurde durch die Abteilung II der Bezirksverwaltung Berlin (damals noch Verwaltung Großberlin des MfS) erarbeitet. Diese Abteilung hatte einen fast legendären Ruf, weil sie unter ihren Abteilungsleitern Wolfgang Schwanitz, Harald Kempe und Gerhard Heinert seit den 50er Jahren dem BND, dem LfV und den anderen westlichen Geheimdiensten in Westberlin das Fürchten lehrte. Die Abteilung arbeitete schon immer »hautnah« am BND in Westberlin.

Im Laufe der Jahre hatte sie speziell ausgebildete und gut geschulte inoffizielle Einsatzkräfte entwickelt, die über eine gute Abdeckung verfügten und jederzeit in Westberlin eingesetzt werden konnten. Solche inoffiziellen Beobachtungs- und Kontrollkräfte – die selbst keine Verbindung zum BND unterhielten – arbeiteten bereits unter den Bedingungen der offenen Grenzen. Für sie blieb auch nach dem 13. August 1961 die Grenze »durchlässig«. Sie kontrollierten regelmäßig alle Trefforte (Straßen, Plätze, Bahnhöfe u. a.) und Treffobjekte (Gaststätten, öffentliche Einrichtungen u. a.) in Westberlin, die vom BND vor dem 13. August 1961 zu Treffs mit Spionen aus der DDR genutzt wurden.

Seit 1953 hielt diese Abteilung das gesamte Kurier- und Meldesystem der OG bzw. BND in Westberlin unter Kontrolle, und das blieb auch so, obgleich nach dem Mauerbau der BND sein Kurier- und Meldesystem umstellte. Man kannte schließlich die Personen von Angesicht zu Angesicht.

Mitte der 60er Jahre verfügte die Spionageabwehr über einige Geheime Mitarbeiter, die sich im Auftrag des MfS vom BND hatten anwerben lassen bzw. die nach erfolgter Anwerbung durch den BND sich dem MfS offenbart hatten. Sie reisten aus beruflichen Gründen nach Westberlin. Die Treffs dieser GM mit ihren Agentenführern wurden observiert. Nach einem solchen Treff des GM »Fritz« mit seinem Agentenführer im Dezember 1967 fuhr dieser nicht, wie sonst üblich, zum Flughafen Tempelhof, um in die BRD zu fliegen, sondern zu einem Bürohaus in der Rankestraße in Wilmersdorf. Wie sich später herausstellte, befand sich dort eine BND-Dienststelle, die sich mit Militärspionage befaßte. Offiziell durfte der BND wegen des Viermächtestatus von Berlin hier nicht tätig sein – er war eine Bundesbehörde, und Westberlin gehörte nicht zum Bund. Aber die Amerikaner duldeten nicht nur den BND, sondern bildeten gleichsam das Dach, unter dem der BND subversiv wirken konnte.

Mit der Identifizierung dieser BND-Dienststelle begann eine der erfolgreichsten Operationen der Linie II des MfS gegen den

BND, die sich später »zur ersten zentral geleiteten Spionageabwehroperation der HA II« unter der Bezeichnung »Aktion Angriff« entwickelte. Die BND-Dienststelle erhielt die Deckbezeichnung »Tempel«. 1970 war der gesamte Mitarbeiterbestand von »Tempel« identifiziert. Der erste Leiter dieser Dienststelle war Heinrich Bürger (Jg. 1910), der Deckname des MfS lautete »Petrus«. Es handelte sich um einen ehemaligen Mitarbeiter des Reichssicherheitshauptamtes (RSHA). Etwa ab 1973 leitete Rosemarie Mews (Jg. 1923), MfS-Deckname »Blondi«, die Einrichtung. »Tempel« gehörte zur Hauptdienststelle »DDR-Mil-Nord« (Militäraufklärung DDR) mit Sitz in Bremen. Sie trug die MfS-Bezeichnung »Ring«.[5]

Etwa Mitte der 60er Jahre wurde in der Hauptabteilung II des MfS das Element der »offensiven« Spionageabwehr in die operative Arbeit eingeführt. Nach dem 13. August 1961 hatte sich im Ergebnis der Diskussion, wie am besten den Angriffen gegnerischer Geheimdienste zu begegnen sei, immer stärker diese offensive Variante herausgebildet.

Was war darunter zu verstehen?

Die »passive« Spionageabwehr bedeutete, daß in der DDR der Nachweis und die Beweisführung für die Spionagetätigkeit zu erbringen war. Die »offensive« Spionageabwehr suchte die Beweise für die gegnerischen Operationen bereits am Ausgangsort – also im sogenannten Operationsgebiet. Die Abwehr wurde also präventiv.

Ursprünglich war die Abwehrarbeit der Linie II – im Gegensatz zur HV A und HA V, die mit Kundschaftern außerhalb der DDR wirkten – auf die Abwehr der Angriffe ausgerichtet. Aus diesem »passiven« Auftrag wurde nunmehr ein offensiver.

Die Ursache für diesen Schritt wurzelte auch in der Entwicklung der internationalen Auseinandersetzung. Die Nachkriegs-Strategie der Amerikaner, den Kommunismus einzudämmen (Containment), hatte sich geändert. Der Kommunismus sollte zurückgerollt werden (Roll back). Das führte zu einer Forcierung aller Maßnahmen gegen die Sowjetunion und ihrer Satelliten, was auf der Gegenseite ähnliche Reaktionen provozierte. In diesem Kontext ist es angezeigt, auf die Anfänge der Abwehrarbeit in der DDR zu rekurieren.

Der Autor Koch berichtete in seinem 1994 erschienenen Buch »DDR contra BRD«: »Mit der Gründung der DDR im Oktober

1949 fielen antikommunistische Rechthaber aus dem Westen in Massen in den deutschen Rumpfstaat ein. Zu dieser Zeit gebar Westberlin geheimdienstliche Komplexe, deren Zahl wenig später die hundert überschritt. Diese vor allem von den Amerikanern finanzierten Untergrundorganisationen wollten Ulbrichts Märchenland in die Knie zwingen, Stalins Garten Eden aus dem Hinterhalt den Garaus machen. Das im Februar 1950 (*8. Februar – d. A.*) geschaffene MfS war die Reaktion auf diese gigantische Invasion. Die Saat, die westliche Propagandastrategen und Geheimdienstler gelegt hatten, ging auf, zumal die zunehmende Aggressivität der Kommunisten nur zu verständlich schien: Während in Ost-Berlin von der Gestapo verfolgte KP-Widerständler endlich ihren großen Traum von einem kommunistischen Deutschland verwirklicht sahen, versuchten im Westen die einstigen Verfolger, SS- sowie Gestapomannen, die am Leben gebliebenen Gegner von ehedem erneut auszuschalten. In dieser Atmosphäre voller Haß schlugen sie aufeinander ein, die Deutschen in Ost und die Deutschen in West.«[6]

Und Wolfgang Schwanitz gab 1993 vor der Alternativen Enquête-Kommission zu Protokoll: »Bereits als junger Mitarbeiter des MfS konnte ich persönlich die ungewöhnliche aktive Tätigkeit besonders des amerikanischen Geheimdienstes, des Geheimdienstes des Nazigenerals Gehlen sowie der Kampfgruppe gegen Unmenschlichkeit (KgU) gegen die DDR erleben. Die Volkseigenen Betriebe und Werke, das Verkehrswesen und die Volkseigenen Güter vor Anschlägen verbrecherischer Elemente sowie gegen alle Angriffe zu schützen, einen entscheidenden Kampf gegen die Tätigkeit feindlicher Agenturen, Diversanten, Saboteuren und Spione zu führen, die demokratische Entwicklung zu schützen und der demokratischen Friedenswirtschaft eine ungestörte Erfüllung der Wirtschaftspläne zu sichern, wurden von Dr. Steinhoff (*1950 Innenminister der DDR – d. A.*) als hauptsächlichste Aufgaben dieses Ministeriums genannt (*am 8. 2.1950 bei der Begründung des Volkskammerbeschlusses zur Bildung des MfS – d. A.*).«[7]

Die Gründung des MfS war – wie auch die Bildung der DDR – ein Reflex auf die Entwicklung im Westen. Nicht von Ulbricht, sondern von Adenauer stammte der Satz: Lieber das halbe Deutschland ganz, als das ganze Deutschland halb...

Besonders in den Anfangsjahren der Existenz der DDR bedrohten eine Reihe »dubioser Kalter-Krieg-Institutionen«[8] die zweite deutsche Republik. Darunter die Kampfgruppe gegen Unmenschlichkeit (KgU), die 1948 unter dem Schirm des amerikanischen Geheimdienstes CIC gegründet worden war. »Die KgU war ein Verein, der die DDR am liebsten in die Luft gejagt hätte.«[9] Im März 1959 löste sich die KgU auf. Das MfS hatte sie »arbeitsunfähig« gemacht.

1946 war das Ostbüro der SPD gegründet worden. »Es hat sich die Notwendigkeit ergeben«, zitiert Peter-Ferdinand Koch den damaligen SPD-Vorsitzenden Kurt Schumacher, »daß wir in der sowjetischen Besatzungszone eine illegale Organisation schaffen müssen, die streng zentralisiert sein muß. Diese Organisation muß ihre Vetreter in allen Ortsgruppen von unten bis zu den Landesverbänden der SED haben.«[10] Neben jenen Sozialdemokraten, die sich politisch nicht mit dem von ihnen als Zwangsvereinigung betrachteten Zusammenschluß von SPD und KPD zur SED abfinden wollen, engagierten sich dort auch Mitarbeiter und Agenten der OG bzw. BND. Ende der 50er Jahre zerschlug das MfS die Untergrundorganisation. »Das MfS verhaftete jeden Ostbüro-Lieferanten. Die DDR-Presse druckte die Namen. Das Ostbüro war nun völlig kaltgestellt.«[11]

1950 war mit Hilfe der Amerikaner in Westberlin auch der »Untersuchungsausschuß freiheitlicher Juristen« (UfJ) gegründet worden, eine Hochburg von Altnazis, wie sich bald zeigen sollte. Es schien, als garantierten nur sie den Widerstand gegen alles Rote.[12] 1958 zogen sich die Amerikaner aus dem UfJ zurück. »Und als der UfJ als eines der letzten Fossilien des kalten Krieges aus politischen Gründen von der Bildfläche verschwinden mußte, wurde der Apparat 1969 in das Gesamtdeutsche Institut (Bundesanstalt für Gesamtdeutsche Fragen) überführt.«[13]

Das Ostbüro der SPD war Ende der 40er Jahre durch eine Abteilung beim ZK der SED »unterwandert« und später von der HV A ins Aus gesteuert worden. Der UfJ ebenso. Das war das Werk der HA V (Bekämpfung von Untergrundorganisationen, später in der HA XX aufgegangen). An der Zerschlagung der KgU – der gefährlichsten Organisation, die Gewalt, Sabotage und Mord praktizierte – waren sowohl die HA V, die HV A, die HA II sowie die Verwaltung Groß-Berlin und der sowjetische Geheimdienst beteiligt.

Aus der »passiven« Abwehr von Angriffen gegnerischer Dienste wurde erst vereinzelt, dann zunehmend systematisch und zielgerichtet offensives Handeln. »War das MfS in den fünfziger Jahren noch hauptsächlich auf die Abwehr der Agentenzentralen programmiert, gingen die MfS-Offiziere schließlich zunehmend in die Offensive und drangen systematisch in die gegnerischen Organisationen ein. Auf diese Weise liquidierten sie – im Westen geachtete – Institutionen, die sich in Wahrheit als nachrichtenbeschaffende Etablissements herausstellten. Als besonders gefährlich erwiesen sich die Amerikaner, die allen Ernstes vorhatten, die DDR aus den Angeln zu hebeln: mit deutschen Soldaten in Zivil.«[14]

Bei der Gründung des MfS gab es noch keine HA II, wohl aber eine Linie II. Der erste Leiter der Spionageabwehr im MfS Josef Kiefel (1909 – 1988) begann, Antifaschisten, die KZ oder Zuchthaus der Nazis überlebt hatten, Spanienkämpfer, Rotarmisten und ehemalige Partisanen, wie er einer gewesen war, um sich zu scharen.

Kiefel leitete von 1950 bis 1960 die Spionageabwehr (HA II) des MfS und bis 1970 die damals selbständige Abteilung 21 (Innere Sicherheit des MfS). Er war Ehrenbürger der polnischen Kleinstadt Radomsko – dort war er im August 1944 hinter den deutschen Linien abgesprungen und hatte für den sowjetischen Generalstab militärisch aufgeklärt. Kiefel legte also den Grundstein, er trug namentlich die Verantwortung, daß sich die HA II zu einem der wichtigsten Zweige des MfS entwickelte.[15]

Unter Kiefels Federführung fanden viele erfolgreiche Operationen gegen die Organisation Gehlen statt, darunter jene, in der Hans-Joachim Geyer die wichtigste Person war. Geyer hatte sich im Dezember 1951 verpflichtet, für das MfS zu arbeiten. Unter dem Pseudonym Henry Troll schrieb er Trivialliteratur. Im Frühsommer 1952 wurde er in die OG in Westberlin eingeschleust. Vom normalen Informationsbeschaffer und Kurier stieg er bald zum stellvertretenden OG-Filialleiter auf. Seine »steile Karriere« verdankte er seinem weltläufigen Auftreten und seiner Schreibkunst. Der zuverlässige Sachbearbeiter »Grell« – so sein Deckname in der OG – gab alles, was er in Erfahrung brachte, seinem Führungsoffizier Helmut Träger beim MfS: Personalbögen der hauptamtlichen Mitarbeiter der Filiale, V-Mann-Berichte, Zielpersonen der OG im Osten, Abrechnungen über Agentenlöhne, Verbindungslinien zur Zentrale nach Pullach, Codes... Er kam auch in Besitz der Liste mit den Namen von 58 V-Männern, die die Filiale X/9592 in der DDR unterhielt.

Geyer war in einer idealen Position. Als stellvertretender Leiter und zudem noch Freund des Filialleiters bekam er alle Informationen zur Kenntnis. Ob Agentenberichte, Weisungen aus Pullach, Zusammenwirken mit der Polizei in Westberlin oder Abstimmungen mit dem amerikanischen Geheimdienst – alles landete auf dem Schreibtisch von Geyer. Er übergab sogar Originaldokumente an das MfS, die in deren Institutionen fotokopiert wurden. Allerdings machte er einen folgenschweren Fehler: Geyer hatte von seinem Chef die Order erhalten, eine Sekretärin zu suchen und wählte den denkbar schlechtesten Weg – er inserierte in der Zeitung. Um die Bewerberinnen ob ihrer Tauglichkeit und Zuverlässigkeit zu prüfen, traf er sich mit ihnen. Aber nicht in der Dienststelle, was verständlich gewesen wäre, sondern auf neutralem Boden. Das irritierte eine Kandidatin. Sie wähnte einen Mädchenhändler vor sich zu haben und informierte die Polizei. Die wurde bei Geyers Vermieterin vorstellig, worüber sie diesen informierte. Geyer glaubte, es werde gegen ihn verdeckt ermittelt, verlor den Kopf und meldete sich am 29. Oktober 1953 bei seinem Führungsoffizier in Ostberlin. Am 9. November 1953 gab Geyer eine Pressekonferenz, um aus dem Betriebsunfall noch Kapital zu schlagen.

In den knapp zwei Jahren, die Geyer in der Filiale X/9592 der OG tätig war, wurde eine große Anzahl Agenten der OG festgenommen. Geyer konnte aber auch belegen – und das war noch viel wichtiger –, daß die Zentrale Pullach als Auftraggeber für Außenstellen, Filialen, Niederlassungen usw. firmierte und von dort ihre auf Krieg präparierten Agenten führte. Der für Gehlen eingetretene Schaden war erheblich, den er dadurch herunterzuspielen versuchte, indem er die am 9. November 1953 in Ostberlin veranstaltete Pressekonferenz als »Spektakel« denunzierte. Zugleich bemühte er sich erkennbar um Schadensbegrenzung, indem er glauben machen wollte, die verhafteten Personen gehörten nicht zu seiner Organisation. »Geyers Verrat löste eine sorgfältig vorbereitete neuerliche Verhaftungswelle in der SBZ aus«, schreibt Gehlen in seinen 1971 veröffentlichten Erinnerungen. »Es ist später nachgewiesen worden, daß bei diesen schlagartig durchgeführten Zugriffen die Masse der verhafteten Persönlichkeiten weder mit dem Dienst noch einer sonstigen westlichen Organisation irgend etwas zu tun hatte.«[16]

Tatsächlich aber hielt es Gehlen für angezeigt, die in der DDR bislang unentdeckt gebliebenen Agenten zu beruhigen. Es erging die Weisung Nr. 852/SV: »Sicherung der eigenen Arbeitsmethoden«: »Die umfangreiche Publikation der Ostpresse über den Vorfall wird naturgemäß alle V-Leute vor den Kopf stoßen und bei ihnen die Frage aufwerfen, ob in den eigenen Reihen ein derartiger Vorfall nicht möglich wäre. Bei den nächsten Treffs mit ostzonalen Mitarbeitern wird u. U. darauf eingegangen werden müssen. Das Vertrauen unserer Mitarbeiter in der Ostzone muß unerschütterlich bleiben und diese nach wie vor das Gefühl haben, in wirklich guten Händen zu sein.«[17]

In der Folge der Operation Filiale X/9592 versuchte die HA II erstmals eine sogenannte Übertrittsaktion zu starten. Darunter war folgendes zu verstehen: In den Reihen der OG sollte die Verunsicherung wach gehalten werden. Wer sich der Verhaftung hatte entziehen können und nach Westberlin geflohen war, wurde aufgefordert, in die DDR zurückzukehren. Die HA II richtete sowohl an geflohene Agenten der Filiale X/9592 als auch an andere OG-Agenten und OG-Mitarbeiter folgenden Brief: »Sehr geehrter Herr...! Uns ist bekannt, daß man Sie vom Apparat des Generals Gehlen abgehängt hat. Sie bekommen keine weiteren Bezüge. Ihre Gruppe ist aufgeflogen, und nun können Sie stempeln gehen. Das ist der übliche Dank des kapitalistischen Westens. Sie haben es bei Ihren Fähigkeiten nicht nötig, für die Vergehen anderer Leute zu büßen. Folgen Sie unserem Rat: Kommen Sie nach Ostberlin zu einer Ihnen bekannten SSD-Dienststelle. Dort wird man Sie kameradschaftlich behandeln und weiterleiten. Sie brauchen keine Verhaftung zu befürchten. Wir garantieren Ihnen volle Freiheit, Wohnung und eine gut bezahlte Arbeitsstelle.«[18]

Zugegeben, die Offerte war nicht eben elegant und verriet ihren Absender, doch bis Jahresende 1953 meldeten sich 31 Mitarbeiter der Gehlen-Organisation. »In den Weihnachtstagen und in den folgenden Tagen zuvor haben sich ehemalige Agenten der faschistischen Spionageorganisation Gehlen an das Staatssekretariat für Staatssicherheit gewandt. Sie sind sich der Schuld bewußt, die sie vor dem deutschen Volk auf sich geladen haben«, meldete die Tägliche Rundschau.[19] Die Operation wurde von Rolf Markert

(1912–1995), Abteilungsleiter BND im MfS, initiiert. Markert war im KZ Buchenwald »roter Kapo« gewesen; in Dresden leitete er die Bezirksverwaltung des MfS.

Am 30. Dezember 1953 wurde eine Erklärung dieser 31 ehemaligen Gehlen-Agenten veröffentlicht, die in die DDR übergetreten waren.[20]

Bis zum 4. Oktober 1954 nahmen die DDR-Organe 547 Agenten der Organisation Gehlen fest.[21]

1951 gelang es der Abteilung II der Bezirksverwaltung Magdeburg des MfS, einen Geheimen Mitarbeiter auf der amerikanischen Linie zu installieren. Dieser Horst Hesse (1922–1985) wurde 1953 hauptamtlicher Mitarbeiter der Zentrale des Military Intelligence Department (MID) in Würzburg. Hesse kam aus der DDR und wurde vom amerikanischen Geheimdienst mit BRD-Personaldokumenten ausgestattet, die auf den Namen Berger lauteten. Er wurde in dieser Dienststelle als Gruppenleiter für Agentenwerbung tätig und trug dort den Decknamen Hansen. Seine Ehefrau, die in Magdeburg geblieben war, fungierte als Kurier und Instrukteur zwischen der Abteilung II der BV Magdeburg und ihrem Ehemann in Würzburg. Als die »operative Kombination« gelungen und Hesse in der MID-Zentrale in Würzburg eingedrungen war, übernahm die HA II in Berlin (damals Abteilung 1 – HA II/1 –, zuständig für die Bearbeitung des amerikanischen Geheimdienstes). Hesse genoß in der Würzburger MID-Zentrale großes Ansehen, weil er die wichtigsten Anwerbungen erfolgreich abschloß – natürlich mit Hilfe des MfS. Dadurch avancierte er zu einer Vertrauensperson des Leiters der Dienststelle, Collins.

Im Mai 1956 wurde der Kundschafter Horst Hesse planmäßig aus dem Operationsgebiet abgezogen. Mit einem weiteren GM stahl er aus der Villa, in dem sich die Dienststelle befand, zwei Panzerschränke. Einen konnten sie unterwegs öffnen, den anderen brachten sie in die DDR mit. Hesse hatte die komplette Agentenkartei der MID-Dienststelle Würzburg mitgebracht. Mehr als 300 Spione, davon 137 in der DDR, wurden in der Folgezeit ausgeschaltet. Die in der BRD bzw. Westberlin ansässigen US-Spione wurden von ihren Dienststellen prophylaktisch »abgeschaltet«. Dieser Schlag gegen einen militärischen Zweig des amerikanischen Geheimdienstes führte dazu, daß dieser 1956 begann, eine Reihe von kleinen Dienststellen in Westberlin zu schließen. Die Agentenführer bzw. die Agenten selbst suchten einen neuen »Brötchengeber«. Viele wandten sich an Gehlen.

Horst Hesses Coup wurde 1963 von der DEFA verfilmt. Der Agententhriller mit tatsächlichem Hintergrund lief unter dem Titel »For eyes only« und war ein Kinohit. Nicht nur in der DDR.

Die Vorgänge in Würzburg und Westberlin brachten ein neues Element in die operative Arbeit der Hauptabteilung II, die sogenannte Offensivkomponente. Sie wurde nach dem 13. August 1961 fester Bestandteil der »politisch-operativen Arbeit« in der Linie II. Es konstituierte sich die Abteilung 2 – HA II/2 –, die von Günter Kratsch, dem nachmaligen Chef der HA II, geleitet wurde. Auch in den Bezirksverwaltungen wurden Referate 2 gebildet.

Die neue Struktureinheit wurde im »Operationsgebiet«, also in der Bundesrepublik und Westberlin, tätig. Sie arbeitete vorwiegend in Dienststellen und im Umfeld von Geheimdienstlern, die gegen die DDR aktiv wurden. Die Aufklärer sollten Beweise für die Spionagetätigkeit erbringen und die eingesetzten Spione identifizieren. Die weitere Bearbeitung erfolgte durch die Abteilungen 4 der HA II – HA II/4 – und in den entsprechenden Referaten 4 der Abteilungen II in den BV. Diese »Arbeitsteilung« gab es nur auf der »deutschen Linie«, primär also gegen den BND.

Die Ursache, daß die Spionageabwehr bereits am Ausgangspunkt aktiv wurde, war auch auf die nunmehr geschlossene DDR-Grenze zurückzuführen. Der BND setzte zunehmend im Bundesgebiet oder Westberlin angeworbene »Spione« ein, die nur kurzzeitig die DDR bereisten oder im Transit lediglich passierten. Sie in dieser Zeit zu enttarnen, war nahezu unmöglich. Also mußten sie vorher »aufgeklärt« und im Bedarfsfall bei ihrem Einsatz ausgeschaltet werden.

In jener Zeit leitete Werner Grünert die HA II. Zuvor, bis 1960, hatte er als Abteilungsleiter auf der »englischen Linie« und in Antisowjetischen Emigrantenorganisationen (ASE) sehr erfolgreich gearbeitet. Bruno Beater (1914-1982), 1. Stellvertreter des Ministers für Staatssicherheit und in dieser Funktion für die HA II zuständig, hatte Grünert für diese Aufgabe vorgeschlagen.

Beide kannten sich aus gemeinsamer operativer Abwehrarbeit. Beater war seit 1950 für die Linie V (Untergrundorganisationen) zuständig und maßgeblich an der Zerschlagung der »Kampfgruppe gegen Unmenschlichkeit« (KGU) und des »Untersuchungsausschuß freiheitlicher Juristen« (UfJ) beteiligt. Im Band I des Buches »Die Sicherheit. Zur Abwehrarbeit des MfS« wird die Periode, die mit der Grenzsicherung 1961 eine neue Richtung erhielt, und die Werner Grünert zu verantworten hatte, so beschrieben: »Die Fahndung nach Spionen in den unpersönlichen Verbindungswegen, speziell der nachrichtendienstlichen Postverbindung, wurde verstärkt ausgebaut. Ein spezieller Bereich zur Arbeit im und in Richtung Operationsgebiet wurde geschaffen. Dabei erlangte die äußere Spionageabwehr, die die Bearbeitung einzelner Außenstellen der Geheimdienste in der BRD und Westberlins beinhaltete, eine immer größere Bedeutung.

Die Sicherung militärischer Objekte der GSSD in der DDR, der NVA und anderer bewaffneter Organe nahm an Bedeutung zu. Folgerichtig entstand dann 1964 eine zentrale Auswertung und Analytik, die als Funktionalorgan des Leiters der HA II zu verstehen war.«

Werner Grünert wurde von ehemaligen Unterstellten als schwieriger Kommunikationspartner und nicht immer verträglicher Vorgesetzer charakterisiert. Jene, die er aus verschiedenen Gründen »besonders mochte«, meinten vielleicht nicht ganz unzutreffend, sie hätten unter ihm geradezu gelitten.

Wenn nachfolgend die Operation geschildert wird, die 1979 zur Schließung der Dienststelle »Tempel« des BND in Westberlin führte, so geschieht dies nicht nur wegen des in Jahren intelligent erarbeiteten Erfolgs, sondern auch wegen der Spätfolgen. Am 28. Dezember 1989 lief Major Günter Frank (Jahrgang 1944) zum BND über. Der Leiter des Referats 2 in der Abteilung II der Bezirksverwaltung Berlin des MfS – 1968 zum MfS gekommen, Absolvent der Deutschen Hochschule für Körperkultur (DHFK) und zeitweise Nachwuchstrainer im Radsport Berlin – informierte den Bundesnachrichtendienst über alle Maßnahmen, die gegen den BND in Westberlin in den zurückliegenden zwanzig Jahren unternommen worden waren. Es wurde eine Reihe Ermittlungsverfahren gegen Mitarbeiter und IM der Abteilung II der BV Berlin eingeleitet, etliche angeklagt und verurteilt.

Die BND-Dienststelle »Tempel« in Berlin (West)
Zwischen 1966 und 1978 brachte der BND von dort sogenannte Transitspione auf den Weg, um militärische Einrichtungen, Objekte, Anlagen und Bewegungen der Gruppe der Sowjetischen Streitkräfte in Deutschland (GSSD) und der NVA auszuspähen. Augenmerk wurde auch auf Kasernen, Panzerobjekte, Übungsgelände, Verladebahnhöfe, Dienstobjekte des MfS und des MdI gerichtet. Es wurden der Zustand der Eisenbahn-Transitstrecken nach militärstrategischen Gesichtspunkten untersucht und der Ablauf der Kontrollverfahren an den Grenzübergangsstellen und den Transitstrecken analysiert. Vorwiegend betraf das die Strecken Griebnitzsee – Schwanheide (Richtung Nord), Griebnitzsee – Marienborn (Richtung West) und Griebnitzsee – Probstzelle (Richtung Südwest). Einige Bahnverbindungen wurden ständig von Transitspionen bei Tageslicht benutzt. Nach einem bestimmten System reiste unablässig eine große Anzahl von ihnen durch die DDR – von Berlin (West) ins Bundesgebiet und zurück.

Bei günstiger »Personallage« setzte die BND-Dienststelle »Tempel« bis zu sechs Spione täglich ein – drei in den Zügen Richtung BRD und drei, die in den Gegenzügen fuhren. Mit den Informationen der Spione, die auf der Straße unterwegs oder »privat« in die DDR gereist waren, konnte der BND alle 36 Stunden sein Bild der »militärischen Lage in der DDR« aktualisieren.

Zur Übermittlung der Spionageinformationen wurden sowohl persönliche als auch »unpersönliche« Verbindungen genutzt. Bei Transitreisen der Spione Richtung BRD etwa wurden die Informationen auf dem ersten oder zweiten Hauptbahnhof im Bundesgebiet schriftlich und unverschlüsselt fixiert und an Deckadressen oder Postschließfächer einer Dienststelle übermittelt. Später nutzte man dazu auch Anrufbeantworter. Die auf der Rückfahrt am folgenden Tag gesammelten Spionageinformationen wurden bei persönlichen Treffs an BND-Mitarbeiter in Berlin übergeben.

Die Abteilung II der Bezirksverwaltung Berlin drang in dieses System ein, identifizierte das Führungspersonal, die Spione und Deckadressen, Trefforte und andere wichtige Details. Diese über Jahre laufende Aufklärungsmaßnahme wurde von Harry Freiberg (1930 – 1994), Stellvertretender Leiter der Abteilung II der BV Berlin, befehligt. Freiberg kam aus einer Kleinstadt in Sachsen-

Anhalt und war über die FDJ zum MfS gestoßen; bereits 1951 hatte er in Westberlin gegen Gehlen »gekämpft«. Er war ein schwieriger Charakter, mitunter eigenwillig, der wenig vom Palaver, dafür mehr von der Praxis hielt. Sein Erfolg in der Abwehrarbeit, der stets mit großem Idealismus und wenig Rücksicht erstritten wurde, ließ alle Kritiker verstummen. So gab es Beifall für »Erwin«, einen hauptamtlichen IM, der der BND-Dienststelle einen Besuch abstattete und dabei die Räumlichkeiten aufklärte. Gemäß üblicher Praxis hätte eine solche Aktion nie erfolgen dürfen – aber »Erwin«, unorthodox wie sein Chef, ließ sich nichts vorschreiben. Der Mann hatte bereits einige Mitarbeiter der Dienststelle »Tempel« identifiziert.

Durch Zufall kam er mit einer älteren Dame zusammen, die auf der Straße stürzte. Er begleitete sie nach Hause und stellte – oh Wunder – fest, daß deren Wohnung in jenem Objekt war, wo sich der BND im dritten Stock eingemietet hatte. Tage später marschierte er mit einem Blumenstrauß irrtümlich in eben jene Etage, um einen Krankenbesuch abzustatten. Er drang bis zu Heinrich Bürger, dem Dienststellenleiter, vor. »Erwin« spielte einen »vertrottelten Alten«, der sich verirrt und zu spät seinen Irrtum bemerkt hatte. Die wenigen Minuten genügten, um eine genaue Lageskizze anzufertigen. Er hatte sogar die Anzahl der Stühle und die Arbeitsplätze gezählt und war zu dem Schluß gekommen, daß etwa 12 bis 14 Mitarbeiter zur Dienststelle gehörten. Später wurden tatsächlich elf BND-Mitarbeiter identifiziert.

»Erwin« fand durch Beobachtung auch das Postamt heraus, wo der BND seine beiden Schließfächer hatte, in denen die Spionageinformationen eingingen. Er freundete sich mit den Postbeamten an, leerte einmal die Postfächer des BND und übergab die Sendungen an Harry Freiberg. Der fiel fast aus allen Wolken. Die Briefe mußten wieder zurück, bevor der BND ihr Verschwinden bemerkte.

Aber nun hatte man die Möglichkeit, einen Blick in die Post des BND zu tun. Die Briefe wurden »fachgerecht« geöffnet und fotografiert, wieder verschlossen und von »Erwin« am nächsten Tag im Postamt deponiert.

Kurze Zeit wies die HA II an, jegliche Aktivitäten zu Postschließfächern des BND in Westberlin und der BRD zu unterlassen.

Ein anderer operativer Mitarbeiter, der wesentlich an der Aufklärung von »Tempel« beteiligt war, hieß Horst Schubert (Jg. 1934). Er stammte aus Oberschlesien, ging 1952 zur Wismut und kam 1955 zum MfS. 1963 holte man ihn nach Berlin in die Abteilung II der Bezirksverwaltung. Er war von Anbeginn in die Aufklärung der Westberliner Dienststelle involviert.

Transitspione rekrutierte der BND meist aus der männlichen Studentenschaft der Technischen und der Freien Universität. Der Personenkreis wurde u. a. mit Annoncen in der Berliner Morgenpost, der BZ und im Tagesspiegel angesprochen. Man bot »lukrative Nebenbeschäftigungen«. Manfred Streich (Jg. 1952) meldete sich 1972 auf eine Anzeige in der Berliner Morgenpost. Nach etwa sechs Wochen wurde er nach Hannover zu einer »Bundesanstalt für Transitverkehr BRD – Berlin (West)« bestellt und für eine Zusammenarbeit gewonnen. Für diese Anstalt pendelte er etwa ein halbes Jahr regelmäßig mit der Bahn zwischen Westberlin und dem Bundesgebiet. Streich bekam nach etwa acht Monaten, Anfang 1973, in seiner Westberliner Wohnung Besuch – ein Mitarbeiter der Dienststelle »Tempel« warb ihn für eine Zusammenarbeit mit dem BND. Bis zu seiner Festnahme Ende 1978 war Streich als Transitspion auf der Schiene zwischen Griebnitzsee und Marienborn tätig. Für diese Aufgabe wurde er geschult. Er lernte Waffen- und Fahrzeugtechnik und Verhaltensweisen kennen, man unterrichtete ihn, wie die Beobachtungsergebnisse festgehalten werden sollten. Neben den Spesen erhielt Streich pro Fahrt zwischen 300 und 350 DM.

Ich bearbeitete die Transitspione auf Seiten des MfS. Bei mir liefen alle Informationen zu den Transitspionen – den »Zugvögeln«, wie ich sie nannte – zusammen. Generalstabsmäßig erfaßte ich alles auf einer großen Tafel. Nach etwa einem halben Jahr, als ich die Reiseaktivitäten von sechs der aktivsten Transitspione näher untersuchte, kannte ich den Einsatzrhythmus. Nunmehr ließen sich die Reisen vorhersagen und damit vom MfS vorbereiten. So kam es zu der kuriosen Situation, daß faktisch in meinem Dienstzimmer der Bezirksverwaltung Berlin des MfS ein Duplikat des Einsatzplanes aus der BND-Dienststelle »Tempel« hing.

Mit dem von mir formulierten Fahndungsraster war das MfS auch in der Lage, noch unentdeckte »Zugvögel« aufzuspüren.

Bekanntlich erfolgte in den Transitzügen auf dem Territorium der DDR eine Personenkontrolle – jeder Transitreisende füllte einen Antrag für ein Transitvisum aus. Wenn man nun alle Reisenden, die wiederholt im stets gleichen Rhythmus – heute hin und morgen zurück – zwischen dem Bundesgebiet und Westberlin pendelten, herausfilterte, fand man auch die anderen Transitspione.

Ich trug meine Feststellungen und Vorstellungen dem Abteilungsleiter Harald Kempe (Jg. 1933) vor. Danach wurde mit der Linie Paßkontrolle – später Linie VI des MfS – gesprochen. In der Folge landeten die gewünschten Reiseunterlagen bei mir auf dem Tisch. Auf diese Art und Weise wurden nicht nur unbekannte Spione des BND aufgespürt, sondern auch per Handschrift bereits identifizierte festgestellt. Daß sich die Abteilung 2 die Formulare für die Transitvisa bei den Paßkontrolleuren abholte, wurde eine Zeitlang vor der HA II geheimgehalten. Der Grund: Sie überschritt damit ihre Kompetenzen. Das funktionierte nur deshalb, weil die »Berliner II« – so die gebräuchliche Bezeichnung für die Abteilung II der BV Berlin – traditionsgemäß eine gewisse Eigenständigkeit gegenüber der HA II besaß. Das lag an der Nähe zu Westberlin. Die »Offenbarung« erfolgte im Jahre 1969, als die »Berliner II« auf immer mehr Personen stieß, die bereits als Spione des BND bei der HA II bekannt waren. Das galt auch umgekehrt.

1970 erfolgten klare Abstimmungen der Zuständigkeit zwischen der HA II und der »Berliner II« und den Abteilungen II der Bezirksverwaltungen in Potsdam, Gera, Schwerin, Magdeburg und Erfurt.

In der »Berliner II« übernahm das Referat 4 unter Manfred Wirth (Jg. 1931) die gesamte Bearbeitung der Transitspione der BND-Dienststelle »Tempel«. Die von mir begonnene Arbeit wurde von den Mitarbeitern Heinz D. und Norbert D. fortgeführt. Die Bearbeitung erfolgte jetzt im Zentralen Operativvorgang (ZOV) »Zugvogel« der HA II/4, die die Federführung übernahm.

Die HA II/4 wurde damals von Henry Otto (Jg. 1932), Spitzname: Sir Henry, geleitet, sein Stellvertreter Lothar Haußner (Jg. 1935) übernahm bei »Zugvogel« die Regie.

Seit Beginn des Jahres 1971 erfolgte eine stärkere Konzentration der zentralen Leitung aller Prozesse der Abwehr der Militärspionage des BND gegen die GSSD und die NVA in der HA II. Deshalb wurde es der »Berliner II« u. a. untersagt, Postschließfächer der BND--Filialen »Tempel«, »Ring« und »Isarsalon« in Westberlin zu leeren. Das blieb künftig den Spezialisten der HA II/2 vorbehalten. Das Projekt lief unter dem Zentralen Operativvorgang »Starkasten«.[22]

Die auf diese Weise beschafften Informationen – die BND-Berichte waren damals offen und mit Decknamen unterschrieben – wurden im Schriftenspeicher der HA II überprüft. Dort befanden sich auch relevante Handschriften aus den Visaanträgen. Die Leiterin des Schriftenspeichers Emmi Saalfeld (Jg. 1929) wurde sehr oft fündig. Das heißt, die Handschrift eines unbekannten Schreibers aus dem ZOV »Starkasten« konnte durch Vergleich mit den Visaanträgen zugeordnet werden – oder eben umgekehrt.

Neben den Zentralen Operativvorgängen »Zugvogel« und »Starkasten« gab es noch einen dritten, den ZOV »Reise«. Dort wurden Verdächtige im Straßentransit, vorwiegend Berufskraftfahrer, observiert. Diese Spione waren an der Bremer BND-Dienststelle »Ring« – und deren Ableger »Tempel« in Berlin – sowie an »Isarsalon« in München angebunden. Das MfS bündelte alle Aktivitäten gegen diese drei Dienststellen in die Aktion »Angriff«. Sie wurde befehligt vom stellvertretenden Leiter der HA II, Oberst Rudolf Emilius (1919–1987), »Rolf« oder »Emil«. Emilius genoß hohes Ansehen in der HA II, auch als »Stimmungskanone« war er im Kollegenkreis sehr geschätzt.

Nachdem die DDR 1973 von über 100 Staaten anerkannt worden war und diese in Berlin diplomatische Vertretungen eingerichtet hatten sowie immer mehr ausländische Niederlassungen Büros eröffneten, übertrug der Minister für Staatssicherheit mit den Befehlen 16/74 und 17/74 die Verantwortung für den Schutz und die Sicherung dieser Objekte und deren Mitarbeiter der HA II. Das betraf auch die operative Kontrolle und Bearbeitung ausgewählter Diplomaten und Korrespondenten.

Werner Grünert, zu jener Zeit gesundheitlich angeschlagen, war nach Meinung von Minister Mielke diesen Aufgaben nicht mehr gewachsen. So wurde Günter Kratsch Leiter der HA II.

Bei der Aktion »Angriff« der HA II wurde eine Reihe von Agenten identifiziert und 39 – von vielleicht 75 – festgenommen. Das war Absicht und sollte Zufälligkeit signalisieren. Mal wurde ein Berufskraftfahrer festgenommen, mal ein Student in der Bahn, mal ein Privatreisender bei der Ausspähung eines Objektes. Erst 1978 merkte der BND, daß das MfS offensichtlich die Dienststellen in Bremen (DDR-Mil-Nord) und München (DDR-Mil-Süd) und deren Spione identifiziert hatte. Die Dienststellen wurden verlegt oder geschlossen und die »Zugvögel« zur Abgabe einer schriftlichen Erklärung aufgefordert, nicht mehr in die DDR zu reisen.

Aufgelöst wurden auch die Dienststellen »Schloß«, »Musikladen« und »Villa« in der Gabrielenstraße in Berlin-Tegel, in der die »Arbeitsgruppe für Vergleichsuntersuchungen in Rationalisierungsfragen« saß. Diese Dienststelle – seit 1973 der HA II bekannt – arbeitete nicht mit Spionen, obgleich sie bis 1976 von Heinrich Bürger, dem Chef der BND-Dienststelle »Tempel«, geleitet worden war. Sie hatte den Charakter einer »Verbindungsdienststelle« des BND. Sie unterhielt Kontakte zur Westberliner Polizei, zum Bundeshaus in der Bundesallee, zur Bundesanstalt für Gesamtdeutsche Aufgaben und zum Landesamt für Verfassungsschutz.

Ein Teil der Mitarbeiter wechselte zur BND-Dienststelle »Camp« in Berlin-Marienfelde. Dort, am Marienfelder Damm, befand sich das Notaufnahmelager. Alle Postschließfächer, Telefonanschlüsse, Anrufbeantworter, Deckadressen wurden liquidiert. Praktisch wurde das gesamte Verbindungssystem beseitigt.

Die HA II und die beteiligten Abteilungen II der Bezirksverwaltungen hatten faktisch die Aufklärungstätigkeit des BND auf dem Gebiet der Militärspionage[23] gegen die GSSD und die NVA lahmgelegt und den BND gezwungen, Dienststellen aufzulösen und neue Tarnungen[24] anzunehmen. Er wurde gezwungen, neue Dienststellen aufzubauen und sich auf andere Zielgruppen zu orientieren, die dem Dienst künftig Informationen auf militärischem Gebiet beschafften.[25]

Anmerkungen

1 vgl. Neues Deutschland vom 22. März 1978
2 vgl. Zolling/Höhne: Pullach intern, 1971, S 172ff
3 vgl. ebenda, S. 173
4 vgl. Reinhard Gehlen: Der Dunst, 1971, S. 250ff
5 vgl. Schmidt-Eenboon: Schnüffler ohne Nase, 1993, S. 78
6 vgl. Peter-Ferdinand Koch: DDR contra BRD 1994, S. 314
7 vgl. Wolfgang Schwanitz, Anhörung vor der Alternativen Enquete Kommission am 15. Dezember 1993

8 vgl. Peter-Ferdinand Koch: DDR contra BRD, 1994, S. 163
9 vgl. ebenda, S. 165
10 vgl. ebenda, S. 195
11 vgl. ebenda, S. 199
12 vgl. ebenda, S. 95
13 vgl. ebenda, S. 98
14 vgl. ebenda, S. 155
15 vgl. ebenda, S. 314
16 vgl. Reinhard Gehlen: Der Dunst, 1971, S. 192ff
17 vgl. Neues Deutschland vom 17. November 1953
18 vgl. Süddeutsche Zeitung vom 10. November 1953
19 vgl. Tägliche Rundschau vom 22. Dezember 1953
20 vgl. Tägliche Rundschau vom 30. Dezember 1953
21 vgl. Tägliche Rundschau vom 2. November 1954
22 vgl. Anklageschrift Günter Kratsch vom 12.3.93
23 Militärspionage richtete sich – gemäß dem Verständnis des MfS – vor allem gegen das System der Landesverteidigung, die staatliche Sicherheit und das ökonomisch-militärische Potential der DDR sowie der sozialistischen Staatengemeinschaft. Ihr Ziel besteht darin, durch Sammlung, insbesondere auch durch Auswertung militärischer Geheimnisse und entsprechender offizieller Nachrichten, die imperialistische Rüstungspolitik zu forcieren, Aggressionsakte und Aggressionskriege vorzubereiten und durchzuführen, Provokationen an der Staatsgrenze zu inszenieren sowie weitere subversive Tätigkeiten, wie die Begehung von Diversionsakten gegen wichtige Verteidigungseinrichtungen, zu organisieren und die politisch-ideologische Diversion zu eskalieren. Bei der Begehung der M. konzentriert sich der Feind insbesondere auf die Erkundung der Verteidigungsmaßnahmen der im Warschauer Vertrag zusammengeschlossenen Armeen und Verbände, auf deren Standorte und Kampfkraft, auf die Arbeit der Stäbe und auf Verteidigungspläne. Im Mittelpunkt der M. gegen die DDR steht die GSSD. Der Feind ist des weiteren bestrebt, bedeutsame Informationen über die NVA, die Schutz- und Sicherheitsorgane einschließlich Kampfgruppen und Zivilverteidigung, Objekte der Volkswirtschaft mit spezieller für die Landesverteidigung vorgesehener Produktion sowie über die Infrastruktur in ihrer Bedeutung für militärische Aktionen zu erlangen. Quelle: Gauck-Behörde, Wörterbuch Nr. 1/93, S. 257
24 Tarneinrichtung, geheimdienstliche Einrichtung, der sich Dienste zum Zweck der Konspiration bedienen
25 Nach dieser eklatanten Niederlage hätte für den BND die einmalige Chance bestanden, die militärische Aufklärung auf dem DDR-Territorium umzustellen. Der Dienst blieb jedoch seiner starren, tradierten Arbeitsweise treu. Damit verstieß er gegen die NATO-Forderung, die Brüssel bereits in den 70er Jahren erhoben hatte: Die Partner sollten modernste wissenschaftlich-technische Erkenntnisse und Geräte einsetzen, um die Aufklärung des Gegners in der Tiefe zu qualifizieren. So prüfte man bereits in anderen Diensten Einsatzmöglichkeiten elektronischer Bodensonden bzw. -sensoren zur selbständigen Gewinnung und Übermittlung operativ-taktischer Aufklärungsdaten unter den Bedingungen eines angenommenen europäischen Kriegsschauplatzes.
Die USA sammelten Erfahrungen im Vietnamkrieg und gaben diese an Frankreich, Großbritannien und die Bundesrepublik weiter. Unter der Projektbezeichnung »Avid Guardian« wurde ein kollektives automatisiertes Bodensondensystem entwickelt. Es sollte bis zu 150 km tief auf das Territorium der Warschauer-Pakt-Staaten verlegt werden. Dazu wurden zu Beginn der 80er Jahre im Bereich des Truppenübungsplatzes Senne bei Augustdorf (BRD) Tests vorgenommen. Im Unterschied zum BND scheute sich die CIA nicht, diese Sensoren auch beim Gegner zu testen. Bereits 1977 fand man in der Sowjetunion in der Nähe eines Militärobjektes zwei solcher Sonden, die ihre Daten via Satellit in die USA übermittelten.
In der DDR fand man die erste Sonde dieser Art 1983 auf einem Bombenabwurfplatz in der Nähe von Torgau. Weitere wurden 1988/89 bei einem zentralen Munitionsdepot der Luftstreitkräfte bei Frankfurt/Oder und einem Militärobjekt Nahe Karl-Marx-Stadts in Richtung tschechische Grenze entdeckte. Die vierte wurde in einem Toten Briefkasten an einer S-Bahnstrecke in Berlin aufgefunden. Sie waren von der HA III aufgespürt worden. Allerdings wurde diese Tatsache erst in der Wende 1989/90 der Öffentlichkeit bekanntgegeben.

Die Reform im BND und der Selbstmord des General Horst Wendland

In den Jahren 1968/1969 wurden über den Bundesnachrichtendienst und seine Stellung im gesellschaftlichen System, seine Aufgaben und Ziele, seine Arbeitsweise sowie Struktur öffentlich und nichtöffentlich in der Bundesrepublik diskutiert. Die Auseinandersetzung erfolgte vor dem Hintergrund weltpolitischer Veränderungen. Die USA und die UdSSR hatten begriffen, daß das erreichte militärstrategische Gleichgewicht zwischen den Blöcken einen Sieg der einen über die andere Seite unmöglich machte. Wer als erster schießt, stirbt als zweiter, erklärte einmal der sowjetische Parteichef Leonid Breshnew. Der Kalte Krieg[1] ging zwar nicht zu Ende, aber die NATO-Strategie des Roll Back[2] schon. Die beiden Seiten mußten friedlich koexistieren, sich arrangieren.

In Bonn regierte seit 1966 eine Große Koalition, die 1969 von einer sozialliberalen Koalition abgelöst wurde. Diese hatte sich »Wandel durch Annäherung« auf die Fahnen geschrieben, formulierte eine neue Ostpolitik,[3] was zwangsläufig alle Instrumente des Antikommunismus auf den Prüfstand rief. Der Bundesnachrichtendienst gehörte dazu.

Nach der Adenauer-Ära (1949 bis 1963) hatte der BND sukzessive seine zentrale Rolle in der streng konservativ-antikommunistischen Nachkriegsgesellschaft verloren. Die Zäsur, die auch das Scheitern der Adenauerschen Deutschlandpolitik markierte, war der Mauerbau 1961 in Berlin.[4] Die psychologische Kriegführung[5] hatte ebensowenig zum Erfolg geführt wie andere subversive Maßnahmen[6] gegen den gesamten Ostblock.[7]

Gehlen und die BND-Spitze hatten zwar begriffen, daß sie sich auf neue Bedingungen einstellen mußten. Aber sie blieben in ihren alten Denkstrukturen gefangen. Sie waren zu einem Neuansatz weder willens noch fähig und orientierten auf »Schadensbegrenzung« und »Frontbegradigung«. Zumal man in der ersten Hälfte der 60er Jahre viele Spione im Osten verloren hatte, wodurch die vom

BND an die Bundesregierung gelieferten Informationen erheblich dünner wurden.

Obendrein hatten drei Vorgänge erkennbar den Ruf des BND getroffen: der Fall Heinz Felfe[8], die Spiegel-Affäre[9] und etliche Spionageprozesse in der DDR und der UdSSR, in denen – neben anderem – der Nachweis geführt worden war, daß im BND viele ehemalige Nazis untergekommen waren. Die enge Beziehung zwischen Kanzler und Gehlen war nachhaltig gestört.[10] Adenauers Nachfolger Ludwig Erhard interessierte sich kaum für den BND. »Im Oktober 1963« – heißt es im Buch »Pullach intern« – »zogen in das Palais Schaumburg drei Männer ein, die kaum einen Sinn für Bedeutung, Macht und Ranküne eines Geheimdienstes mitbrachten. Kanzler Ludwig Erhard, sein Kanzleramts-Chef Ludger Westrick und der Ministerialdirektor Karl Hohmann kamen aus dem Bundeswirtschaftsministerium, dessen Experten schon lange zweifelten, ob Geheimdienste notwendig seien.«[11]

Intern bastelte der BND, doch letztlich kamen nur kosmetische Korrekturen heraus. Man wollte die BND-Zentrale straffer leiten und sich auf einen verläßlichen Personalstamm konzentrieren. Ferner sollten die Konspiration erhöht und der BND-Apparat stärker abgeschirmt, unzuverlässige Mitarbeiter gefeuert, mindestens aber strafversetzt werden. (Dabei wurden in der Folgezeit auch Spitzenquellen auf Eis gelegt und Dienststellen geschlossen, was natürlich das MfS freute.)

Neue Strukturprinzipien sollten zwar den dezentralisierten BND-Apparat stärken, sie führten aber zu einem maßlosen Ausbau der internen Bürokratie.

Gehlen verfolgte mit diesen Maßnahmen mehrere Absichten. Zum einen wollte er Pannen verhindern, um den Ruf des Dienstes nicht weiter zu beschädigen. Zum anderen suchte er, um die Pleiten im Osten zu kompensieren, Erfolg in der Spionage bei den westeuropäischen Verbündeten und in der Dritten Welt.[12] Und schließlich wollte er die Informationsbeschaffung aus dem »kommunistischen Machtbereich« ein wenig ungefährlicher gestalten, indem er Ostforschungsinstitute, Handels- und Wirtschaftseinrichtungen abschöpfte, Publikationen auswertete, die Presse der DDR nach Verwertbarem durchsuchte und nicht zuletzt zunehmend elektronische Fernaufklärungsmittel einsetzte. In diesem Kontext sollten unter Journalisten, die über den Osten schrieben und auch Zugang vor Ort hatten, als Quellen gewonnen werden.

Die finanziellen Mittel sollten durch wachsende Aufwendungen aus dem Bundeshaushalt und aus anderen Quellen gedeckt werden.

Horst Wendland, dessen Handschrift dieses »neue« Konzept trug, wurde 1963 von Gehlen zum Generalmajor ernannt. Der Bundestagsabgeordnete Karl Wienand (SPD) hingegen sah es angemessen kritisch. Auf einer Tagung des Kuratoriums Unteilbares Deutschland 1966 erklärte er: »Der Bundesnachrichtendienst ist durch Überalterung, falsche Einschätzung der Lage und Vetternwirtschaft gekennzeichnet.« Vor dem Bundesausschuß der Jungsozialisten in Berlin meinte er im selben Jahr: »Bei uns verdichtet sich immer mehr der Verdacht, daß die deutsche Öffentlichkeit, das Parlament und der Verteidigungsausschuß nicht korrekt über die Lage im Spannungsfeld zwischen Ost und West informiert werden. Das hat zur Folge, daß in der Bundesrepublik falsche Prämissen in der Sicherheits- und Verteidigungspolitik gesetzt werden.«

Und die Berliner Morgenpost schrieb am 24. Januar 1968: »Den ›Schaumschläger-Berichten‹ des BND ist es vor allem zuzuschreiben, daß nicht nur im Kanzleramt, sondern auch bei den deutschen und alliierten Partnern die Informationen des BND nicht mehr so hoch eingestuft werden wie zu Zeiten Adenauers und Globkes. Einer der Empfänger des BND-Berichtes macht sich heute hin und wieder den Spaß, einzelne Meldungen zurückzuschicken und den Zeitungsartikel dazuzulegen, von dem der Geheimbericht offensichtlich abgeschrieben wurde.«

Gehlen und seine Führungsmannschaft hatten sich ins Aus manövriert. Bis 1965 waren in elf der 15 NATO-Staaten BND-Spione aufgeflogen[13], der Dienst war diskrediert nach innen wie nach außen. Der Kanzler der Großen Koalition, Kurt Georg Kiesinger, drängte auf einen Führungswechsel im Bundesnachrichtendienst. Offiziell sollte jedoch der Mythos um Gehlen erhalten bleiben, um den BND insgesamt nicht zusätzlich zu beschädigen. Kanzler Kiesinger tat jedoch etwas, wozu sich seine beiden Vorgänger nie hatten aufraffen können: Er ließ den BND »durchleuchten«. Eine Dreier-Kommission unter Leitung des Staatssekretärs Reinhold Mercker mit Ministerialdirektor Raab aus dem

Auswärtigen Amt und dem pensionierten Bundeswehrgeneral Zerbel schaute sich 1968 wochenlang in Pullach um, befragte BND-Mitarbeiter aller Ebenen und sichtete Akten. Danach wurden die Außenstellen unter die Lupe genommen. Was sie herausgefunden hatten, schrieben Mercker, Raab und Zerbel in einem Geheimbericht nieder, der noch heute zu den politischen Horror-Dokumenten der Bundesrepublik zählt. Der Mercker-Bericht, von dem nur drei Exemplare existieren, gleicht einer Pandorabüchse. Das ganze Ausmaß der Miß- und Vetternwirtschaft im BND wurde offenbar, ebenso die Führungsmängel des Präsidenten, die Vorherrschaft alter und neuer Militärs, der Mißbrauch des Etats für persönliche Ambitionen des BND-Establishments, die Zurücksetzung junger BND-Beamter, die öffentlichkeitsfeindliche Geheimniskrämerei der Amtsleitung. Schlußfolgerung der Kommission: »Ein korruptes Unternehmen.«[14]

Der Staatssekretär im Kanzleramt Karl Carstens, der hinter der Aktion stand, schlug Gehlens Bitte ab, den Bericht lesen zu dürfen. Und hob Gerhard Wessel, von dem er sich eine gründliche Erneuerung versprach[15], auf den Schild. Wessel war zwar auch ein Schüler Gehlens, er hatte als Offizier im Generalstab der Wehrmacht gedient, aber er war weltläufiger, aufgeschlossener und im Umgang mit der Öffentlichkeit professioneller.

Der Führungswechsel erfolgte am 30. April 1968. Carstens ehrte im Kinosaal in Pullach Generalmajor a. D. Reinhard Gehlen mit dem Großen Verdienstkreuz des Verdienstordens der Bundesrepublik mit Stern und Schulterband, würdigte dessen »hervorragenden Dienste« und sprach ihm den Dank der Bundesregierung aus. Aber die Kritik war unüberhörbar. Der Staatssekretär bezeichnete den Präsidentenwechsel als eine »Chance, zu einem neuen Arbeitsstil zu gelangen, einem Stil, der vielleicht etwas weniger geheimnisbeladen ist und der bis zu einem gewissen Grade die überkommenen hierarchischen Strukturen durch das Zusammenwirken von Partnern ersetzt«.

Das Metier der Spionage, so Carstens, erfahre in seinen Augen eine längst verdiente Rangerhöhung durch die offene Einordnung in die Gesellschaft und durch die Übernahme der in der modernen Welt wirksamen Strukturgrundsätze. Im Klartext war das eine Order an Wessel, Geheimdienst und Gesellschaft endlich in Einklang zu bringen.[16]

Gerhard Wessel verfügte über weitreichende Beziehungen und besaß die Zustimmung und Rückendeckung der CIA. Er war zielstrebig und energisch von Zielen, man sagte ihm eine »imponierende Arroganz und Eleganz« nach sowie ein »Gefühl« für Öffentlichkeit. Sein Horizont reichte weiter als der seines Lehrers Gehlen, er war kein dogmatischer Schmalspurdenker wie dieser oder dessen Vize Wendland.

Für ihn war klar, was nach dem Amtsantritt zu erledigen war: Auch Wendland mußte weg, und nicht nur, weil er hauptverantwortlich für die im Mercker-Bericht genannten Mißstände war. Dabei verhielt er sich wie ein Geheimdienstler und notierte Kompromittierendes. Etwa die medizinischen Befunde: »leidet unter Depressionen, Gedächnis setzt zeitweilig aus, auffallende Müdigkeitserscheinungen und Geistesabwesenheit«. Wendlands Qualifikation lasse zu wünschen übrig, es gebe »negative« Seiten seiner Persönlichkeit bis hin zu »geheimen Querverbindungen«.

Wessel erwog, Wendland als Militärattaché nach Südamerika »abzuschieben«.

Zunächst aber stellte er ihn kalt, indem er ohne Wendland – faktisch hinter dessen Rücken – die Bereiche des BND nach streng militärischen Gesichtspunkten neu gliederte und umbenannte. Wessel ließ eine »Abschußliste« mit Namen von Mitarbeitern erstellen, die er loswerden wollte. »Wessel war so eifrig um Säuberung des Apparates bemüht, daß er manche Blitz-Order erließ, die er nach Intervention seines Hausjuristen wieder zurücknehmen mußte«, höhnten die Journalisten Zolling und Höhne in ihrem Buch »Pullach intern«. »Wessels Kritiker feixten, der Chef habe eine neue Zeiteinheit eingeführt, den WES, das ist der Zeitraum zwischen Erlaß und Rücknahme eines Wessel-Befehls.«[17]

Die »freigemachten« Personalstellen besetzte Wessel mit Bundeswehroffizieren, und auch bei personeller Aufstockung bediente er sich aus diesem Reservoir.

Wessel schätzte realistisch ein, daß die Wühlarbeit des BND in den Ländern Afrikas, Südamerikas und Asiens, im faschistischen Spanien und Portugal sowie im arabischen Raum übermäßig teuer, aber eigentlich unnütz war. Im Sommer 1968, wohl auch unter dem Eindruck des Prager Frühlings und des Einmarsches des Warschauer Paktes in die CSSR, veranlaßte Wessel einen Wechsel.

Fortan hatte die Militärspionage gegen das östliche Bündnis Vorrang.

Auch bei der politischen Spionage gegenüber der DDR setzte er neue Prioritäten. Die politische und gesellschaftliche Entwicklung der DDR sollte nicht mehr nur aus Veröffentlichungen analysiert werden, es wären stattdessen alle Möglichkeiten zu nutzen, um Quellen in der DDR zu schaffen. Wessel orientierte darauf, Reise- und Auslandskader der DDR sowie Bürger der Bundesrepublik und Westberlins, die im grenzüberschreitenden Verkehr tätig waren, und Mitglieder politischer Parteien, die Verbindungen zur SED unterhielten, als Quellen zu gewinnen. Horst Ehmke, der unter Willy Brandt Kanzleramtsminister wurde, nahm später diesen Gedanken auf, indem er erklärte: »Ich brauche DDR, DDR, DDR.«[18]

Das aber vernahm Horst Wendland nicht mehr. Da war er schon tot.

Gehlen hatte seinen langjährig Vertrauten einst im Oberkommando des Heeres (OKH) kennen und schätzen gelernt. Als Leiter der Organisationsabteilung des OKH bewies dieser einiges Talent. Auch deshalb machte ihn Gehlen nach 1945 zum Leiter der inneren Verwaltung seiner Organisation. Ihm unterstanden zuletzt die Bereiche Organisation, Versorgung/Wirtschaft/materielle Beschaffung, die Personalabteilung, Ausbildung und Schule, Finanzen und die Rechtsabteilung. Nach der Legalisierung des BND 1956 nahm Wendland weitere Abteilungen und Bereiche in seine Verantwortung und schuf sich das Image des unentbehrlichen guten Geistes des BND. Folgerichtig nannte man ihn »Papa Wend«, »Papa Wendland« oder auch »Hausvater«.

Als dritter Mann im BND hinter Gehlen und Worgitzky hatte er durchaus Ambitionen, der Nachfolger des Präsidenten zu werden oder zumindest die Position des Vize einzunehmen. Als Worgitzky 1967 in den Ruhestand versetzt worden war, hoffte er auf Aufstieg. Er wurde auch kommissarischer Vizepräsident, doch Kiesinger machte 1968 nicht ihn, sondern eben Wessel zum BND-Chef. Und das, obgleich doch in der konservativen Presse für Wendland votiert worden war. Am 24. Januar 1968 schrieb Nils von der Heyde, ein enger Vertrauter des BND, in der »WELT«: »Die Anwärter auf den Vizepräsidentenposten sollten sich die Bonner Geheimdienstexperten genau ansehen. Einer von ihnen besitzt beste sachliche Voraussetzungen für dieses verantwortungsvolle Amt: der 55jährige Generalmajor Horst Wendland. In Pullach wird Generalmajor Wendland fast liebevoll der Hausvater genannt, und so etwas ist der Familienvater und begeisterte Tennisspieler in der Tat. Seit Jahren kümmert er sich mit Geschick und Takt um die BND-Gemeinde. Er schuf ein dienstinternes Vertrauen und sorgte für personelle Geschlossenheit in der Führung, bei dem nur im Ausland operierenden BND unbedingt Voraussetzung für Funktionsfähigkeit und Effektivität. In den vergangenen Monaten bewies er auch besonderes Talent im Umgang mit dem Bundesrechnungshof, und auch zum parlamentarischen Vertrauensmännerausschuß in Bonn hat Wendland ein denkbar gutes Verhältnis.«

Dennoch: Wendlands Uhr war abgelaufen. »Erschreckt beobachteten die Freunde, daß Wendland von Woche zu Woche mehr verfiel. Der verschlossene, pflichtbesessene Mann litt zusehends an Depressionen, sein Gedächtnis setzte zeitweilig aus, Müdigkeit und eine seltsame Geistesabwesenheit stellten sich ein«, heißt es in dem Buch »Pullach intern«. »Am Morgen des 8. Oktober *(1968 – d. A .)* verabschiedete sich Wendland wie gewöhnlich in seinem Einfamilienhaus in Feldafing von Ehefrau Ilse und den vier Kindern. Dann fuhr er ins Pullacher Camp. Er ordnete im Büro ein paar Papiere und machte sich Notizen. Gegen 11.50 Uhr legte Wendland eine belgische Neun-Millimeter-Pistole an seine rechte Schläfe und erschoß sich. Es war 12.07 Uhr, als Wendlands Sekretärin den Chef tot in seinem Schreibtischsessel fand. Daß er sich nicht außerhalb des Camps, sondern an seinem Arbeitsplatz getötet hatte, dünkt manchem Wendland-Freund eine letzte Demonstration gegen den Rivalen Wessel. Wessel reagierte gelassen. Er hielt gerade dem Regierungschef Kiesinger im Palais Schaumburg einen Vortrag, als die Meldung von WendlandsTod eintraf.«

Prof. Heinz Felfe schreibt in seinem Buch »Im Dienst des Gegners« über die Hintergründe des Selbstmordes. Natürlich vermutet man immer, wenn der amtierende Vizepräsident eines Geheimdienstes die Waffe gegen sich selbst richtet, daß sich dahinter vieles, nur nicht eine menschliche Tragödie verbirgt. »Aber jedem und auch Papa Wend, so sein Name im Dienst, war klar, daß er nicht Präsident werden würde, denn General Wessel war ja über Jahre als Nachfolger Gehlens aufgebaut worden. Wie dem auch sei, 1968 beging er in seinem Zimmer Selbstmord. Noch heute stellt sich die Öffentlichkeit die Frage: warum?

Weder Wessel noch Gehlen haben eine Antwort gegeben. Wohl schon deshalb nicht, weil Wendlands Tod im Dienstzimmer der Zentrale nicht in eine Tat des Ostens umzufälschen war.« Felfe kommentiert weiter: »Ich kannte Wendland als einen sehr sensiblen Menschen, bemüht, mit seinen Mitarbeitern gut auszukommen. So wie er sich ihnen gegenüber verhielt, so erwartete er es auch von seinem Vorgesetzten, zumal er von seinen Fähigkeiten und Leistungen überzeugt war. Da dies nicht geschah, mußte er in psychologische Zwänge geraten, weil er – sein Leben lang Soldat – nicht daran dachte, sich gegen Vorgesetzte zu wehren. Als Wessel Präsident wurde, mag Wendland auf eine Wende gehofft haben. Schnell mußte er einsehen, daß diese nicht eintrat, was seine Enttäuschung um so mehr vergrößerte. Einem Mann seiner Erziehung blieb schließlich kaum ein Ausweg. Inwieweit er als Chef der Organisationsabteilung beim OKH Kenntnisse über Gehlen und Wessel hatte, die beiden nicht angenehm waren und insbesondere dem Mythos Gehlens schaden konnten, soll hier als eine mögliche weitere Version angedeutet werden.« Und der DDR-Autor Julius Mader (im Mai 2000 verstorben) schrieb dazu in seinem »Nicht länger geheim«: »Mit dem Versuch, der Bürokratisierung des BND entgegenzuwirken, hofften Bonner Regierungskreise, daß Wessel folgende Mißstände beseitigen kann:

– die Wasserköpfe einer internen Bürokratie, die sich wegen der strengen Geheimhaltung nahezu unkontrolliert ausweiten konnten und zahlenmäßig inzwischen im krassen Mißverhältnis zur aktiven Abwehr (Spionage) stehen,

– die sogenannten Schaumschläger, die im Nachrichtendienst Unheil anrichten können und angerichtet haben. Der Mann, der ununterbrochen zwei Jahrzehnte lang in der Gehlen-Organisation bzw. im BND die Personal- und Finanzverwaltungen leitete sowie für prinzipielle organisatorische Fragen zuständig war, nämlich der amtierende Vizepräsident, Generalmajor Wendland, beging bezeichnenderweise am 8. Oktober 1968 in seinem Pullacher Dienstzimmer Selbstmord.«

Die Leitung der HA II ließ die Umstände dieses Freitodes untersuchen bzw. analysieren. Man kam zu dem Schluß: Wendland wurde endgültig klar, als Wessel am 8. Oktober 1968 allein zur

Berichterstattung zu Kiesinger fuhr, daß dort auch über seine Person entschieden werden würde. Und diese Entscheidung würde lauten: Entlassung aus dem BND. Wendland hatte zwar am Vormittag noch eine Besprechung mit Referenten gehabt, aber das war wohl eher eine »Verabschiedung« von seinen Mitarbeitern gewesen. Er wollte sich auf diese Weise einen »demonstrativen Abgang« verschaffen. Sein Tod sollte ein gewisser »Protest« sein.

Wendland wurde also ein Opfer der Politik von Wessel.[19]

Nun sollte man meinen, daß der Tod Wendlands von allen Seiten beleuchtet und damit geklärt sei. Das ist aber nicht so. Wendland wurde noch lange nach seinem Tod in den Medien der BRD verhandelt. Einmal gehörte er zu einem Spionagering »roter Spione«, die alle tot waren, denn auf Wendlands Tod folgte eine Kette mysteriöser Selbstmorde.

Drei Stunden nach seinem Freitod in Pullach am 8. Oktober 1968 erschoß sich der Flotten-Admiral a. D. Hermann Lüdke mit einem Jagdgewehr in der Eifel. Am 15. Oktober 1968 erhängte sich in Köln der Regierungsdirektor Hans-Heinrich Schenk aus dem Bundeswirtschaftsministerium. Einen Tag später schluckte die Lektorin Edeltraud Grapentin aus dem Bundespresseamt eine Überdosis Schlaftabletten. Am 18. Oktober tötete sich Oberstleutnant Johannes Grimm, Bereitschaftsoffizier im Führungsstab der Streitkräfte, und am 21. Oktober verschwand der Regierungshauptsekretär Gerhard Böhm vom Bundesverteidigungsministerium, der später tot aufgefunden wurde.[20]

Im Laufe der Zeit wurden immer neue Spekulationen laut. Einmal steckte der sowjetische Geheimdienst dahinter, ein andermal die Staatssicherheit der DDR, dann die Franzosen, die Israelis und so weiter.

Neben den von verschiedenen Autoren sachlich beschriebenen Umständen seines Todes spielte noch ein Faktor eine Rolle, der bisher noch nie in der Öffentlichkeit erwähnt wurde, weil er zu den »bestgehüteten Geheimnissen« des BND zählt.

Anfang der 80er Jahre wurde aufgrund zentraler Weisungen in den operativen Abteilungen des MfS damit begonnen, sogenannte Altmaterialien zu sichten und Erkenntnisse in das internationale Informationssystem in Moskau einzuspeichern.[21] Bei diesen Altmaterialien handelte es sich um personenbezogene Geheimdienstunterlagen der deutschen Linie (BND, BfV, MAD), der amerikanischen Linie (vorwiegend CIA, DIA, INR), der englischen und französischen Linie. Eingeschlossen waren auch unterschiedliche Kategorien von Verbindungspersonen dieser Geheimdienste (Agenten, Zuführer, Tipper, Instrukteure, Kuriere, Deckadressen, Berater, Einflußagenten) Dabei wurde auch Material zu Wendland gefunden, darunter einige Einzelinformationen, die jedoch keine Identifizierung von Bezugspersonen zuließen. Das MfS bemühte sich nicht um eine Klärung, Wendland war schließlich tot, die Angaben lieferten keine aktuellen operativen Erkenntnisse und hatten allenfalls historischen Wert, wie es schien. Dafür gab es aber keinen Bedarf.

Einer dieser Berichte war besonders interessant. Es handelte sich offensichtlich um eine Gedächtnisnotiz, die von einer Person verfaßt worden war, welche das absolute Vertrauen Wendlands besessen haben mußte. Der Schreiber hatte von Wendland einen Anruf erhalten, und er schätzte ein, daß Wendland völlig aufgelöst gewesen sei. Er habe verstört gewirkt. Wendland habe geschildert, daß er ein Gespräch mit dem Präsidenten (*Wessel – d. A.*) gehabt habe. Das Ergebnis sei für ihn schockierend. Alle Brücken seien abgebrochen. Für ihn wäre das eine große Enttäuschung und persönliche Niederlage. Auf diese Art und Weise kalt gestellt zu werden, empfinde er als eine tiefe Kränkung, er, Wendland, habe doch nur für die Organisation gelebt. W. (*Wessel – d. A.*) habe nicht davor zurückgeschreckt, ihn mit dem »schlesischen Adligen« zu drohen und angedeutet, daß er die Zusammenhänge mit den »herübergeretteten Geldern« kenne, wovon nicht nur er (*Wendland – d. A.*) profitiert habe. Das sei eine Diffamierung nicht nur seiner Person, sondern auch des Dienstes. Das Allerschlimmste sei aber, daß offensichtlich der ausgeschiedene Präsident (*Gehlen – d. A.*) die hierzu vorhandenen Unterlagen (an Wessel) übergeben habe, obgleich dieser ihm versichert hatte, »alles«[22] vernichtet zu haben, damit nichts in andere Hände gerate. Er fühle sich jetzt genau so zur Seite gestellt wie Wo. (*Worgitzky – d. A.*), nur sei dieser nicht so beleidigt worden.[23]

Der Schreiber notierte weiter, daß er versucht habe, Wendland zu beruhigen. Er habe ihn gebeten, sich nicht alles so zu Herzen zu nehmen, das Leben gehe weiter, er solle jetzt an seine Familie denken. Es werde auch wieder bessere Tage geben. Und weiter hieß es: Einige Tage später die unfaßbare, schockierende Nachricht vom

Selbstmord. Traurig und beschämend, daß sich Weggefährten so verhalten hätten...

Die Versuche, den Schreiber der Niederschrift und den »schlesischen Adligen« zu identifizieren, scheiterten.

In Zolling/Höhnes »Pullach intern« gibt es den Hinweis: »Mancher Verwandter Gehlens mußte sich pensionieren lassen,... mancher adlige Freund den Dienst verlassen...«

Und bei Felfe in »Im Dienst des Gegners« fand sich ebenfalls eine Andeutung: »Mein neuer Chef, Wolf Freiherr von Rotkirch und Panthen, der die Gegenspionage in der Organisation leitete, war ein Abkömmling des verarmten – von Friedrich dem Großen erhobenen – schlesischen Adels. Er war so recht nach dem Geschmack Gehlens, der die Menschen nach Herkunft und Stellung beurteilte und Schlesier und Generalstabsoffiziere bevorzugt behandelte.«

Diese Hinweise sind nur insofern wichtig, als sie bestätigten, daß im Umfeld von Gehlen, »Adlige« eine bestimmte Rolle spielten.

Einige Jahre später stieß der gleiche Mitarbeiter, der das Wendland-Material in den Händen hatte, auf das »Rätsel« und löste es. In einem Altmaterial – mit dem ähnlich wie im Fall Wendland verfahren werden sollte und auch verfahren wurde: es wurde vernichtet – stand: Kurt von Rohrscheidt (schlesische Linie). Aus dem Buch »Adlige Häuser« ging hervor, daß es zwei Adelsgeschlechter dieses Namens gegeben hatte, die erzgebirgische Linie war jedoch ausgestorben.

In dem genannten Handbuch war Kurt Gerhard von Rohrscheidt, Jahrgang 1893, als Oberst a. D. und Ehrenritter des Johanniterordens aufgeführt. Er sei als Berufsoffizier im 1. Weltkrieg schwer verwundet worden, gehe am Stock und trüge ein dunkles Monokel vor dem verlorenen Auge. Ende der 20er Jahre sei er zum Nachrichtendienst der Reichswehr gegangen und bis 1942 in der Abwehr bei Canaris tätig geworden.[24] Danach habe er bis Kriegsende als Attaché in Bukarest[25] und als Gesandtschaftsrat an der deutschen Botschaft in Madrid gearbeitet[26]. Sowohl in Bukarest als auch in Madrid war er Leiter einer Kriegsorganisations-Stelle (KO), die 1939 gebildet worden waren und an allen deutschen Auslandsvertretungen existierten.[27]

1946 lieferte ihn Spanien an die Amerikaner aus, bis 1948 wurde er in Frankreich interniert. Aus dieser Zeit ist eine Episode überliefert, die Gehlen unter seinen Vertrauten kolportierte: Als von Rohrscheidt von den Amerikanern zum wiederholten Male aufgefordert wurde, endlich Angaben zu seiner Tätigkeit im deutschen Geheimdienst und seinen Aufgaben in Spanien zu machen, habe er wütend mit seinem Krückstock auf den Tisch geschlagen und gebrüllt, »Ich heiße von Rohrscheidt, leide unter Gedächtnisschwund und weiß von nichts!«

Nicht ein Wort erfuhren die Amerikaner. Es gibt Hinweise dafür, daß Oberst Rusty – amerikanischer Verbindungsoffizier zu Gehlen 1948/1949 – diese Episode Gehlen weitergab, um ihn auf von Rohrscheidt aufmerksam zu machen.[28]

Mit solch einer Empfehlung erwarb der schlesische Adlige bei Gehlen absolutes Vertrauen.

1956 wurde von Rohrscheidt von der Generalvertretung Bremen in die Zentrale nach Pullach geholt und zu Sonderaufgaben herangezogen. Beispielsweise besorgte er den Auf- und Ausbau der Attaché-Abteilung und die Integration von BND-Mitarbeitern in diplomatische Vertretungen der BRD. Gleichzeitig erfolgte seitdem die offizielle Aktivierung von ehemaligen Mitarbeitern der Abwehr in Spanien, die für verschiedene nachrichtendienstliche Aufgaben eingesetzt wurden. Vorgesehen war neben anderem eine »Tiefenoperation« von Spanien aus gegen die Sowjetunion.

Gehlen schätzte insbesondere Rohrscheidts strategischen und planerischen Fähigkeiten. Diese hatte er beispielswiese mit einem etwa 100seitigen Bericht über seine Tätigkeit in Spanien ausgewiesen, in welchem er insbesondere Fragen der Gegenspionage behandelte. Er war darin zu dem Schluß gekommen, daß es nicht erforderlich sei, künftig in Spanien zu operieren, da eine so gute Beziehung zum spanischen Geheimdienst bestehe. Man könne auf kooperativer Basis zusammenarbeiten. (Bis 1956 hatten die Amerikaner Gehlen untersagt, mit seiner Organisation in Spanien oder in einem anderen Ausland zu operieren. Nach der Legalisierung als offizieller Auslandsgeheimdienst der BRD war dies möglich.)

Zwischen 1942 und 1945 hatte von Rohrscheidt die Gegenspionage in Spanien geleitet. Nach Aussagen von Generalleutnant a. D. Franz-Eccard von Bentivegni (von 1939 bis 1944 Leiter der Abwehr III im OKH-Amt Ausland/Abwehr) hatte von Rohrscheidt den Auftrag, die Verbindung zum spanischen Gegenspionageapparat herzustellen und zu pflegen.[29] Diesen Auftrag erfüllte er vorbildlich. Die Verbindung zum spanischen Geheimdienst war so eng, daß er diesem bei Kriegsende die Kasse der in Spanien operierenden deutschen Abwehr – in Gold und Devisen über 1 Million Reichsmark – übergab, um sie vor dem Zugriff der Amerikaner zu retten und für eine spätere Verwendung einzusetzen. Hierzu hatte von Rohrscheidt entsprechende Absprachen mit dem spanischen Geheimdienst getroffen.

Während seiner Internierung von 1946 bis 1948 in Frankreich hat er den Amerikanern kein Wort darüber gesagt. Es blieb bei dem Kreis von vielleicht zwei, drei Eingeweihten. Diese waren in Spanien verblieben und gingen alltäglichen Geschäften nach. Wendland erfuhr davon, als von Rohrscheidt zu Beginn der 50er Jahre zur Organisation Gehlen stieß. Mehr noch: von Rohrscheidt (und damit Gehlen und Wendland) wußte auch, welche Mittel die deutsche Industrie in Franco-Spanien angelegt hatte, wer die wichtigsten Ansprechpartner waren und wer vor Ort für den deutschen Geheimdienst arbeitete und arbeitet – in Handelseinrichtungen, Betrieben, Büros, Organisationen, Redaktionen. In Spanien, erinnerte sich Felfe in seinem Buch, »gab es beispielsweise weitaus mehr Angehörige der Abwehr in der Botschaft oder sie arbeiteten unter ihrem Schutz. Dazu gehörten technische Einrichtungen (Funkpeildienst, Abhörbetrieb) zur Überwachung der feindlichen Marinebasen und des Schiffverkehrs wie auch die eigene Funkstelle und die Außenstelle auf afrikanischem Boden in Tanger und Ceuta (insgesamt einundzwanzig Personen), wo – ähnlich wie in der Schweiz – Tuchfühlung mit den alliierten Nachrichtendiensten möglich war. Nach den entsprechenden Unterlagen waren am 8. Oktober 1943 in der KO Spanien zweihundertzwei (202) Mitarbeiter; zwei Monate später umfaßte das Personenverzeichnis der KO Spanien bereits zweihundertvierzehn (214) Personen.«[30]

Hinzu kam, daß sich ab 1944 ein großer Teil von Mitarbeitern aller deutschen Geheimdienstlinien (Abwehr, SD, Gestapo u. a.), die ehemals in Südeuropa, auf dem Balkan und in Nordafrika stationiert waren, sich in Spanien anzusiedeln begannen. Dazu kamen auch ehemalige Angehörige faschistischer Organisation sowie Wehrmachtangehörige.

Gehlen konnte zwischen 1950 und 1956 davon nicht profitieren, weil sich die Amerikaner Spanien als eigene Operationsbasis auserkoren hatten. Aber später, nach der Legalisierung des BND, änderte sich das.

»Die bis zu diesem Zeitpunkt (1956) geforderte Begrenzung auf militärische Aufklärung Osteuropas wird aufgehoben. Der Dienst erweitert seine Tätigkeit auf die Aufklärung der Krisengebiete in aller Welt.«[31]

Drei Mitarbeiter – die seinerzeit sehr eng mit von Rohrscheidt in Spanien zusammengearbeitet hatten, darunter der Leiter der Außenstelle des Dienstes in Pamplona – spielten bei der Aktivierung ehemaliger Geheimdienstler in Spanien eine dominierende Rolle, zumal sie auf die von Rohrscheidt sichergestellte »Kriegskasse« Zugriff hatten.

Diese »Kasse« wurde auch für private Zwekke genutzt. Und davon profitierten sowohl von Rohrscheidt als auch Wendland. Die Verwendung für geheimdienstliche Zwecke war eher rückläufig – schließlich bekam der Dienst nach 1956 reichlich Steuermittel. Und wie diese geschickt eingesetzt, umverteilt, ihre Herkunft verschleiert und deren Verwendung vertuscht werden konnte, führte Wendland 1967 in Pullach vor dem Präsidenten des Bundesrechnungshofes Hertel und dem Unterausschuß BND des Haushaltausschusses des Bundestages aus. Nach seinem Vortrag über die Finanzlage des BND äußerte sich Hertel begeistert gegenüber Gehlen: »Sie haben ja eine hervorragenden Verwaltungsjuristen.« Gehlen darauf: »Das ist kein Jurist, das ist kein Verwaltungsfachmann, das ist ein Generalstabsoffizier, und ein Generalstabsoffizier kann alles!«[32]

Daß Gehlen allerdings dieses grenzenlose Vertrauen, welches Wendland glaubte zu besitzen, verspielte, indem er Wessel über diese Zusammenhänge und Hintergründe reinen Wein einschenkte, muß zu eben jener Reaktion geführt haben. Wendland fühlte sich durch den Vertrauensbruch verraten. Und richtete – wie man das von einem deutschen Offizier alter Schule erwarten konnte – den Lauf seiner Dienstwaffe auf den eigenen Kopf.

Es war völlig unerheblich, in welchem Umfang Wendland von den herübergeretteten Spanien-Geldern profitiert hatte. Nicht das Geld war das ausschlaggebende Motiv des Selbstmordes, sondern die Tatsache, daß das Wissen aus der Vergangenheit in einer solchen Weise gegen ihn verwandt wurde. Die Vergangenheit plus Vertrauensbruch Gehlens plus Vorgehen Wessels bei der Reformierung des BND bildeten wohl die kritische Masse.

Wenn man Horst Wendlands Freitod lediglich als Protest gegen die »Reformen« im BND verstanden wissen will, hat man nur einen Teil der Erklärung.

Die Öffentlichkeit sah es aber so, was dazu führte, daß Wessel alles daran setzte, seine »Reform« im BND so schnell wie möglich mit sichtbaren Resultaten umzusetzen. Hauptinhalt war die Straffung und Konzentration des Dienstes auf seine vordringlichste Aufgabe – Nachrichtenbeschaffung aus dem Ausland.[33]

In Kurt Weiß alias Winterstein – seit Bestehen der Organisation Gehlen dabei – fand Wessel einen Verbündeten. Der Leiter der Auswertung im BND wurde für sein engagiertes Mitwirken zum Leiter der neu strukturierten Abteilung Beschaffung – der wichtigsten Abteilung im BND – berufen. Wessel ordnete und beendete das Chaos in der Zentrale.

Aus den verschiedenen Hauptabteilungen mit unübersichtlichen Verantwortlichkeiten formte er vier: die Abteilung 1 (Beschaffung), Abteilung II (Technik), Abteilung III (Auswertung) und Abteilung IV (Zentrale Aufgaben). Wessel schaffte die alte Hauptabteilung III, die im Inneren der BRD geschnüffelt hatte, ab. Nach seinen Vorstellungen sollte und durfte der BND nicht mehr im Inland gegen die eigenen Bürger eingesetzt und wirksam werden. Das sollte ausschließlich dem Verfassungsschutz vorbehalten bleiben. Und: Die direkte operative Aufklärungasarbeit sollte nur in Ausnahmefällen von der Zentrale aus erfolgen. Das sollte – wie bisher – von abgedeckten Dienststellen, Außenstellen bzw. Niederlassungen des BND geschehen. Die DDR-Aufklärung wurde beispielsweise einer Außenstelle in München (politische Spionage), einer Außenstelle in Bremen (militärische Spionage) sowie einer Außenstelle in Westberlin (politische und militärische Spionage) übertragen. Aufgaben und Zielrichtungen des BND wurden nun auf der Basis vertraulicher Kabinettsbeschlüsse der Regierung festgelegt. Es gab bald eine Vielzahl von Rahmenaufträgen, die an den BND herangetragen wurden – vom Auswärtigen Amt, vom Bundesministerium der Verteidigung, vom Bundesministerium für wirtschaftliche Zusammenarbeit, vom Bundesinnenministerium.

Im Bereich der Außenpolitik sollte der BND Informationen für eine langfristige außenpolitische Planung liefern. Das waren Nachrichten über neue Tendenzen, die Abschlüsse von Geheimverträgen, über auswärtige Führungsstrukturen und Personen. Auf militärischem Gebiet brauchte man vom BND Auskünfte über auswärtige Potentiale, Planung, Gliederung, Dislozierung, Bewaffnung, Ausbildung, Kampfwert, internationale Pakte, Normierungen, Waffenverkäufe an Drittländer, Stützpunkte und Versorgungsbasen im Ausland.

Im wirtschaftlichen Bereich wollte die Bundesregierung Informationen über industrielle Kapazitäten, über Energiequellen, Rohstoffvorkommen, Infrastrukturen und Verkehr, über die Landwirtschaft, Handelsbeziehungen, Marktveränderungen, Jahrespläne, wirtschaftliche Zusammenschlüsse, Entwicklungshilfe.
Im Bereich der Technik wollte man Auskünfte über naturwissenschaftlich-technologische Forschungen, insbesondere im nuklearen Bereich, und über solche Entwicklungen, die das Kräftegleichgewicht in der Welt beeinflussen könnten.[34] Aus diesen Zielstellungen war ablesbar, daß die bisherige einseitige Ausrichtung des BND auf den Osten erledigt war. Nunmehr interessierte man sich in Pullach für die ganze Welt. Gleichwohl blieb der Osten der Schwerpunkt. Zum einen ging es um die »Nahaufklärung«, was die DDR meinte; zum anderen bemühte man sich um »Tiefenaufklärung« – das betraf Polen, ČSSR, Ungarn, Rumänien, Bulgarien, Albanien, Jugoslawien. Zum Dritten richtete Pullach sein Augenmerk auf die »Fernaufklärung«, die die UdSSR, China und Nordkorea ins Visier nahm. Namentlich nach dem Amtsantritt der sozialliberalen Koalition 1969 und der Gestaltung der Neuen Ostpolitik nahmen die Fragen und Forderungen aus dem Bundeskanzleramt an den BND zu. Der Leiter der Beschaffungsabteilung stöhnte vor Vertrauten: »Ich habe doch keinen Mann unter Ulbrichts Schreibtisch hocken.«[35]

Kanzleramtsminister Horst Ehmke verlangte, »Berichte aus dem Zentralkomitee der SED« und forderte »grundlegende Analysen über das Ulbrichtregime«. Er erwartete »Aufklärung darüber, inwieweit der BND über interne Vorgänge des Kreml informiert ist«.[36] Dazu benötigte man neues Personal in Pullach. Dieter Blötz (SPD) wurde zum Vizepräsidenten des BND berufen, der Leiter der Spionageabwehr-Abteilung im Bundesamt für Verfassungsschutz, Dr. Richard Meyer, zum Leiter der Abteilung I. Leiter der Abteilung II wurde Robert Borchardt und Leiter der Abteilung III Heinz Burchardt. Herbert Rieck wurde zum Leiter der Abteilung IV ernannt.

Die von Ehmke am 5. Mai 1970 in Pullach vor 200 Mitarbeitern präsentierte neue Führungsmannschaft sollte ein neues Kapitel BND eröffnen. Präsident Wessel erklärte: »Die Formen dieser... Organisation lassen sich nicht von heute auf morgen ändern. Wir haben nicht den Neubau eines Hauses, sondern einen Umbau durchzuführen, eine Aufgabe, die bei aller Dringlichkeit zugleich Behutsamkeit verlangt, um die Leistungsfähigkeit und die sachliche, nüchterne, von Innen- und Parteipolitik unbeeinflußte objektive Berichterstattung des Dienstes in diesen Jahren des Übergangs nicht zu gefährden.«

Kanzleramtsminister Ehmke machte den Auftrag deutlich: »Der Dienst muß auf seine eigentliche Aufgabenstellung konzentriert und von unnötigem Arbeitsballast befreit werden. Der Dienst hat Auslandsaufklärung zu betreiben, für die Bundesregierung bedeutsame Erkenntnisse zu gewinnen, und dies mit aller Intensität.«[37]

Meyer wollte als Leiter der Abteilung Beschaffung Ehmkes Forderung »Ich brauche DDR, DDR, DDR« mit brisanten Informationen rasch nachkommen. Dazu benötigte er jedoch »innere Quellen«, die es noch nicht oder nicht mehr gab. Also suchte man andere Wege. Jeder DDR-Bürger, der sich in der BRD, Westberlin oder in einem anderen nichtsozialistischen Ausland aufhielt – ob als Privatperson, Mitarbeiter in Auslandsvertretungen, Handelseinrichtungen, als Monteur oder Teilnehmer an Konferenzen und Kongressen –, wurde vom BND als potentieller Informant betrachtet. Entsprechend aufdringlich trat man an sie heran. In der Spionageabwehr des MfS hieß es damals nicht grundlos: »Jeder Reisekader wird mindesten einmal vom BND angesprochen.«

Dadurch brachte sich die Bundesregierung in eine mißliche Lage: Einerseits wollte sie die Beziehungen zur DDR und zum Ostblock erkennbar verbessern, also normalisieren – andererseits vergrößerte sie den Umfang der Spionagetätigkeit gegen die DDR. In der Folge wurden nicht wenige Bürger beider deutscher Staaten, die auf die Angebote des BND eingingen, in der DDR zu langjährigen Freiheitsstrafen verurteilt. Die Entspannung führte zu neuen Spannungen.

Die Fixierung des BND auf die DDR bestand bis Ende 1990 – de facto über das Ende der DDR hinaus.

Anmerkungen

1 Kalter Krieg. Der Begriff wird dem New Yorker Journalisten H. B. Swope zugeschrieben. Der Beginn wird mit einer Rede Churchills in Fulton (US- Bundesstaat Missouri) in Verbindung gebracht, der dort am 5. März 1946 mit Blick auf die Ausdehnung des sowjetischen Einflußgebietes erklärt hatte: Von Stettin an der Ostsee bis Triest an der Adria hat sich ein Eiserner Vorhang auf den Kontinent gesenkt. Ausgangspunkt war das Auseinanderbrechen der Antihitlerkoalition.

2 Roll Back, NATO-Strategie zur Zurückdrängung des Kommunismus

3 Neue Ost-Politik: Von der SPD in Gang gesetzte Politik gegenüber den osteuropäischen sozialistischen Staaten. Ausdruck dieser Politik waren die Verträge mit Moskau, Warschau und Berlin (Ost).

4 Antifaschistisch-demokratischer Schutzwall: offizielle DDR-Bezeichnung für die Mauer

5 Psychologische Kriegführung: Beeinflussung von Menschen mit propagandistischen und psychologischen Mitteln, um bestimmte Haltungen , Einstellungen und Denkweisen zu erzeugen. In der Periode des kalten Krieges eine besondere Form der ideologischen Auseinandersetzung zwischen Ost und West.

6 Subversive Aktivitäten: Gemeint sind hier solche Aktivitäten (gegen die DDR), wie sie in der Zeitschrift der Bundeswehr für Wehrfragen im April 1966 beschrieben wurden: 1. Phase im Frieden: Aufbau von Untergrundorganisationen, Ausspähen, Ausspionieren, Verleumden ,Propagieren, Gewinnen von Helfern, Durchsetzen aller Bereiche mit Agenten. 2. Phase in Spannungszeiten im Frieden: Überfälle, Sabotage, Zersetzen, Infiltration. 3. Phase in Spannungszeiten im Krieg: Schaffung befreiter Gebiete, Erobern, Umsturz.

7 Sozialistische Staaten: Gemeint sind hier die osteuropäischen Staaten, die nach dem 2. Weltkrieg unter sowjetischem Einfluß entstanden.

8 Heinz Felfe: Bei seiner Festnahme 1961 war er Leiter der Gegenspionage gegen die Sowjetunion im BND. Zehn Jahre lang hatte er für die sowjetische Seite gearbeitet. Seine Erinnerungen erschienen in der DDR unter dem Titel »Im Dienst des Gegners«.

9 »Spiegel-Affäre«: Hintergrund war der Machtkampf zwischen Gehlen und dem damaligen Verteidigungsminister Strauß. Der Minister hatte gefordert, den BND radikal zu reformieren und die Auswertung militärischer Nachrichten dem Verteidigungsministerium zu übertragen. Der BNDlancierte ins Nachrichtenmagazin »Der Spiegel« einen Artikel, der die antiamerikanische Militärpolitik von Strauß entlarven sollte. Strauß setzte daraufhin seine » Hausmacht«, den Militärischen Abschirmdienst (MAD) ein. Am 23. Oktober 1962 erließ der Ermittlungsrichter beim Bundesgerichtshof Haft- und Durchsuchungsbefehl gegen den »Spiegel« und seinen Herausgeber Augstein. In dieser »Affäre«, die zum Teil hysterische Züge annahm, wurde Gehlen als Landesverräter denunziert. Aber nicht Gehlen stürzte, sondern Strauß als Minister. (Vergleiche auch Zolling/Höhne: »Pullach intern«)

10 Zolling/Höhne : Pullach intern S.283

11 Ebenda 5. 293

12 Junge Nationalstaaten: In der DDR verwandte Bezeichnung für Entwicklungsländer bzw. Länder der Dritten Welt.

13 Charisius/Mader : Nicht länger Geheim 5. 257

14 Zolling/Hohne : Pullach intern S.303

15 Ebenda S.303

16 Ebenda S. 304

17 Ebenda S. 311

18 Ebenda S. 338

19 Vergl. Anmerkung 23

20 Zolling/Höhne, »Pullach intern«, S. 309

21 Die Einspeicherung erfolgte auf der Grundlage des Befehls 11/79 des Ministers für Staatssicherheit.Teilnehmer dieses Systems waren zuletzt Bulgarien, CSSR , DDR, Kambodscha, Kuba, Mongolei, Polen, Ungarn, UdSSR und Vietnam. Bürger der Teilnehmer dieses Systems wurden nicht erfaßt. Laut Tageszeitung Neues Deutschland vom 3. September 1991(»MfS gab Daten an Moskau weiter«) wurden zwischen 1979 und 1989 die Datensätze von 74.800 Personen in dieses System durch Diensteinheiten des MfS eingespeist. Darunter waren rund 17.600 Geheimdienstmitarbeiter sowie mutmaßliche und tatsächliche Agenten, besonders der westlichen Geheimdienste.

22 Der Spiegel Nr.46/74: Gehlens Privatkartei: »Der ehemalige BND- Präsident Reinhard Gehlen gerät immer mehr ins Zwielicht. Bei Vernehmungen führender BND-Mitarbeiter durch Abgeordnete des Guillaume-Untersuchungsausschusses stellte sich in der letzten Woche heraus, daß die zum Teil rechtswidrig angelegten Geheimdossiers über bundesdeutsche Politiker (und auch leitende BND-Mitarbeiter - d. A.) zeitweise in der Villa des Generals am Starnberger See gelagert waren. Gehlens alter Regimentskamerad, der langjährige BND-General Wolfgang Langkau, bestätigt die von Gehlen bisher geleugnete Existenz einer Sonderkartei. Langkau: Es habe sich um ganz delikate Dinge gehandelt, die als Führungs-Unterrichtung nur an den Präsidenten gegangen seien. Der stellv. Vorsitzende des Guillaume-Untersuchungsausschusses

Claus Arndt schließt nach dieser Zeugenbefragung nicht einmal mehr aus, daß Gehlen auch mit Methoden gearbeitet haben könnte, die an Erpressung grenzten.« Über die Existenz einer gesonderten Kartei schreibt Heinz Felfe in seinem Buch auf Seite 295 :
»Später wurde die Verschleierung noch verfeinert und entsprechende Unterlagen im Stab Gehlens im sogenannten Giftschrank aufbewahrt. Und für viele loyale SPD -, FDP -, aber auch CDU/CSU-Politiker sollte diese Art von Bearbeitung tatsächlich Gift sein. Dieser Stil erinnerte mich an den SD-Führer Reinhard Heydrich, der ebenfalls eine solche Sammlung über Politiker, Freunde und Partner angelegt hatte, um sie zu erpressen. Bei ihm hieß die Sammlung Munitionskiste.« (Vergleiche auch ebenda S. 230f.)

23 Zolling/Höhne in »Pullach intern«, S. 296f. »Gehlen schob wieder einmal die Verantwortung für eine Panne auf einen Untergebenen ab, er ließ verlauten, im Fall Lotz/Bauch habe der BND-Vizepräsident Worgitzky versagt. (Lotz war ein israelischer Agent, der vom BND ausgebildet wurde, 1961 nach Ägypten ging und dort als israelischer Spion entlarvt wurde. Bauch war BND-Resident in Kairo, der ebenfalls in diesem Zusammenhang festgenommen wurde und auf wiederholte Intervention der BRD-Regierung im März 1965 Ägypten verlassen konnte). Worgitzky konnte Gehlens Ablenkungsmanöver nie verwinden. Der Vizepräsident, ohnehin seit Monaten von Gehlen aus der administrativen Lenkung des BND verdrängt, resignierte. Gehlens Mißtrauen gegen Worgitzky wurde mit der Zeit so abgrundtief , daß der Chef den Telefonapparat seines Stellvertreters in Pullach überwachen ließ. Ein paar Monate später erlitt ›Worgy‹ einen Herzinfarkt. Es folgte eine lange Krankheit, die ihn nicht mehr in sein Pullacher Büro zurückkehren ließ. (1967 wurde er pensioniert – d. A.) Hans-Heinrich Worgitzky starb am 13. Dezember 1969. Zu seiner Beerdigung in München erschienen alle engeren Mitarbeiter, auch der neue BND-Präsident Gerhard Wessel. Nur einer fehlte: Gehlen.«

24 Canaris, Wilhelm Franz (1887 – 1945), von 1935 bis 1944 Admiral und Chef desAmtes Ausland/Abwehr im Oberkommando der Wehrmacht (OKW). Im April 1945 im KZ Flossenbürg gehenkt.

25 Julius Mader: Hitlers Spionagegenerale sagen aus, S. 223

26 Ebenda S. 213

27 Ebenda S. 212

28 Reinhard Gehlen: Der Dienst, S. 165

29 Julius Mader: Hitlers Spionagegenerale sagen aus, S. 232

30 Heinz Felfe: Im Dienst des Gegners, S. 75f.

31 Zolling/Höhne: Pullach intern, S. 273

32 Ebenda, S. 308

33 Der Spiegel Nr. 45/68, S. 27

34 Heinz Felfe: Im Dienst des Gegners, S. 273f.

35 Zolling/Höhne: Pullach intern, S. 325

36 Ebenda, S. 326

37 Ebenda, S. 332f.

Eine unendliche Geschichte

Seit es Geheimdienste gibt, arbeiten diese mit Journalisten zusammen. Erinnert sei an den Kundschafter Dr. Richard Sorge (1898 – 1944), der den Generalstab der Roten Armee zwischen 1933 und 1941 einzigartige Informationen aus Japan übermittelte. Er informierte Moskau über den bevorstehenden Überfall, was aber von Stalin ignoriert wurde. Sorges Leben endete auf dem Schafott.

Auch auf der anderen Seite bediente man sich der Dienste von Journalisten. Karl Laurenz (1905 – 1955), der als Journalist und Dolmetscher tätig war, warb 1953 seine Geliebte Elli Barczatis (1912 – 1955) für die Organisation Gehlen an. Ihr Deckname war »Gänseblümchen«. Sie war die Sekretärin des ersten Ministerpräsidenten der DDR, Otto Grotewohl. Laurenz/Barczatis wurden 1955 durch das MfS enttarnt. Wegen Spionage im schweren Fall wurden beide am 23. November 1955 hingerichtet...

1982 wurde der Journalist und ständige Korrespondent aus Westberlin René Bayer (Jg. 1904) wegen nachgewiesener Spionage für den BND aus der DDR ausgewiesen und ihm die Akkreditierung entzogen...

Manfred Bissinger, Herausgeber der Zeitschrift »Die Woche« offenbarte:

»Einmal, es war kurz nach Bildung der sozialliberalen Koalition, konnte ich eine lange Namensliste einsehen. Damals versuchte der Kanzleramtsminister Horst Ehmke Licht in das Pullacher Nachrichtendienstdunkel zu bringen. So war auch diese Liste entstanden. Kolonne I: Feste Mitarbeiter, also mit monatlicher Zahlung. Kolonne II: Gelegentliche Mitarbeit. Mir, aber auch allen anderen, die diese Liste zu sehen bekamen, sind die Augen übergelaufen. Es waren so gut wie alle, die Rang und Namen hatten im bürgerlichen Journalismus, fein säuberlich alphabetisch geordnet zu finden. Nur sind die, die draufstanden, absolut geschützt, denn die Listen kann niemand veröffentlichen. Es gibt keine Zeugen, die helfen würden, den Wahrheitsbeweis anzutreten. Ein Prozeß wäre absolut nicht durchzustehen. Nach meinen Schätzungen, die ich in Gesprächen mit hohen BND-Leuten überprüfen konnte, arbeiten gut fünf Prozent aller Redakteure für irgendwelche Dienste, sei es der BND, sei es der Verfassungsschutz oder gar irgendein ausländischer Verein.

Wen wundert es da, daß die Dienste lancieren können, was sie gedruckt haben wollen, was sie verhindern können, was die Öffentlichkeit nicht wissen soll. Einfluß auf die Geheimdienste hat niemand, nicht einmal die Regierung weiß wirklich, was geschieht.«[1]

Bei diesem von Bissinger erwähnten Dokument handelte es sich um die BND-Liste vom 17. März 1970, in der die Pressesonderverbindungen des Dienstes verzeichnet waren. Es gab dort mehrere Klassifizierungen: 1. Kategorie: volle Informationsbeziehung, ständige Verbindung; Kategorie 2: weniger intensiv, Einsatz nach Bedarf; Kategorie 3: Zufallsverbindung, einmaliger Kontakt, aber ausbaufähig. Die Liste nannte jedoch nicht jene Journalisten, die als direkte Quellen geführt wurden. Nachrichtendienstliche Quellen wurden von der Abteilung I (Beschaffung) von sogenannten Fallführern gesteuert. Und es fehlten auf der Liste Journalisten, die sich mit DDR- und Ostfragen befaßten und in dieser Sache in die DDR als Reisekorrespondenten einreisten. (Akkreditierungen als Korrespondenten erfolgten erst nach Abschluß des Grundlagenvertrages.)

Bissinger meinte, daß es vier Formen der Zusammenarbeit von BND und Medien gibt: »Erste Form: Der Dienst hat einzelne Redakteure, vor allem Korrespondenten in den osteuropäischen Staaten, unter Vertrag und zahlte monatliche Gehälter für deren Berichte. Das schwankte je nach Ergiebigkeit des Standortes (Moskau wurde besser bezahlt als Warschau) zwischen 1.000 und 8.000 DM monatlich. Die Journalisten hatten Agentennummern und Agentenführer. Letztere gehörten meist zu Tarnfirmen, die der BND für solche Zwecke unterhielt.

Die zweite Form der Zusammenarbeit mit Pullach war die der gelegentlichen Mitarbeit. Der Dienst stand mit Redakteuren oder Reportern in loser Verbindung und vergab Aufträge – selten direkt, meist über die erwähnten Tarnfirmen. Die zum Beispiel luden Redakteure zu Auslandsreisen, von denen dann eben nicht nur für das eigene Blatt, sondern auch für den BND berichtet wurde...
Die dritte Art der gemeinsamen Arbeit lief über sogenannte Einfluß-Agenten. Die lieferten selten Berichte. Sie hatten Berichte zu lancieren. Eine vierte Form bestand darin, daß eine Person in ihrer

Eigenschaft als Journalist vom BND geworben wurde *(für die Lösung spezieller Aufgaben – d. A.).*«[2]

1988 hat der deutsche Presserat erklärt, daß eine Arbeit als V-Mann für einen Geheimdienst mit dem Berufsethos des Journalisten nicht vereinbar sei. Die Entgegnung aus Pullach lautete: »Diese Auffassung mag der eigenen berufsmäßigen Sicht des Journalisten entsprechen – für den Nachrichtendienst dagegen ist kein Gesichtspunkt erkennbar, unter dem er die mögliche Mithilfe eines Journalisten zurückweisen sollte.«[3]

Daß der BND aus seiner Zusammenarbeit mit Journalisten keinen Hehl machte, ging aus einem Gutachten hervor, das einer der führenden Geheimdienstbeamten, Kurt Weiß (Deckname »Winterstein«) erstellt hatte. Der erste Direktor im Bundesnachrichtendienst a. D. erklärte dort: *»Für eine gutachtliche Beurteilung durch mich ist nach meiner Ansicht vor allem von Bedeutung, daß das Zusammenwirken mit Journalisten im In- und Ausland dem von mir geführten Bereich der außenpolitischen Nachrichtengewinnung zugeordnet war. Dieser Auftrag versetzte mich in die Lage, in großem Umfang persönliche Erkenntnisse und Erfahrungen zu gewinnen. Mit zahlreichen Journalisten, deren Namen aus verschiedenen Gründen nicht erwähnt werden können, habe ich selbst gesprochen und Verbindungen unterhalten.«*[4]

Die Tradition des BND, mit Journalisten zusammenzuarbeiten, wurde von Reinhard Gehlen begründet. Nach seinen Angaben waren die Journalisten selber Schuld, daß er gezwungen war, den Kontakt mit ihnen zu suchen: Am 17. März 1952 habe der bekannte englische Publizist Sefton Delmer im »Daily Express« unter der Überschrift »Hitlers General spioniert jetzt für Dollars« einen Artikel über ihn gebracht. Dieser Artikel habe eine Flut weiterer Veröffentlichungen ausgelöst.[5] »Die gedanken- und kritiklose Übernahme der diffamierenden Behauptungen Sefton Delmers durch einen Teil der Presse veranlaßten mich, erste Kontakte zu einzelnen führenden Journalisten aller Parteirichtungen aufzunehmen. Diese anfänglichen Gespräche dienten vorerst nur der Richtigstellung, bildeten aber den Auftakt vielseitiger Bemühungen der Organisation und später des Dienstes, mit Vertretern der Presse und der anderen Massenmedien eine geeignete und für beide Seiten vertretbare Form der Zusammenarbeit zu finden.«[6]

Unzweifelhaft hatte Gehlen ein gutes Gespür, wie wichtig eine gute Verbindung zur Presse ist.[7] »Es gab kaum ein größeres Blatt, kaum ein Magazin oder eine Wochenzeitung, die nicht in Partnerschaft mit der BND-Zentrale stand.«[8]

Kurt Weiß zog im Verborgenen die Strippen. »Bis etwa Ende 1954 – als die Organisation noch völlig im Dunkeln lebte und kaum jemand von ihr wußte – gab es in der Abteilung 40 (Gegenspionage) eine Gruppe ›Pol‹, d. h. Politik... Ein Referat dieser Gruppe befaßte sich mit der Presse, dort wurden Zeitungen ausgewertet und Schlüsse gezogen, wie die Journalisten einzuschätzen seien – auch im Hinblick auf ihre Verwendbarkeit durch den Geheimdienst. Geleitet wurde die Politik-Arbeit von Weiß alias ›Winterstein‹.«[9]

Weiß gilt als geistiger Vater des sogenannten Redaktionsmemorandums des BND. Das war ein umfangreicher Problemkatalog, der die Aufklärungsziele des BND für einen bestimmten Zeitraum enthielt. Das betraf militärische Fragen, die offizielle oder halboffizielle Beschaffung von Publikationsmaterialien über psychologische Aspekte der Armeen des Warschauer Vertrages, besonders NVA und GSSD, Dienstvorschriften, Handbücher verschiedener Waffengattungen und Kommandoebenen, Veröffentlichungen und Materialien zu chemischen, biologischen und Kernwaffen. Ab Mitte der 60er Jahre gehörte auch die Beschaffung aller Veröffentlichungen in der DDR mit nachrichtendienstlichen Inhalten dazu. Weiß rief nach Nachrichten über die Verkehrslage in Berlin, der BND besorgte sich Informationen und Unterlagen zum Zustand der Straßen, des Reichsbahnverkehrs, der U- und der S-Bahn sowie vorgesehener Verkehrsbauten. Diese Komplexe setzten fort auf den Gebieten Außenhandelsbeziehungen, Geschäftsbeziehungen, internationale Kooperationsverträge der DDR und umfaßten auch den gesamten Bereich außenpolitische Ziele, Aufgaben, Maßnahmen. Dazu gehörten Informationen über das Politbüro und das ZK der SED inklusive Regierung der DDR, Materialien von Tagungen des ZK der SED sowie die Verwirklichung dieser Beschlüsse, Angaben zu Persönlichkeiten der Partei- und der Staatsführung der DDR sowie des öffentlichen Lebens, Reaktionen der Bevölkerung zu aktuellen Ereignissen und Maßnahmen der DDR, Bonns und Westberlins, Angaben zu Reiseverkehrsproblemen DDR-BRD, DDR-Westberlin, DDR-sozialistische Staaten usw., Probleme der europäischen Sicherheitskonferenz (KSZE), Zusammenarbeit der DDR und des RGW mit der Sowjetunion und den anderen sozialistischen Staaten...

Anfang der 70er Jahre landete das BND-Redaktionsmemorandum auf den Tischen der Chefredaktionen von BILD, WELT, Stern, Bayerischer Rundfunk, Münchner Merkur, RIAS Berlin, Sender Freies Berlin (SFB), FAZ, Frankfurter Rundschau, Deutschlandfunk Köln, Deutsche Welle Köln, Neue Ruhrzeitung/Neue Rheinzeitung, Hannoversche Neueste Nachrichten, Christ und Welt, Stuttgarter Nachrichten. Empfänger waren ferner der Berlinbeauftragte der Bundesregierung und das Gesamtdeutsche Institut in Berlin. Allein aus den Stichworten ist ersichtlich, wie umfangreich dieses Redaktionsmemorandum war.

Es ging zudem an alle absolut zuverlässigen Agenten des BND, die journalistisch tätig waren und sich mit Fragen des Ostens beschäftigten. Und es wurde Chefredakteuren zugestellt, von denen der BND wußte, daß sie Mitarbeiter zielgerichtet auf solche Themen ansetzen würden.

Das stellte die Spionageabwehr des MfS, Linie II, vor Probleme. Wie wollte man unterscheiden, ob der in der DDR niedergelassene Korrespondent bzw. Reisekorrespondent BND-Agent war oder aber lediglich – womöglich ohne sein Wissen – einen Auftrag des BND realisierte? Daraus resultierte großes Mißtrauen gegenüber allen Korrespondenten, die nach dem Grundlagenvertrag in der DDR akkrediert wurden. (Nachzulesen ist das in einem Buch der »edition ost«, in welchem einige Westjournalisten ihre Erfahrungen in der DDR berichten. »Drinnen vor der Tür« beschreibt genau dieses wechselseitige Belauern.)

Der erste größere Spionage-Fall in den deutsch-deutschen Beziehungen, in denen Journalisten involviert waren, trug sich Mitte der 50er Jahre zu. Es existierte eine BND-Gruppe in Westberlin, die von der »Berliner II« entsprechend ihres Kopfes mit Namen Fischer bezeichnet wurde. »Fischer« hieß in Wirklichkeit Helmut Uhl, war Jahrgang 1915, und konzentrierte sich auf die Ausspähung zentraler staatlicher Institutionen der DDR. 1957/58 schleuste das MfS zwei Geheime Mitarbeier (GM) in die Gruppe ein. Nach dem Mauerbau hielten Instrukteure zu den beiden in Ostberlin lebenden Quellen Verbindung.

Im Herbst 1963 wurde einer dieser Kuriere/Instrukteure des BND festgenommen. Über diesen Karl-Heinz Pälzke (Jg. 1934) kam man an seinen Cousin Manfred Marquardt (Jg. 1940), einen Studenten, der ebenfalls für den BND arbeitete. Festgenommen wurde auch Horst Palm (1905 – 1969), Archivar beim Fernsehen der DDR.

Pälzke hatte sich mit einem weiteren Kurier des BND auf dem Territorium der DDR getroffen und diesem Geld für einen Agenten in Berlin (Ost) übergeben. Bei diesem Kurier handelte es sich um Waltraud Ruf (Jg. 1919), die wiederum Günter Kiefer (1911 – 1966), Abteilungsleiter in der Zentralverwaltung für Statistik beim Ministerrat der DDR, »betreute«. In diesem bizarren Beziehungsgeflecht hatte, wie sich bald zeigte, der Journalist und Schriftsteller Gerhard Stoedtner (1913 – 1982) eine wesentliche Rolle. Er arbeitete unter dem Decknamen »Berger« für die BND-Gruppe »Fischer«.

Stoedtner hatte vor dem Krieg an der Deutschen Hochschule für Politik studiert und anschließend im Reichspropagandaministerium gearbeitet. Er meldete sich zur Wehrmacht und schrieb für Soldatenzeitungen. Aufgrund seiner Sprachkenntnisse wurde er Redakteur russischer Zeitungen im besetzten Teil der Sowjetunion. 1944 wechselte er zu »Fremde Heere Ost« und wurde Frontberichterstatter bei der Wlassow-Armee. Im April 1945 geriet er in Oberitalien in britische Gefangenschaft, kam Ende 1945 frei und wurde nach Berlin entlassen. 1946 trat er in die SED ein, wurde 1948 aber wieder ausgeschlossen, da ihm nachgewiesen wurde, daß er im Auftrag des amerikanischen Geheimdienstes in die SED eingetreten war. Was er später selbst bestätigte: In persönlichen Unterlagen, die sich Mitte der 60er Jahre im Berliner Otto-Suhr-Institut fanden, gab er an, daß er von 1946 bis 1948 als »Informant für sowjetisch-kommunistische Fragen für US-Dienststellen« gearbeitet habe.

Es ist davon auszugehen, daß Stoedtner seit Anfang der 50er Jahre auch für Gehlen arbeitete. »Hauptamtlich« tätig war er allerdings im Ministerium für Gesamtdeutsche Fragen. Im Auftrag dieses Ministeriums und selbstverständlich auch des BND führte er Unterlagen über leitende Funktionäre der SED bis hin zum Politbüro. Er arbeitete außerdem ständig an Materialien zu den zwischenstaatlichen Beziehungen DDR-BRD.

Seit Beginn der 50er Jahre lieferte Günter Kiefer – den Stoedtner über eine ehemalige Geliebte von Kiefer kennengelernt hatte –

die ihm zugänglichen Dokumente der SED und der KPdSU. Ab Ende der 50er Jahre kamen noch Materialien aus der Zentralverwaltung für Statistik dazu. Etwa im Mai 1961 führte Stoedtner Günter Kiefer dem BND-Mitarbeiter »Fischer« zu. Kiefer zählte inzwischen zu den Spitzenquellen des BND, was dazu führte, daß er »Fischers« Vorgesetzten in Pullach vorgestellt wurde. Der nannte sich »Schiller«, hieß aber vermutlich Kurt Weiß.

Stoedtner selbst hatte eine nachrichtendienstlichen Ausbildung (Entschlüsseln von Funksprüchen, Fertigen von Spionageberichten mittels Geheimschrift usw.) erhalten, ebenso Günter Kiefer. Ende 1961 wurde auch Kiefers Bruder Claus (Jg. 1913) vom BND angeworben und beauftragt, nachrichtendienstliche Hilfsmittel zu seinem Bruder nach Berlin (Ost) zu transportieren. Ebenso Günter Kiefers in Westberlin lebende Freundin Waltraud Ruf. Diese war Anfang 1962 von Stoedtner dem BND-Mitarbeiter »Fischer« vorgestellt worden.

Stoedtner knüpfte in und um Berlin ein »Netz« von Personen, die von seiner Anbindung an den BND nichts wußten. Sie versorgten ihn auf dem Postweg mit verschiedenen Bezirks-, Kreis- und Betriebszeitungen aus der DDR. Stoedtner wertete sie für den BND entsprechend des Redaktionsmemorandums aus. Seine Tochter Anita erhielt – wohl als Dankeschön des Dienstes – eine Anstellung in einer BND-Dienststelle in Westberlin.

Die »Fischer«-Gruppe flog durch Pälzkes Dilettantismus auf. Er war in Ostberlin eingereist mit der Absicht, im Treptower Park einen Toten Briefkasten zu füllen. Er fand ihn nicht und kehrte zum Grenzübergang Friedrichstraße zurück. Bei der Paßkontrolle wirkte er fahrig und aufgeregt, wodurch er den Kontrolleuren auffiel. Auf Fragen gab er widersprüchliche Antworten. Das führte dazu, ihn genauer unter die Lupe zu nehmen. Als man die Tragetasche in Augenschein nehmen wollte, verlor er gänzlich die Nerven. Man fand darin einen Container mit Mark der DDR. Pälzke verriet bereits bei der ersten Vernehmung seinen Auftraggeber und einen Treff mit einem Kurier des BND auf dem Territorium in Berlin (Ost), der ihm dieses Geld übergeben sollte. Es handelte sich – wie sich bald herausstellen sollte – um Waltraud Ruf.

Der operative Mitarbeiter der Berliner II, Konrad Eilitz (1920 – 1988), konnte die Frau identifizieren. Eilitz hatte sich am nächsten

Tag am Bahnhof Friedrichstraße postiert und sie anhand der Personenbeschreibung von Pälzke festgestellt. Nunmehr mußte ein Zusammentreffen zwischen ihr und Pälzke arrangiert werden, um sie als Kurier überführen zu können. Waltraud Ruf wurde bei der Einreise »aufgehalten«, weil etwas mit ihrem Paß nicht stimmte. Unterdessen informierte Eilitz die Dienststelle. Man brachte Pälzke aus dem Untersuchungsgefängnis ins Polizeipräsidium in die Keibelstraße, wo er mit Waltraud Ruf zusammentreffen sollte.

Auf Weg dorthin gelang es Eilitz, Waltraud Ruf den Namen ihres Bekannten – Günter Kiefer – zu entlocken. Er machte sich erbötig, diesen über die Verspätung zu informieren.

Auf der Treppe im Polizeipräsidium kam es zu dem geplanten »zufälligen« Zusammentreffen von Pälzke und Ruf – mit dem erwarteten Ergebnis. Pälzke bestätigte, daß die Frau der Kurier des BND sei, und Waltraud Ruf räumte ein, den Mann zu kennen.

Beide kamen »glimpflich« davon und im Sommer 1964 aus der Haft.

Günter Kiefer wurde Ende 1964 nach Westberlin entlassen, wo er 1966 an Krebs starb.

Sich einen »Hausrussen« halten

Besonders in den 60er Jahren tauchten in BRD- und Westberliner Tageszeitungen Artikel und Berichte auf, die Details enthielten, welche nur aus kompetenten Quellen aus Ostberlin stammen konnten. Sehr oft begannen die Beiträge mit der Wendung »Wie aus gut informierten Kreisen Ostberlins bekannt wurde...« Solche Aussagen enthielt auch der Artikel »Pankow lockt mit dem Handel – Die DDR verstärkt Anerkennungskampagne«, den die Stuttgarter Zeitung am 11. November 1969 brachte.[10]

Darin hieß es: »Man will die Bundesrepublik in jenen Ländern, die die DDR noch nicht anerkannt haben, so oft wie möglich und so schnell wie nötig unterlaufen, und zwar mit dem Argument, die Anerkennung der DDR durch die Bundesrepublik sei früher oder später zu erwarten.«

Es wurde der Auftrag an die Spionageabwehr – in diesem Fall an die Berliner II – erteilt, festzustellen, woher diese Informationen stammten.

Aus der sowjetischen Botschaft.

Und das kam so: An der dienstäglichen Politbüro-Sitzung nahm auch der sowjetische Botschafter oder sein Stellvertreter teil. Der »Regierende Botschafter« wertete die Runde in seinem Haus aus. Daran nahmen auch sowjetische Journalisten von TASS, »Prawda«, »Iswestija« und »Trud«. teil. Diese wiederum hatten regelmäßige Kontakte zu »Kollegen« in Westberlin, darunter auch zu Stoedtner. Sie sprachen dort von »Hausrussen«, die man sich halte. Der abfällige Begriff war von Gehlen geprägt worden und stammte aus den 40er, 50er Jahren, als man in Österreich bei der sowjetischen Besatzungsmacht Kontaktversuche unternahm.[11]

Die Russen und die Deutschen verkehrten in Berlin unter dem Motto: »Sagst du mir was, sag ich dir was.« Zu diesem Kreis zählte auch Hans-Ulrich Kersten (Jg. 1912), der ein Pressebüro betrieb und für mehrere Blätter schrieb. Er arbeitete mit Scheckbuch – jeder, der ihm eine Information verkaufte, bekam dafür Geld. Nach dem 13. August 1961 ging dieses Büro nicht unerwartet ein.

Bis Mitte der 60er Jahre gehörte auch Gerhard Stoedtner zu diesem Kreis, der mit den Russen verkehrte. Nachdem einige seiner Leute in der DDR verhaftet worden waren und er fürchtete, enttarnt worden zu sein, zog er sich zurück.

Hans-Ulrich Kersten lieferte 1965 einen schriftlichen Bericht an den BND, demzufolge die DDR begonnen habe, auf der Insel Hiddensee nach Erdöl zu bohren. Das Bundesamt für Verfassungsschutz in Köln, für das er ebenfalls arbeitete, informierte er nicht. Kersten verfügte über Postschließfächer dieser beiden Dienste und verschickte entsprechend der Interessenlage seine Informationen. Manche seiner »Korrespondenzen« gelangte in die Hände der Abteilung M des MfS und von dort auf den Tisch der HA II. Über ihn wußten wir, daß er bis Mitte der 50er Jahre Anwürfen seiner jüdischen Verwandtschaft aus den USA ausgesetzt war, weil er während des Faschismus für »deutsche Dienststellen« gearbeitet haben soll. Nach 1945 war Kersten zudem mit dem französischen Geheimdienst liiert.

Weitere Journalisten, die an solchen Gesprächen mit »Hausrussen« teilnahmen, waren Gabriele Müller, Lieselotte Müller und Annemaria Doherr.

Ein anderer Journalist, diesmal einer aus der DDR, bereitete 1963 der Spionageabwehr schlaflose Nächte. Ende des Jahres fanden wir in der Post mitunter bis zu drei Briefe, die an Deckadressen des BND gerichtet waren. Die Umschläge, die von einer Quelle stammten, wurden geöffnet und die Nachrichten zwischen den Zeilen lesbar gemacht. Es waren Informationen, die direkt aus dem Sekretariat des ZK der SED, dem inneren Machtzirkel des Landes, kamen. Saß im Politbüro ein Spion? Das Gremium war für uns tabu, dort durften wir nicht suchen.

Der Abteilungsleiter der Berliner II, Wolfgang Schwanitz, überzeugte den Leiter der Verwaltung Groß-Berlin, Erich Wichert, daß dennoch mit jemandem aus dem Parteiapparat gesprochen werden mußte – schon um zu klären, ob die mitgeteilten Fakten tatsächlich von dort kamen, wo sie herstammen sollten. Dann mußte ermittelt werden, wer alles davon Kenntnis hatte.

Schwanitz sprach mit Konrad Naumann (1928 – 1992), damals Leiter der Sicherheitsabteilung der Berliner SED-Leitung. Dieser bestätigte die Echtheit des Materials, machte aber zugleich deutlich, daß es nach seiner Überzeugung im Parteiapparat keine Verräter gebe. Wir sollten gefälligst woanders suchen.

Das taten wir notgedrungen auch und suchten nicht nach dem möglichen Informanten, sondern nach jenem, der die Briefe in den Kasten warf. Das herauszukriegen war damals nicht so einfach, die Abteilung M zur Feststellung bestimmter Briefsendungen hatte noch nicht den Stand später Jahre. Aber der Befehl war ausgegeben: Bis zum 15. Jahrestag der DDR im Oktober 1964 war dieser Vorgang zum Abschluß zu bringen.

Da der Schreiber regelmäßig immer ein bis drei Briefe und stets am Montag in einen Kasten einwarf (was sein Fehler war), gelang es nach mehreren Monaten, die von ihm benutzten Briefkästen auszumachen und ihn schließlich zu stellen. Am 5. Oktober 1964 ging er ins Netz. Zu unserer Überraschung war er, mit Verlaub, ein kleines Licht. Es handelte sich um den 28jährigen Peter Papist, der an einer von der SED-Kreisleitung Prenzlauer Berg herausgegebenen Parteizeitung arbeitete. (Der Witz: Die Redaktion befand sich keine 300 Meter vom Sitz der Berliner Bezirksverwaltung des MfS in der Prenzlauer Allee.) Doch wie kam er in den Besitz solcher Informationen? Er gehörte zu den politischen Mitarbeitern des Parteiapparates, die über das Wochenende in der Bezirksleitung Bereitschaftsdienst schoben. Dort gab es eine Mappe mit wichtigen Parteibeschlüssen und anderen Informationen, die von den Bereitschaftsdiensten eingesehen werden konnten. Gleich vor Ort übertrug Papist die Nachricht von den Originalen mit unsichtbarer Tinte in die vorgeschriebenen Briefe, die er am Montag, wenn sein Bereitschaftsdienst endete, einwarf.

Aber nicht nur diese Unbedarftheit verriet ihn. Auch, daß er sich regelmäßig freiwillig zum Bereitschaftsdienst meldete, vor dem sich die meisten naturgemäß drückten. Und schließlich ermittelten wir noch, daß Papist Kontakte zwischen Parteifunktionären und »gewissen Frauen« herstellte, die aus seinem Umfeld kamen. So kam er an weitere Informationen heran, die er an den BND übermittelte.

Mit dem weiblichen Geschlecht hatte er es schon geraume Zeit. Er war 1957 wegen irgendwelcher Weibergeschichten von der Offiziersschule geflogen und landete 1958 bei der SED-Kreisleitung im Prenzlauer Berg. Im gleichen Jahr ließ seine Frau bei einem Arzt in Westberlin eine Schwangerschaftsunterbrechung vornehmen. Die Verbindung zu dem Mediziner hatte ein Journalistenkollege hergestellt, der – wie konnte es anders sein – für den BND arbeitete. Nach dem Prinzip »Eine Hand wäscht die andere« lieferte Papist in der Folgezeit das, was man von ihm wollte. In seiner Vernehmung erklärte er, der Kollege aus Westberlin habe König geheißen.

Spezialisten des MfS schickten nunmehr stellvertretend für den Inhaftierten weitere »Geheimberichte« über die Deckadressen an den BND. Es wurde auch eine größere Geldsumme angefordert, da der Absender erklärte, in »finanzielle Not« geraten zu sein. Der BND kündigte verhältnismäßig schnell einen Kurier an, der das Geld persönlich übergeben wollte. Die Übergabe erfolgte am S-Bahnhof Schönhauser Allee in Berlin, ein Referatsleiter der Berliner II gab sich als Papist aus. Nach der Geldübernahme wurde der Kurier festgenommen. Damit konnte nachgewiesen werden, daß Papist von der BND-Gruppe »Fischer« gesteuert worden war. Er wurde zu lebenslanger Haft verurteilt und nach zehn Jahren in die Bundesrepublik abgeschoben.

Das Gutachten über den von Papist angerichteten Schaden fertigte Konrad Naumann an.

Allerdings konnte erst 1982 geklärt werden, wer der Zuführer von Papist gewesen war. In jenem Jahr versuchte sich ein Westberliner Journalist namens Herbert König (Jg. 1926) beim MfS anzudienen. Bei der Überprüfung stellte sich heraus, daß er 1958

Papist dem BND zugeführt hatte. König konnte damals allerdings nicht gefunden werden, weil er einsaß – er war im Mai 1964 durch die BV Karl-Marx-Stadt (Chemnitz) festgenommen und zu 5 Jahren Freiheitsentzug verurteilt worden, wovon er zwei Jahre absaß. Der Grund für seine Verurteilung: Er hatte seinen Cousin dem BND zugeführt ...

»Wenn ich lüge«

Am 28. Januar 1982 ging für den damals 78jährigen René Bayer (Jg. 1904) eine fast 50jährige Agententätigkeit zu Ende. An diesem Tag wurde Bayer nach einem Besuch der CDU-Zentrale in Ostberlin vorläufig festgenommen. Am nächsten Tag wurde er aus der DDR ausgewiesen.

Auf die Frage des Vernehmers, ob und in welcher Intensität er Verbindung zum BND unterhalte, gab René Bayer sinngemäß sibyllinisch zur Antwort: »Bereits 1937 wurde ich in Spanien durch den deutschen Botschafter Wilhelm Faupel gefragt, ob ich Verbindung zum deutschen Nachrichtendienst unterhalte. Damals habe ich geantwortet: Wenn ich lüge, würde ich die Warheit sagen, und wenn ich die Wahrheit sage, müßte ich lügen, denn es wird niemanden geben, der diese Wahrheit bestätigt. – Die gleiche Antwort erhalten Sie von mir, so daß Sie in eigener Interpretation zu einem Ergebnis kommen können!«

René Bayer war seit 1969 durch die Berliner II bearbeitet worden. Damals weilte Bayer zum »Treffen junger Sozialisten« in Ostberlin. Er hatte seinen Audi unverschlossen abgestellt. Auf dem Rücksitz lagen mehrere mit Schreibmaschine beschriebene Seiten. Wie sich bei näherer Betrachtung herausstellte, handelte es sich um Teile aus dem Redaktionsmemorandum des BND.

Die weitere Überprüfung ergab, daß Bayer seit 1934 für das RSHA, Amt IV (Gestapo), gearbeitet hatte. In jenem Jahr war er in Paris als Korrespondent des »Völkischen Beobachters« akkrediert worden. Er berichtete während des Bürgerkrieges aus Madrid und reiste mit Unterstützung der in Spanien etablierten Gruppe des Amtes Abwehr/Ausland des OKW zu verschiedenen Frontabschnitten. Bayer unterhielt im Auftrag der Gestapo auch Verbindungen und Kontakte zur deutschen Emigration in Paris. Nach 1945 ließ sich Bayer – nach Angaben eines BND-Mitarbeiters, der Bayer aus Spanien kannte, als er dort Leiter der Gegenspionage des

Amtes Abwehr/Ausland war – im Auftrag der OG in Berlin nieder. Vorrangig über die Ost-CDU versuchte er an Informationen heranzukommen; er hielt zwischen 1952 und 1982 Kontakte zum Hauptvorstand der Partei. Seine Verbindung zu Albert Norden (1904 – 1982), zuletzt Sekretär des ZK der SED und Mitglied des Politbüros, den er aus der Emigration kannte, ließ sich hingegen nicht ausbauen.

Bayer war mit Otto Nuschke (1883 – 1957), dem Mitbegründer der CDU und langjährigen Parteivorsitzenden, bekannt. Die Bekanntschaft rührte aus dem Jahre 1951, als im September in Berlin der Evangelische Kirchentag stattfand. Über den 6. Parteitag der CDU 1952 in Berlin berichtete Bayer für etliche Tageszeitungen. Ab etwa 1953 bezog Bayer aus dem Sekretariat des Hauptvorstandes der CDU-Ost Informationen. Es handelte sich dabei um Nachrichten aus der Regierung der DDR und anderen wichtigen Einrichtungen, darunter die sogenannten Rotstrich-Informationen des MfAA der DDR. Auch der Nachfolger von Nuschke, Gerald Götting, hielt an dieser Praxis fest. Allerdings profitierte Parteichef Götting nach der Wende davon nicht, daß er der BRD-Seite auf diese Weise Informationen hatte zukommen lassen. Er wurde als »Blockflöte« aus dem Amt gejagt.

Diese merkwürdige Unterstützung für einen BND-Agenten durch die CDU ging auf Otto Nuschke zurück, weil sich dieser in einer moralischen Schuld wähnte. Am 17. Juni 1953 war Nuschke von »konterrevolutionären Banditen« – so die offizielle Sprachregelung damals – nach Westberlin verschleppt worden. Bayer hatte irgendwie daran mitgewirkt, daß Nuschke wieder wohlbehalten nach Ostberlin zurückkehren konnte.

Jedenfalls verfügte Bayer auch nach dem 13. August 1961 und später, als er ständiger Korrespondent in der DDR war, über eine exklusive Informationsquelle.

In den ersten Jahren nach dem Mauerbau arbeitete Bayer mit dem BND-Mitarbeitern »Wieland« und »Dr. Linke« zusammen, die von einer abgedeckten Dienststelle in München kamen. Später suchte ihn nur noch »Dr. Linke« in vierwöchigen Abständen auf.

In die Zusammenarbeit mit dem BND war auch seine Ehefrau Helene (Jg. 1918) einbezogen. Sie vertrat mehrere Firmen aus Westberlin, der BRD und Westeuropas und unterhielt umfangreiche Handelskontakte zu über zehn Außenhandelsunternehmen in der DDR. Gleichzeitig besaß sie auch Beziehungen zur Treuhandstelle für Interzonenhandel, die für den BND von außerordentlichem Interesse waren.

Als Bayer am 29. Januar 1982 aus der DDR als Korrespondent der »Kölner Rundschau« ausgewiesen wurde, passierte nichts im westlichen Blätterwald. Nach einigen Wochen erklärte die Chefredaktion der »Kölner Rundschau« in einem Brief, daß Bayer schon seit zwei Jahren nicht mehr für sie arbeitete ...

Vier Jahre zuvor fand Peter Felten (Jg. 1943) aus Köln in einer überregionalen Tageszeitung eine Anzeige, mit der journalistisch ausgebildete Personen für eine gut bezahlte Recherche- und Analysetätigkeit gesucht wurden. Aus dem Angebot ging nicht der Arbeitsort hervor, die Bewerbungen sollten an ein Postfach in Berlin gesandt werden. Er schrieb und erhielt die Einladung zu einem Gespräch. Das Schreiben war allerdings in Ostberlin aufgegeben worden, und auch der Treffpunkt befand sich »drüben«. Felten fuhr dennoch – und meldete sich anschließend beim Verfassungsschutz. Die von ihm verlangte Recherche erstreckte sich nämlich vorwiegend in den militärischen Bereich; er fürchtete, für das MfS oder den KGB arbeiten zu müssen. Die Abt. IV des Bundesamtes für Verfassungsschutz (Spionageabwehr) warb ihn an und setzte ihn gegen einen Geheimdienst des Ostens ein, der bis zu diesem Zeitpunkt noch nicht identifiziert war.

Bis hier könnte man annehmen, es handelte sich um eine besonders geschickt eingefädelte Kadergewinnung des BfV.

War es aber nicht. Es handelte sich um eine ziemlich einfältige Aktion der Militäraufklärung der DDR. Die versuchte tatsächlich, über Annoncen »Aufklärer« zu rekrutieren.[13]

Was Felten allerdings nicht wußte, als er sich auf das Spiel einließ, war der Umstand, daß es eine Vereinbarung zwischen der HA I und der HA II zur Sicherung des inoffiziellen Netzes der Militäraufklärung gab. Gemäß dieser Verabredung wurden die neu Geworbenen der Militäraufklärung in der HA II überprüft. Dafür erhielt die HA II alle von der HA III aufgezeichneten Telefonate, die mit dem Bundesamt und den Landesämtern für Verfassungsschutz geführt wurden. Das MfS nutzte die Marotte dieser Ämter, daß von ihr geführte Doppelagenten sich nach den Treffs in Ostberlin sofort mit ihren Führungsoffizieren in Verbindung setzten.

Diese Gegenoperation lief unter dem Namen »Schleicher« und wurde in der HA II/1 (Innere Sicherheit des MfS) geführt.

Die HA II enttarnte meist nach kurzer Zeit die Doppelagenten, die fast ausschließlich vom Verfassungsschutz, zum Teil in Zusammenarbeit mit dem MAD, gesteuert wurden. Einige dieser Doppelagenten wurden festgenommen.

Felten hoffte, daß er nach einigen Jahren der Zusammenarbeit sowohl mit dem MfS als auch mit dem Verfassungsschutz seine Erfahrungen und Beobachtungen publizistisch würde verarbeiten können. Er recherchierte quasi in eigener Sache. Allerdings endete seine Geheimdienstkarriere nach knapp einem Jahr: Er wurde im August 1979 verhaftet und zu zwölf Jahren verurteilt. Allerdings wurde er bereits am 13. März 1981 gegen Christel Guillaume ausgetauscht.

Der Vorgang Peter Felten war in gewisser Weise nicht unbedingt atypisch, was bei einem der wenigen Arbeitstreffen von Mitarbeitern der HA I, HA II und Militäraufklärung einen leitenden Kopf der HA II – an die Militäraufklärung gewandt – feststellen ließ: »Eure Niederlagen sind unsere Erfolge!« Die Bemerkung war völlig zutreffend, aber nicht unbedingt schmeichlerisch. Die Gesichter der Militäraufklärer versteinerten.

In der Wendezeit verschwanden auch die Akten der Militäraufklärung. Ein Oberstleutnant aus dem nachrichtendienstlichen Bereich der Militäraufklärung artikulierte im Oktober 1990 sein tief wurzelndes Mißtrauen gegenüber dem MfS, was offenkundig nicht erst seit gestern existierte: »Unsere eigenen Akten sind weg, können also niemanden mehr belasten. Sorgen macht mir eine Kartei, die die Stasi offenbar aus Mißtrauen gegenüber uns geführt hat. Darin dürften für die einzelnen Vorgänge die Namen von Agenturmitarbeiter und Quelle, Kurier oder Objektbeobachter festgehalten sein. Genug, um jemanden vor die Alternative zu stellen: Entweder du redest, oder wir machen dich kaputt.«[14]

Daß es solche Unterlagen nicht gab, gilt als sicher. Die Staatsanwaltschaft ermittelte nur gegen Quellen und Militäraufklärer, die an die Gegenseite verraten wurden. Doppelagenten, die im zentralen Operativvorgang »Schleicher« erfaßt wurden, blieben hingegen auf freiem Fuß. Warum wohl?

Eine glänzende Operation

Teil des Kalten Krieges war auch die ideologische Auseinandersetzung. Auf der östlichen Seite diente die Propaganda vornehmlich der moralischen Ausrüstung der eigenen Bevölkerung. Das geschah, indem man einerseits die eigenen Leistungen und andererseits die Niederlagen der anderen besonders herausstellte. Nach dem gleichen Strickmuster wurde auch im Westen verfahren, wobei dort in der Regel ein wenig subtiler für sich selbst geworben und auf die Gegenseite eingeschlagen wurde.

Wie wichtig die Medien im Kampf um die Hirne und Herzen waren, hatte – im Unterschied zu seinem Vorgänger Gehlen – BND-Präsident Gerhard Wessel durchaus begriffen. Und deshalb bemühte er sich bereits um die Druckfahnen eines Buches zweier DDR-Autoren, welches 1969 unter dem Titel »Nicht länger geheim« im Militärverlag in Ostberlin erscheinen sollte. Er bekam die Fahnen und lobte den Diebstahl als »eine glänzende Operation«. (Im übrigen scheint die Neigung von Geheimdiensten ungebrochen, vor Drucklegung eines Buches – zumindest wenn es ihre eigene Materie betrifft – die Nasen zwischen die Seiten zu drücken. Es ist wohl weniger die Annahme, man könnte dort Geheimnisse entdecken, sondern der Ehrgeiz, alles ein wenig früher als der Rest der Welt zu erfahren, der diesen Eifer provoziert.)

Gehlen hatte einen Horror vor allen Veröffentlichungen oder Dokumentationen, die seinen Dienst betrafen.[15] »Dies gilt in noch stärkerem Maße für alle Bücher und Broschüren, die im kommunistischen Machtbereich entstanden sind und sich mit den westlichen Diensten befassen«, schrieb er in seinen Erinnerungen. »Es ist aber festzustellen, daß selten so konzentriert Verzerrungen und Lügen produziert wurden wie in dieser sowjetzonalen Propaganda. Ich habe schon zum Ausdruck gebracht, daß mit solchen Propagandabüchern über Jahre hinweg der Zweck verfolgt wurde, den Dienst systematisch zu diffamieren, ihn unglaubwürdig zu machen und damit seine Übernahme durch die Bundesregierung zu verhindern ... Angebliche Dokumentationen wie ›Die graue Hand‹, ›Nicht länger geheim‹ und ›Wer ist wer im CIA?‹, für die Julius Mader in Ostberlin verantwortlich zeichnet, sind typische Produkte aus dieser Kategorie tendenziöser und in vielen Fällen nachweisbar falscher Veröffentlichungen. Es lohnt sich nicht, sich mit diesen ›Dokumentationen‹ weiter auseinanderzusetzen.«[16]

Sein Nachfolger Wessel und dessen Vize Dieter Blötz sahen das ganz anders. Sie versuchten, »das BND-ABC zuerst beim Gegner zu erlernen. Da ihm die westdeutsche Publizistik keinen Aufschluß über die Arbeit des BND bot, legte sich Blötz ein Werk des östlichen Propagandaapparats auf den heimischen Nachttisch: Julius Maders Buch ›Nicht länger geheim‹.«[17] Was Wessel allerdings nicht wußte: Die »glänzende Operation« war von A bis Z vom MfS geplant und inszeniert worden. Sie war von drei Personen in Ostberlin ausgeheckt worden – von Rudolf Schmidt (Jg. 1935), genannt Rudi, Harry Freiberg und Harald Kempe (Jg. 1933), Abteilungsleiter der Berliner II. Zum einen wollte man dem neuen BND-Präsidenten einen ersten Erfolg organisieren, zum zweiten sollte in dieser Phase des inneren Umbruchs des BND eine eigene Spitzenquelle der Spionageabwehr (»Klaus Petersen«) geschützt und in den Augen von Wessel aufgewertet werden. IM Klaus Petersen wurde von »Rudi« Schmidt geführt. »Petersen«, mit bürgerlichem Namen Wolfgang Medo, landete – wie andere Kriegsberichter aus den Propagandakompanien auch – beim BND.

Dort war er seit 1959 eingebunden; zuvor war er beim Ostbüro der SPD. Gehlen hatte am 21. September 1950 ein Gespräch mit dem SPD-Vorsitzenden Kurt Schumacher, an dem auch Erich Ollenhauer, Fritz Erler, Carlo Schmid und Annemarie Renger teilnahmen. Man war sich damals einig, daß sich die Arbeit eines Auslandsnachrichtendienstes »auf dem Prinzip der Überparteilichkeit, d. h. eine auf alle Parteien – außer den Kommunisten – abstützende Arbeit«[18] beruhen müsse. Am 12. Juli 1951 konferierte man erneut miteinander, diesmal nahmen auch die Generäle Heusinger und Speidel daran teil.

Die Zusammenkunft gilt allgemein als der Beginn einer Zusammenarbeit der Organisation Gehlen und der SPD, in die die Tätigkeit des Ostbüros der SPD einbezogen wurde. Die Konferenz sollte dem Vorsitzenden der SPD die Gewißheit geben, daß der Verteidigungsbereich und der Bereich eines künftigen deutschen Auslandsnachrichtendienstes koordiniert werden konnten.[19] In der Praxis bedeutete das, daß die OG den Apparat des Ostbüros der SPD für Informationsbeschaffung nutzen durfte. Der Parteivorstand der SPD legitimierte sein »Ostbüro« mit dem Hinweis, daß auch andere Parteien solche Institutionen unterhielten, um politische Informationen aus der DDR und anderen

Ländern des Ostblocks zu sammeln und für die eigene Arbeit auszuwerten.

Gehlen und sein Geheimdienst zogen sich Ende der 50er Jahre aus dieser Kooperation zurück, was u. a. dazu führte, daß eben auch Klaus Petersen seine Arbeitsstelle wechselte.

Der IM signalisierte 1969 seinem Vorgesetzten beim BND, daß sein Sohn »Hans« in Ostberlin Zugang zu der Druckfahne des angekündigten Buches über den BND habe. Ob es nicht sinnvoll wäre, sie zu beschaffen, um eventuell im Vorfeld darauf zu reagieren? Natürlich war es das.

Rudi Schmidt deponierte den eigens für den BND gefertigten »Probedruck« in einem Gepäckfach in der Nähe des Grenzüberganges Bahnhof Friedrichstraße, wo ihn »Klaus Petersen« an einem Samstag abholte und damit – via Flugplatz Berlin-Tempelhof – nach München reiste. Dort erwartete ihn sein Führungsoffizier »Dr. Linke«. Dieser übernahm die Tasche und wurde von einem weiteren BND-Mitarbeiter mit dem Auto nach Pullach zur BND-Zentrale gebracht. Dort stand schon ein Stab der Auswertungsabteilung bereit, um das Buch nach verschiedenen Kriterien zu analysieren. Hauptergebnis: Gott sei Dank – keine Erkenntnisse, die den neuen BND-Präsidenten hätten in Schwierigkeiten bringen können.

Daß Entwarnung gegeben werden konnte, hatte der BND der HA II zu danken. Ihr Spezialist für BND-Probleme, Franz Hänel, hatte das Manuskript entsprechend entschärft. Damit wollte man weniger Wessel schonen, sondern den BND im unklaren lassen, was in Ostberlin tatsächlich über den Dienst bekannt war.

In Pullach ernteten jedoch alle Beteiligten Lob, IM »Klaus Petersen« erhielt eine Prämie vom BND-Präsidenten.

Der BND-Mann »Hagemeister« (MfS-Dienstname »Förster«), bürgerlicher Name Ludwig Harz, führte nach dem Tod von »Klaus Petersen« dessen Ehefrau »Iris« (BND-Name »Rose«) und ihren Sohn »Hans« (BND-Name »Nicki«) weiter, wobei sich »Hans« zu einer Spitzenquelle entwickelte, die dem BND Spielmaterial des MfS zu militärischen und militärpolitischen Themen der DDR und des Warschauer Paktes zuspielte.

Zwanzig Jahre später gerieten die von Ostberliner Seite an dieser Operation Beteiligten in die Mühlen der Justiz. Der Referatsleiter der Berliner II, Günter Frank, hatte sie verraten.

Der Mauerbau

Die westlichen Geheimdienste leben mit dem Vorwurf, entscheidende Veränderungen auf der östlichen Seite nicht vorhergesehen zu haben. Sie haben weder vor dem 13. August 1961 noch vor dem 9. November 1989 etwas gewußt – die Schließung der Grenze zwischen Ost- und Westberlin haben sie so verpennt wie deren Öffnung 28 Jahre später. Da ein solcher Vorwurf naturgemäß die Frage impliziert, wozu dann ein Dienst überhaupt tauge, ging und geht etwa der BND insofern offensiv damit um, indem er stets erklärte: Wir haben es gewußt!

Nur: So richtig glauben mag man das nicht.

Gehlen wies jeden Vorwurf des Versagens von sich. »Zu den ungerechtfertigten Vorwürfen, die vorübergehend auch von Politikern gegen den BND erhoben wurden, gehört vor allem das angebliche Versagen bei der Errichtung der Berliner Mauer. Ich habe noch im Jahre 1961 eine ausführliche Dokumentation erstellen lassen, aus der zweifelsfrei hervorging, daß der Dienst sehr wohl seine Aufgabe zur rechtzeitigen Unterrichtung der damaligen Bundesregierung erfüllt hatte. In zahlreichen Einzelmeldungen vor dem 13. August war auf die außerordentliche Zuspitzung der Situation an den Übergängen in Berlin hingewiesen worden.«[20]

Für diese Feststellung brauchte man keinen Aufklärungsapparat. Die Massenflucht aus der DDR stand täglich in der Zeitung. Der Auswertungsspezialist in der Hauptabteilung II, Franz Hänel, kam nach der Analyse aller damals festgestellten Auftragsstrukturen an Agenten und GM zu der gewiß zutreffenden Einschätzung, daß der BND sich einseitig auf die militärischen Komponenten konzentrierte, wobei die Kampfgruppen – im wesentlichen die Akteure am 13. August 1961 – allerdings außer Betracht gelassen worden waren. Im Vorfeld passierte jedoch bei der NVA und bei der GSSD wenig bis nichts.

Diese einseitige Orientierung auf militärische Aspekte der Entwicklung in der DDR und die Ignoranz politischer Vorgänge führten zu einem Fehlurteil. Gehlen verhielt sich ähnlich wie Stalin, der nicht akzeptieren wollte, daß der Angriff Hitlerdeutschlands auf die Sowjetunion kurz bevorstehe. Die erforderlichen Merkmale im militärischen Bereich lagen aus Sicht von Gehlen noch nicht vor, also würde auch nichts passieren.

Und am 13. August passierte ja auch nichts Militärisches. Der S-Bahnverkehr wurde unterbrochen, die Kampfgruppen sperrten die Straßen und errichteten provisorische Stacheldrahtverhaue. Ab Oktober 1961 wurden diese durch behelfsmäßige Steinmauern ersetzt. An deren Stelle trat ab 1964 die eigentliche Mauer. Bis 1970 wurde rund um Westberlin eine 165,7 km lange Grenzbefestigung aus 3,50 bis 4,20 Meter hohen Betonplatten, Panzersperren, Beobachtungstürmen, Bunkern u. a. errichtet.[21]

Der BND verfügte allerdings nachweisbar über Informationen, die auf den unmittelbar bevorstehenden Termin der Grenzschließung hinwiesen.

Am 15. Juni 1961 hatte Staats- und Parteichef Walter Ulbricht im Haus der Ministerien in Berlin auf einer Pressekonferenz vor etwa 500 Journalisten erklärt, daß ein Friedensvertrag zwischen den Alliierten und Deutschland bald abgeschlossen und die Westberlin-Frage noch 1961 gelöst werde. Auf Nachfrage einer Journalistin der »Frankfurter Rundschau« (»Bedeutet die Bildung einer Freien Stadt Ihrer Meinung nach, daß die Staatsgrenze am Brandenburger Tor errichtet wird?«) antwortete Ulbricht mit dem inzwischen bekannten Satz: »Ich verstehe Ihre Frage so, daß es in Westdeutschland Menschen gibt, die wünschen, daß wir die Bauarbeiter der DDR dazu mobilisieren, eine Mauer aufzurichten. Mir ist nicht bekannt, daß eine solche Absicht besteht, eine Mauer zu errichten.« Log Ulbricht?

Selbst wenn zu diesem Zeitpunkt durchaus eine solche Überlegung schon existiert haben sollte – es gibt auch mindestens so viele Indizien dafür, daß Ulbricht auf eine Verständigung der Großmächte in letzter Minute, auf eine zwischen Kennedy und Chruschtschow getroffene Absprache hoffte.[22]

Der Druck im Innern der DDR war gewaltig. Mehr als tausend Menschen gingen pro Tag, das Land blutete aus. Es mußte gehandelt werden – so oder so.[23]

Ende Juli 1961 wurde Ulbricht von einem US-Korrespondenten interviewt. »Ist es richtig zu sagen: Sie hätten heute nicht die Absicht, die Grenze zu schließen?« Ulbricht antwortete: »Das ist richtig. Voraussetzung ist, daß die andere Seite friedliche Absichten bezeugt, indem sie zu normalen Beziehungen übergeht.«

Die Antwort war vermutlich nicht nur taktischer Natur. Sie offenbarte auch die Hilflosigkeit der DDR-Führung. Denn: Kein

Politiker der BRD war 1961 an normalen Beziehungen mit der DDR interessiert.[24] Man wollte die DDR von Anfang an weghaben. Der Versuch einer anderen Gesellschaftsordnung galt als illegitim. Es ging primär nicht um die Herstellung der deutschen Einheit (die man ja durch die Konstituierung der Bundesrepublik erst abgeschafft hatte), sondern um die Rückgewinnung vermeintlich verlorengegangenen Terrains. Oder wie es ideologisch verbrämt hieß: »um die Befreiung von 17 Millionen Mitteldeutschen«.

Annamarie Doherr, die am 15. Juni Ulbricht zu dieser Aussage provoziert hatte, berichtete anderentags in der »Frankfurter Rundschau« unter der Überschrift »Ulbricht verlangt volle Lufthoheit«, daß Westberlin, »das Tor für die Flüchtlinge aus der DDR, soll endgültig zugeschlagen werden. Eine Illusion ist jedenfalls nicht mehr möglich: Es wird hart auf hart gehen.« Sie informierte mit ihrer Zeitung nicht nur die Öffentlichkeit, sondern auch den Bundesnachrichtendienst.

Und sie berichtete weiter. Mit ihrer Zeitung im Rücken, die als »linkslastig« galt, wurden ihr in der DDR viele Türen geöffnet. Frau Doherr unterhielt Verbindungen zum Presseamt beim Ministerrat der DDR, zum Nationalrat der Nationalen Front und anderen Einrichtungen. Mitte der 50er Jahre hatte ihr der Doppelagent Alfred Kranz die Wege zum staatlichen Rundfunk, zum Kulturbund, zum Ausschuß für Deutsche Einheit und weitere Einrichtungen gewiesen.

Annamarie Doherr zählte zu den Journalisten, die viele legale und gangbare Wege in der DDR ging, um mittels Abschöpfung[24], persönlicher Einflußnahme, beruflicher und privater Beziehungen und Verbindungen Informationen, besonders aus dem Bereich der Politik, Wirtschaft und Parteipolitik, zu erlangen. Sie besuchte alle Pressekonferenzen, Informationsfahrten und andere offizielle Veranstaltungen in der DDR. Damit verfügte sie über ein großes Spektrum an Informationen, die sie dem BND zur Verfügung stellte. (Seit 1962 hielt sie Verbindung zum BND über »Dr. Linke«, nachdem sie sich mit dem BND-Mitarbeiter »Wieland« wegen der Ereignisse um den 13. August 1961 überworfen hatte.)

Also: Obwohl man hätte gewarnt sein müssen, wurde der BND von dem, was am 13. August in Berlin passierte, völlig überrascht. Aber nicht alle Politiker empfanden den Schritt der DDR, den diese in Abstimmung und vielleicht auch im Auftrag Moskaus unternommen hatte, als schrecklich. Nunmehr waren die Dinge in Europa klar geordnet, die Einflußsphären der Großmächte deutlich abgesteckt.

»Dies muß der historischen Wahrheit konstatiert werden«, schrieb 1992 der Berliner Historiker Siegfried Prokop. »Natürlich gab es in Ost und West recht emotional gehaltene Reaktionen, doch in den Kabinetten der Metropolen in Europa wie in Übersee schien man aufzuatmen. Nüchtern denkende Politiker wußten sehr wohl, daß der Konflikt sich schon lange gefährlich zuspitzte und eine Auseinandersetzung mit atomaren Waffen nicht mehr völlig ausgeschlossen werden konnte.

Mit dem 13. August war in den Auseinandersetzungen auf deutschem Boden eine neue Situation entstanden, die beiden deutschen Staaten Anlaß für eine Neubestimmung ihrer Politik hätte sein können. Doch war offenbar der Zeitgeist nicht entsprechend.«[25]

Die DDR unterließ es, seit dem 14. August 1961 darüber nachzudenken, wie man die Mauer wieder wegbekommen könnte, und richtete sich stattdessen auf die Ewigkeit ein. Honecker erklärte noch 1989 mit dem ihm eigenen Trotz, daß die Mauer in 50 oder in 100 Jahren noch stehen würde.

In Bonn (und vor allem in Westberlin) fand man sich mental damit ab, auch wenn man andere Reden hielt. Wie sehr man sich im Westteil der Stadt auf Sonderregelungen und Subventionen eingerichtet hatte, wie sehr man dem Bewußtsein verfallen war, »Frontstadt« und »Brückenkopf der Freiheit« zu sein, wurde besonders nach 1990 sichtbar. Auch zehn Jahre nach dem Fall der Mauer ist das Denken der meisten (aus dem Westteil Berlins stammenden) Politiker noch vom Kalten Krieg und der Mauer geprägt. So lange sie Verantwortung tragen, wird es keine innere Einheit der Stadt geben.

Anmerkungen

1 vgl. Geheim, Heft 1 / 88, S. 17
2 vgl. Schmidt-Eenboom: Schnüffler ohne Nase, 1993, S. 348ff
3 vgl. ebenda, S. 249
4 vgl. Geheim, Heft 1 / 88, S. 17
5 vgl. Reinhard Gehlen: Der Dienst, 1971, S. 186
6 vgl. ebenda, S. 187
7 vgl. Heinz Felfe: Im Dienst des Gegners, 1988, S. 308
8 vgl. ebenda, S. 308
9 vgl. ebenda, S. 308

10 vgl. Stuttgarter Zeitung vom 11.11.69
11 vgl. Zolling / Höhne: Pulllach intern, S. 195
12 vgl. Die Welt vom 27.02.73
13 vgl. Andreas Kabus: Auftrag Windrose, 1993, S. 42ff
14 vgl. ebenda, S. 176
15 vgl. Reinhard Gehlen: Der Dienst, S. 248
16 vgl. ebenda, S. 249
17 vgl. Zolling / Höhne: Pullach intern, 1971, S. 9
18 vgl. Reinhard Gehlen: Der Dienst, 1971, S. 180
19 vgl. ebenda, S. 183
20 vgl. ebenda, S. 285
21 vgl. ND vom 8./9. August 1992: Prof. Dr. Siegfried Prokop: Die Hoffnung auf eine Verhandlungslösung erfüllte sich nicht, S. 13
22 vgl. ebenda, S. 13
23 vgl. ebenda, S. 13
24 Abschöpfung (laut MfS-Wörterbuch): systematische Gesprächsführung zur gezielten Ausnutzung des Wissens, der Kenntnisse und Möglichkeiten anderer Personen zur Informationsgewinnung. In der Regel mit verschiedenartigem, individuell sorgfältig differenziertem Einwirken des »Abschöpfers« auf psychische Bereiche des »Abgeschöpften«, der Abschöpfungsquelle, verbunden, um bei ihr Aufgeschlossenheit und Auskunftsbereitschaft sowie in der Regel auch Tarnung der eigenen Absichten zu erreichen. Die A. wurde unter Mißbrauch aller legalen Positionen, (Vertretungen, bevorrechtete Personen, Korrespondenten) sowie des Einreise-, Touristen- und Transitverkehrs speziell von den imperialistischen Geheimdiensten zu einer gefährlichen, umfassenden und raffiniert praktizierten Methode entwickelt. A. (BND-intern: Gesprächserkundung) wird von Geheimdienstmitarbeitern und Agenten auf Grund der vielfältigen Abdeckungsmöglichkeiten als relativ risikoarm eingeschätzt und im engsten Zusammenhang mit der »Eigenerkundung«, d. h. der Sammlung von Informationen z. B. durch Beobachtung bzw. unter Ausnutzung des eigenen beruflich oder gesellschaftlich bedingten Wissens, durchgeführt.Mitarbeiter und Agenten imperialistischer Geheimdienste sowie andere Stellen und Personen, besonders solche im Sinne des Empfängerkreises des § 97 (1) StGB, versuchen, Bürger der DDR, vor allem Geheimnisträger, durch Täuschung, List (Erpressung, Drohung), Ausnutzung von Schwatzhaftigkeit und auf andere Weise zur Preisgabe bzw. Offenbarung geheimzuhaltender und solcher Tatsachen zu veranlassen, die in irgendeiner Art zum Nachteil der DDR genutzt werden können. Insofern bietet A. in der Regel Möglichkeiten zur Gewinnung kompromittierenden Materials gegenüber dem »Abgeschöpften« und damit Ansatzpunkte zur Werbung bzw. Erpressung für Handlungen im Interesse des »Abschöpfers«. vgl. Gauck-Behörde, Wörterbuch, Nr. 1/93, S. 7
25 vgl. ND vom 8./9. August 1992: Prof. Dr. Siegfried Prokop: Die Hoffnung auf eine Verhandlungslösung erfüllt sich nicht, S. 13

Kinkels Altlasten

Am 1. Januar 1979 wurde der FDP-Politiker Klaus Kinkel Präsident des Bundesnachrichtendienstes. Erstmals war ein Zivilist für die Auslandsaufklärung der BRD verantwortlich. Seine Vorgänger Reinhard Gehlen und Gerhard Wessel kamen aus dem Spionageapparat der Wehrmacht, waren Militärs, die Erfahrungen beim Feldzug gegen die Sowjetunion gesammelt hatten und vom Kalten Krieg danach geprägt worden waren.

Kinkels Partei gehörte zur Regierungskoalition. Kanzler Schmidt (SPD) und Außenminister Genscher (FDP) setzten die von Brandt/Scheel begründete Ostpolitik des Ausgleichs und der Verständigung fort. Vier Jahre zuvor war in Helsinki von 35 Staatschefs die Schlußakte der Konferenz für Sicherheit und Zusammenarbeit in Europa unterzeichnet worden. Zwar hatte sich die politische Großwetterlage ein wenig verschlechtert, da die NATO über eine neue Raketenrüstungsrunde nachzudenken begann, doch insgesamt standen die Zeichen auf friedliche Koexistenz.

Wie würde sich Kinkel und der nun von ihm kommandierte BND verhalten? Die Spionageabwehr des MfS versuchte bereits im Vorfeld Auskünfte darüber zu erlangen. Die einen hofften, es würde sich etwas ändern – ein anderer Teil bei der HA II meinte, es werde alles weitergehen wie gehabt. Sie sollten recht behalten.

Ende Mai 1979 informierte der Leiter der HA II, Günter Kratsch, jene Abteilungsleiter, die sich insbesondere in der operativen Arbeit mit den Angriffen des BND auseinandersetzten, über die neuen BND-Orientierungen gegen die DDR. Ein Teilnehmer erinnert sich: »Zu diesem Teil der Ausführungen von Günter Kratsch durften keine schriftlichen Aufzeichnungen gemacht werden. Wir sollten sie mündlich zur Kenntnis nehmen. Zu gegebener Zeit würde man nochmals darauf zurückkommen. In Vorbereitung des 30. Jahrestages der DDR im Oktober 1979 plane der BND eine ›Großoffensive gegen die DDR‹, um insbesondere einen sichtbaren Einbruch in die Sicherheitsorgane zu erzielen, das Netz qualifizierter Spione in der DDR zu erweitern, das Informationsaufkommen über ein breites Spektrum zu erhöhen. Damit einhergehen solle eine westliche Medien-Kampagne gegen bestimmte Bereiche der DDR, z. B. gegen das MfS.

Im einzelnen plane der Bundesnachrichtendienst:

– Schaffung von neuen Quellen in der DDR, die über Entscheidungen von Partei und Regierung informieren können, besonders über das Verhältnis DDR – Sowjetunion, DDR – BRD usw.
– Gewinnung von ›Verrätern‹, Überläufern und Anbietern, die gewillt sind, sofort oder nach einer Zeit der Zusammenarbeit mit dem BND in die BRD überzutreten. *(Hier wurde die Verbindung zu Werner Stiller hergestellt, der als Mitarbeiter der HVA im Januar 1979 in die BRD geflüchtet war und Quellen, die er im Operationsgebiet führte, an den BND verraten hatte – d. A.)*
– Qualifizierung des Befragungswesens (*Befragung von DDR-Bürgern, Ausländern bzw. Bundesbürgern mit Verbindungen und Kontakten zur DDR – d. A.*) auf dem Territorium der BRD, um zu ergänzenden Angaben bei interessierenden Fragen zu kommen;
– Erweiterung der fernmeldetechnischen, elektronischen und Postkontrolle gegen die DDR. *(Etwa 70 bis 80 Prozent aller Informationen erarbeitete der BND bis Anfang der 90er Jahre aus diesem Bereich – d. A.)*;
– Verbesserung der Informationsbeschaffung mittels menschlicher Quellen sowohl über das militärische Potential (*Einsatz von Reiseagenten vom Operationsgebiet aus – d. A.*) als auch von stationären Außen- und Innenquellen in der DDR;
– Verbesserung der Zusammenarbeit (*Amtshilfe – d. A.*) mit den Abwehrdiensten der BRD zur Bereitstellung von Informationen bei der Suche potentieller Werbekandidaten für den BND – Ausnutzung der Möglichkeiten der Auslandsvertretungen der BRD in der ganzen Welt zur Schaffung von Voraussetzungen, DDR – Bürger aufzuklären, um hochwertige Quellen für den BND zu gewinnen. *(An dieser Stelle wurde auf eine Dienstanweisung für den Beauftragten des BND bei den deutschen Auslandsvertretungen verwiesen. Diese sei zwischen BND und AA abgestimmt – d. A.*);
– Qualifizierung der Arbeit mit ›offenen Quellen‹ (offizielle Publikationen, andere Medien, staatliche und private Einrichtungen, die sich mit Ostforschungsfragen befassen);

Alles in allem habe Kinkel die Gewinnung von Informationen aus der technischen Aufklärung (Funk-, Telefon-, Postkontrolle), gleichzeitig aber auch die Bedeutung der Quelle ›Mensch‹ hervorgehoben.«

Soweit die von Kratsch auf der Mitarbeiterberatung gegebene erste Einschätzung der Intentionen des neuen BND-Präsidenten. Seine Darstellung fand bald ihren Niederschlag in unserer operativen Arbeit.

Kinkel gab den »alten, erfahrenen Experten« der Linie II in ihrer Annahme (oder ihrem Vorurteil) recht, er werde eine rigorosere Spionagetätigkeit gegen die DDR betreiben als seine Vorgänger.

Natürlich muß man das auch vor dem Hintergrund der heraufziehenden neuen Eiszeit zwischen den Großmächten sehen. Ende 1979 marschierte die Sowjetunion in Afghanistan ein, der Westen boykottierte daraufhin die Olympischen Spiele 1980 in Moskau. Die NATO begann mit der Stationierung neuer atomarer Mittelstreckenraketen in Europa. Die Sowjetunion antwortete mit der SS-20 auf die Cruise Missile und Pershing II. Die Abrüstungsverhandlungen in Genf traten auf der Stelle und wurden schließlich abgebrochen. Moskau und Washington sprachen nicht mehr miteinander ...

Kinkel verhielt sich wie ein kalter Krieger.

Entgegen seiner Ankündigung, der BND erhalte »einen defensiven, schützenden Charakter für die Bundesrepublik Deutschland«,[2] nahm er strukturelle und personelle Veränderungen vor, mit denen genau das Gegenteil erreicht werden sollte. Sie betrafen vorwiegend die Abteilung 1 (Beschaffung) und Abteilung 2 (fernmeldetechnische und funktechnische Aufklärung). Aus der Abteilung 1 wurde das Referat »Gegnerische Dienste«, aus der Abteilung 4 wurden die Referate »Innere Sicherheit« und »Grundsatz- und Zentrale Angelegenheiten« herausgelöst und in der am 1. Januar 1982 gebildeten Abteilung 5 zusammengeführt. Im gleichen Jahr wurde eine Zentralisation der Führung und Leitung in der Abteilung 1 (Beschaffung) vorgenommen.

Die seit Beginn der 70er Jahre bestehenden Struktureinheiten wurden von sieben Unterabteilungen auf fünf reduziert. Zusammengelegt wurden z. B. die Unterabteilungen »DDR operativ« und »Übriger Sowjetblock operativ« in die Unterabteilung »Sowjetblock operativ«.

Kinkel widersprach nicht, als ihm vorgeschlagen wurde, die

Verbindungsdienststellen des BND in den Bundesländern aufzuwerten, die fortan Partner auf Landesebene werden sollten. Das Verbindungsbüro Bonn in der Friedrich-Ebert-Straße wurde direkt dem BND-Präsidenten unterstellt und war am Sitz der Bundesregierung quasi die heimliche Bundesführung. Dazu wurde das Büro auf etwa 100 Mitarbeiter aufgestockt.[3] Sie sollten den Informationsaustausch zwischen BND, Bundeskanzleramt, Bundesministerien und anderen Bundesbehörden und der Wirtschaft besorgen.

Klaus Kinkel entwickelte die Post- und Fernmeldekontrolle. 1979 erließ er eine Weisung, alle im Rahmen der Fernmeldeaufklärung anfallenden Nachrichten, die von einer durch das Grundgesetz geschützten Person stammen oder an eine solche gerichtet sind, unverzüglich zu vernichten.[4] Das heißt: Normale Staatsbürger genossen diesen Schutz nicht, wurden abgehört, ihre Briefe gelesen und anschließend auch noch gespeichert.

Kinkels Berater veranlaßten auch, daß in Auslandsvertretungen Residenturen des BND installiert wurden. Verfügte der BND bei Kinkels Dienstantritt 1979 über zwei solcher Residenturen in Afrika und Südamerika, waren es 1985 bereits 44.[5] Er bot westlichen Partnerdiensten eine Art Kooperation an, die unter dem Codenamen »Bomber« lief. Man wollte sich im Bedarfsfall gegenseitig Reisedokumente und andere Originalpapiere zur Verfügung stellen. Und man sollte DDR-Bürgern, so sie im Ausland waren, entweder Hilfe anbieten oder sie observieren. Eine probate Methode war die Vortäuschung eines Ladendiebstahls. Der BND trat dann auf den Plan und engagierte sich bei der Klärung, um im weiteren Teil den solcherart Kompromittierten für den BND anzuwerben.

Kinkel hob die Zusammenarbeit mit dem israelischen Geheimdienst Mossad auf eine neue Stufe, indem er diesem »weitgehende Operationsfreiheit«[7] einräumte. Die Geheimdienstler aus Nahost durften im Bundesgebiet und in Westberlin unkontrolliert agieren. Das ging sogar soweit, daß Ende April 1979 Angehörige des Mossad in bayrischen Haftanstalten PLO-Aktivisten verhörten.
Angeblich zur Bekämpfung der Roten Armee Fraktion (RAF) verhandelte Klaus Kinkel im Sommer 1979 mit dem irakischen Innenminister. Im Ergebnis dieser Gespräche sicherte er dem Irak zu, regelmäßig Informationen über die in der Bundesrepublik lebenden Oppositionellen und Asylbewerber aus dem Zweistromland nach Bagdad zu liefern. »Die Iraker waren schon beim

ersten Besuch Kinkels überrascht gewesen«, schreibt der Geheimdienstexperte Schmidt-Eenboom, »daß die Initiative zur Überwachung der in der Bundesrepublik lebenden Iraker vom BND ausging und ihnen nicht nur die Amtshilfe im Einzelfall angeboten wurde, sondern komplette Datensammlungen über alle Iraker.«[8]

Damit trägt Klaus Kinkel nicht nur die politische Verantwortung (auch als späterer Justiz- und Außenminister) für die Aushöhlung des nach dem Grundgesetz garantierten Asylrechts, sondern er sorgte in seiner Amtszeit als BND-Präsident dafür, daß die Daten verfolgter Iraker ihren Peinigern übergeben wurden.[9] Zu jener Zeit – das nur zur Erinnerung – herrschte in Bagdad bereits Saddam Hussein, der später zehn Jahre lang Krieg mit dem Iran führte, Kurden ermordete und 1990 Kuweit überfiel, was bekanntlich zum 2. Golfkrieg führte. Damals bezeichneten ihn manche Blätter in der Bundesrepublik als »zweiten Hitler«. Kinkels Geheimdienst unterstützte ihn.

Allerdings stürzte sich die Presse viel stärker auf einen anderen Skandal, der schließlich den Kopf von Kinkels Vizepräsidenten Dieter Blötz kostete. Der Vize hatte im Bett seiner Geliebten, einer Sekretärin mit dem Decknamen »Nelke«, seinen Europieper vergessen.[10] Kein Drama. Aber: Erstens war sie verheiratet (mit einem BNDler), zweitens war er der zweite Geheimdienstler der Republik, der sich solche Nachlässigkeit nicht erlauben durfte, drittens hatte der seit 1969 amtierende Blötz genügend Gegner im eigenen Hause, die ihn weghaben wollten. Man sprach von CSU-Seilschaften und einer Intrige.

»Der Spiegel« schrieb: »Lange Zeit hatten der für den BND zuständige Kanzleramtsstaatssekretär Manfred Schüler und der neue BND-Chef Klaus Kinkel gezögert, ehe sie ein Vermittlungsverfahren wegen disziplinarischer Verfehlungen gegen den Geheimdienstvize in Gang setzten. Auslöser waren dann zwei Briefe an den Bundesdisziplinaranwalt Hans Rudolf Claussen. Abgesandt hatte die Schreiben, die auch bei Zeitungen eingingen, das Münchner Anwaltsbüro Elmar Seiler im Auftrag eines anonymen Mandanten, den die Regierung zwar im BND, jedoch nicht in der Führungsebene des Dienstes vermutete.

Das Anschwärzen von Blötz werten führende Bonner Regierungsbeamte als späte Rache jener Unionsseilschaft im Nachrichtendienst, deren Mitglieder nicht vergessen können, daß der damalige Kanzleramtschef Horst Ehmke im Jahre 1969 den Außenseiter Blötz zur Parteibuchkarriere in Pullach verholfen hat.«[11]

Klaus Kinkel mußte sich auch mit einem Problem befassen, das so alt war wie der BND selbst. Gehlen hatte diesen Bereich als »Elefantenfriedhof« bezeichnet, zuweilen wurde auch vom BDU (Bund der Unfähigen) gesprochen. Das waren jene milieu- und berufsgeschädigten Mitarbeiter, die betriebsintern ruhiggestellt werden mußten. Kinkel erfand dafür das Referat 49F, bestehend »aus Spielern und Neurotikern, bei den meisten handelte es sich um mehr oder minder ausgeprägte Alkoholiker«[12], heißt es bei Schmidt-Eenboom. Jeder dieser Menschen war ein Sicherheitsrisiko. Er konnte leicht zum Spielball gegnerischer Geheimdienste werden. Das am 1. Januar 1982 gebildete Referat zählte über 50 Personen. Sie sollten vorwiegend zur Unterstützung vielfältiger Aufgaben für die Fachabteilungen – Auswertung offener Materialien, Auswertung von Fachliteratur, Aufarbeitung von Schulungsmaterial, Zuarbeiten für Gutachten – eingesetzt werden. Kinkel verschaffte ihnen eine Art Arbeitstherapie, die sie überdies bis zur Rente auskömmlich versorgte.

Auch beim MfS gab es solche Mitarbeiter. Sie wurden zwar nicht in einem geschlossenen Referat zusammengeführt, sondern verblieben in ihren Abteilungen, wo sie irgendwelche Arbeiten erledigten. Sie wurden als »hochbezahlte Nichtsnutze« bezeichnet. Das war eine demütigende Eingruppierung, da sie in der Vergangenheit zum Teil gute Arbeit geleistet hatten und nun kaputt waren. Viele wären glücklich gewesen, wenn man sie in Rente geschickt hätte, aber da hing – ähnlich wie beim BND – das Damokles-Schwert in der Luft: Sicherheitsrisiko ...

In die dreijährige Amtszeit von Klaus Kinkel fällt auch die Bewilligung von Haushaltsmitteln für politische Aufgaben. Das Auswärtige Amt stellte unter der Bezeichnung »Geheime Ausgaben« (G-Fonds) Gelder für den BND bereit, die dem Wohl der Bundesrepublik nutzen sollten. Im wesentlichen flossen sie über die Auslands-Residenturen, wo man die Mittel einsetzte, um etwa DDR-Bürger anzuwerben oder Nachrichten zu kaufen.

Vieles, was Kinkel einführte, besteht noch heute. Er hat also durchaus Spuren hinterlassen. Ein pensionierter BND-Beamter charakterisierte die drei Jahre unter Kinkel mit den Worten:

»Ohne Zweifel sind seine Bemühungen, den Apparat fest in die Hände zu bekommen, ihn nach seinen Vorstellungen auszurichten und einzusetzen, anerkennenswert. Er verkannte aber die traditionelle Eigendynamik eines solchen Dienstes und die in ihm wirkenden Kräfte. Zum anderen waren die Einbrüche, die die Gegenspionage der DDR in dieser Zeit erzielte, die verheerendsten, die schlimmsten und auch die spektakulärsten, vergleichbar nur mit der Zeit der 50er Jahre.«

Werden wir konkret.

Kinkel startete unverdient mit Glück: Am 18./19. Januar 1979 lief der HVA-Offizier Werner Stiller (Jg. 1947) zum BND über. Der Oberleutnant hatte eine Reihe Unterlagen mitgehen lassen, und auch sonst war er eine sehr ergiebige Quelle. Niemals zuvor (und niemals wieder, zumindest bis 1989) hat das MfS eine derartige Panne quittieren müssen. Die HVA verlor im Westen eine ganze Reihe wichtiger Leute. Dadurch wurde der sonst zögerliche Kinkel kühn. Und ignorierte alle Erfahrungen, die man auf diesem Felde bisher gesammelt hatte. Das führte dazu, bald eine Panne nach der anderen hinzulegen.

Nehmen wir den Fall Winfried Baumann bzw. Zakrzowski (1930 – 1980). Der gelernte Feinmechaniker hatte an der Leipziger Karl-Marx-Universität ein Fernstudium absolviert und sich zum Diplomjournalisten qualifiziert. Mit 20 trat er der SED bei, mit 44 wurde er ausgeschlossen.

Von 1952 bis 1970 gehörte er den bewaffneten Organen an. Er hatte eine seemännische Ausbildung an der Offiziersschule der Volksmarine erhalten und kurze Zeit das Haus der Offiziere in Stralsund geleitet. Seit etwa 1956 war er auch bei der Militäraufklärung der NVA. 1970 schied er als Fregattenkapitän aus der Volksmarie aus, danach war er bis zu seiner Verurteilung wegen Betruges 1974 beim Nationalrat der Nationalen Front. Von 1976 bis 1979 arbeitete er als Redakteur bei der Gewerkschaftszeitung »Tribüne«.

In den 60er Jahren hatte er als Winfried Zakrzowski die Abteilung 8 der Militäraufklärung geleitet. Diese Abteilung befaßte sich mit der Aufklärung der Führungsstäbe und Teilstreitkräfte der Bundeswehr. Seine Mitarbeiter, aber auch Vorgesetzte, registrierten aber bald seine Alkoholabhängigkeit. Eine ehemalige Mitarbeiterin: »Früh einen Cognac oder Wodka zur Weckung der Lebensgeister, mittags das Gleiche wegen der Verdauung, nachmittags gab es auch immer einen Grund.«

Seine Ehefrau – Tochter von Admiral Waldemar Verner, Chef der Politischen Hauptverwaltung der NVA – drohte wegen der Sauferei mit Scheidung. Es gab Aussprachen auf dienstlicher und auf Parteiebene. Zakrzowski unternahm einen Selbstmordversuch. Danach wurde er vom Dienst suspendiert. Das zentrale Armeelazarett in Bad Saarow stufte ihn als »notorischen Alkoholiker« ein und erklärte ihn für dienstuntauglich. Er wurde aber nicht fallengelassen. Man verschaffte ihm 1970 eine Anstellung beim Nationalrat in Berlin.

1973 wurde die Ehe geschieden. Zakrzowski kam völlig unter die Räder: Diebstahl, Scheckbetrug, Heiratsschwindel ...

Nach der Haft versuchte er mit einer neuen Frau einen Neubeginn, er nahm auch ihren Namen an: Baumann. Doch er trank weiter, die Ehe wurde geschieden. Da trat eine weitere Frau in sein Leben: Christa-Karin Schumann (Jg. 1935), Fachärztin für Hals-Nasen-Ohren, tätig in der Poliklinik in der Grünberger Straße in Berlin-Friedrichshain. Sie lebte in Scheidung, hatte zwei halbwüchsige Kinder – und trug sich mit dem Gedanken, die DDR zu verlassen. Darüber hatte sie auch mit ihrem Bruder gesprochen. Dieser Prof. Dr. Wolf-Dieter Thomitzek war ebenfalls Arzt und lebte in Heidelberg.

Baumann, so glaubte sie, könne ihr bei der Flucht behilflich sein. Denn der hatte ihr verklausuliert angedeutet, er sei ein hochkarätiger Geheimdienstler. Schmidt-Eenboom, der ebenfalls über dieses Schicksal schrieb, irrte jedoch, wenn er Baumann zum MfS-Mitarbeiter machte.[13] Baumann war nie ein »Mielke-Zögling«. Und er war auch kein »Stasi-Militärspion ..., der dem BND acht Topagenten des MfS im Militärischen Abschirmdienst der Bundeswehr übergab«, wie Andreas Förster zu wissen glaubt.[14] Da wurde wohl der Berliner Journalist von seinen Informanten nicht ordentlich gebrieft.

Christa-Karin Schumann hoffte also, mit Baumann leichter in den Westen zu gelangen. Und sie nutzte aus, daß er als Alkoholiker ein labiler Mensch war, den sie beeinflussen konnte. So kam es, daß sie Baumann über ihren Bruder dem BND anbot. Sie glaubte, daß sie mit dieser Offerte ihre Absicht besser realisieren könnnte.

Im Mai 1978 war Thomitzek zu Besuch in Berlin und stellte

nach seiner Rückkehr Verbindung zum BND her. Im Dezember des gleichen Jahres brachte der Bruder das Okay des BND und die Zusage, daß der Dienst nach einer gewissen Zeit der Zusammenarbeit sie in die BRD ausschleusen wolle. Thomitzek übergab nachrichtendienstliche Hilfsmittel: vorgeschriebene Briefe[15], Geheimschreibmittel[16], Zahlenrollen zum Ent- und Verschlüsseln von Nachrichten[17], und sie erhielten Geld zum Kauf eines Radioempfängers, mit dem sie an den Rundspruchdienst (RSD)[18] des BND angeschlossen werden konnten.

Damit waren sie in die Spionagetätigkeit des BND eingebunden. Prof. Dr. Wolf-Dieter Thomitzek war Instrukteur[19], Kurier und Werber[20] sowie Quelle in einer Person. Denn mit der technischen Ausrüstung der Agenten war die geheimdienstliche Tätigkeit für den BND vollzogen, eine »klassische Anwerbung«[21] hatte stattgefunden.

Im Januar 1979 übernahm Frau Schumann die praktischen Aufgaben im Verbindungssystem zwischen Baumann und der BND-Zentrale. Bis zur Festnahme am 7. Juni 1979 empfing sie 28 Funksprüche, entschlüsselte sie, fertigte sieben Geheimschriftbriefe an, die sie an Deckadressen zum Versand brachte und nahm einige Treffs mit BND-Kurieren in Berlin (DDR) wahr. Außerdem unterhielt sie postalische und telefonische Verbindung zu ihrem Bruder, wobei in abgedeckter Form Informationen an den Bundesnachrichtendienst gingen.

Im Februar 1979 nannte ihr Baumann Namen von Personen, die angeblich »Quellen der Militäraufklärung der NVA« in der Bundesrepublik seien.

Das war etwa der Stand, als Klaus Kinkel die Akten auf den Tisch bekam. Nach seiner Auffassung hatte er es mit einem Vorgang zu tun, der den Fall Stiller weit in den Schatten stellen würde. Daß man es mit einem alkoholkranken Hochstapler und einer ehrgeizigen Frau zu tun hatte, die nur in den Westen wollte und sonst nichts, ahnte man nicht. Man unterließ es aber auch, dies festzustellen.

Kinkel machte den Fall zur Chefsache und nannte die Operation »Roter Admiral«.

Die von Baumann verratenen Quellen setzten sich beizeiten ab[22], es trat für die Militäraufklärung der DDR kein Schaden ein. Für die BRD schon: Unter den von Baumann genannten Personen war auch ein Oberst Siegfried Petrelli. Er wurde verhaftet – und mußte bald wieder entlassen und rehabilitiert werden. Er war völlig unschuldig.

Der »Stern« ging diesem Fall nach und kam zu dem Schluß, daß der BND offenkundig einem Betrüger aufgesessen war. Die Recherche war präzise, man hatte sogar Baumanns früheren Namen Zakrzowski ermittelt. Allerdings: Der Beitrag kam nie ins Magazin – die Chefetage wollte es sich nicht mit der Bundesregierung und mit dem BND verderben.

Die Gegenoperation auf Seiten des MfS lief unter dem Namen »Bär«.[23] Darin waren nur wenige Mitarbeiter der HA II involviert. Am Ende – ich greife vor – gab es einen Prozeß, in welchem Baumann zum Tode verurteilt wurde. Das Urteil wurde am 18. Juli 1980 vollstreckt. Davon erhielten nur wenige im MfS Kenntnis – insofern ist die gelegentlich geäußerte Behauptung, das harte Urteil habe der Abschreckung nach innen gedient, nicht logisch: Wie konnte die vollzogene Todesstrafe Mitarbeiter des MfS einschüchtern und disziplinieren, wenn sie davon nichts wußten? Und jene, die von Baumanns Verhaftung und Verurteilung wußten, gingen immer davon aus, er habe eine lebenslange Haftstrafe erhalten. Ich gebe zu: Wir haben damals auch nicht nachgefragt. Und ich erinnere mich einer Geschichte, die ein Lehrer der Bezirksparteischule des MfS »Robert Mühlpforte« in Berlin-Hessenwinkel erzählte. 1983 sei man im Seminar auf den Fall Baumann zu sprechen gekommen, was ein Mitarbeiter der HA I (Spionageabwehr in der NVA) als »westlichen Medienschwindel« bezeichnete – es habe nie einen Admiral Baumann in der Volksmarine gegeben. Der Genosse von der HA II erklärte, daß dies stimme. Aber auch der Genosse von der HA XVIII (Absicherung der Volkswirtschaft), der das Thema angeschnitten hatte, sage Zutreffendes: Es habe in der Tat einen Stabsoffizier – keinen Admiral und nicht mit dem Namen Baumann – bei der Volksmarine gegeben, der zum Verräter geworden sei. – Auch das ein Indiz dafür, daß der Fall in der Firma nicht bekannt war.

Und noch eine Erklärung ist an dieser Stelle vonnöten, ehe ich zu den eigentlichen Vorgängen komme. Im MfS-Deutsch gab es den Begriff der Liquidierung. Im Unterschied zur allgemeinen Lesart bedeutete dies aber nicht die physische Vernichtung, sondern die Klärung eines Verdachts und den Abschluß eines operativen Vorgangs. Im Wörterbuch des MfS hieß es dazu ein wenig verquast:

»Die Ziele der Bearbeitung werden abgeleitet aus der politisch-operativen und strafrechtlichen Einschätzung des Ausgangsmaterials bzw. des Operativen Vorgangs (OV), insbesondere den dabei aufgestellten Versionen, den politisch-operativen Zielstellungen der Vorgangsbearbeitung, den Tatbestandsmerkmalen des Strafrechts sowie politisch-operativen Erfordernissen.«[24] Bezogen auf den OV »Bär« bedeutete das die Identifizierung der Personen und den Nachweis einer Spionagetätigkeit. Waren die Beweise erbracht, endete die Tätigkeit der HA II. In einigen Darstellungen – etwa in »DDR contra BRD« von Peter Ferdinand Koch – wird fälschlich der Eindruck erweckt, als sei die HA II auch für die Verurteilung von Spionen zuständig gewesen und trüge damit Schuld. Koch bezeichnet die HA II/1 (Innere Sicherheit des MfS) gar als »Henkertruppe« bzw. »Blutspurenregiment Mielkes«.[25] Die Verurteilung von Spionen erfolgten durch Militärgerichte der DDR, nicht durch Einrichtungen des MfS.

Dennoch bleibt festzuhalten, daß das Todesurteil gegen Baumann eine überzogene Strafe war. Er wurde ein Opfer des Kalten Krieges, in welchem Augenmaß so wenig galt wie Nachsicht. Schließlich war Baumann alkoholkrank. Allerdings – ohne dadurch die Verantwortung der DDR reduzieren zu wollen – kann die andere Seite nicht völlig von Schuld freigesprochen werden. Es gab weder eine politische Intervention noch sonstige Bemühungen, Baumann und seine Freundin freizubekommen. Der »Rote Admiral«, obgleich doch zuvor noch Chefsache beim BND, war ja letztlich nur ein Hochstapler. Kinkel hatte sich regelmäßig von der Abteilung 1 (Beschaffung), Unterabteilung »Gegenspionage«, informieren lassen. Das besorgte der Fallführer »Bierling«, der schon bei Stiller aktiv geworden war. Allerdings verstarb er 1980 an einem Gehirntumor und bekam den Ausgang des Falls nicht mehr mit.

Entgegen anderslautenden Darstellungen fiel Baumann dem MfS nicht durch Verrat in die Hände, sondern er wurde von HA II/1 in enger Zusammenarbeit mit der HA II/5, Abt. M und HA III aufgespürt.[26]

Allerdings profitierte unsere Abwehrarbeit von eklatanten Fehlern des BND.

Das schwächste Glied in der Kette zwischen Agenten in der DDR und der Geheimdienstzentrale in Pullach war das Verbindungssystem. Der BND versuchte fortgesetzt, dieses System zu qualifizieren, aber der HA II gelang es ebenso rasch, alle Veränderungen und Varianten zu erkennen und entsprechende Gegenmaßnahmen einzuleiten.

Der BND erteilte über den Rundspruchdienst (RSD) Aufträge und Instruktionen an seine Agenten in der DDR. Ebenso unpersönlich lief es über Briefe, die verschlüsselte Nachrichten enthielten. Mitunter nutzte man auch Fachzeitschriften (deren Bezug in der DDR bedingt möglich war), bei denen auf bestimmten Seiten geheime Nachrichten mitgeteilt wurden, oder Ansichtskarten. Und man benutzte Tote Briefkästen. Persönlich Treffs mit BND-Mitarbeitern waren eher die Ausnahme und fanden auch kaum auf DDR-Gebiet statt.

Eingedenk dieses Umstandes konzentrierte sich die HA II auf die Post, und dort besonders auf Briefe und Karten, die an Deckadressen in der Bundesrepublik und Westberlin gerichtet wurden. Die Zentrale Pullach unterhielt beispielsweise Deckadressen in Niederbayern, Südhessen und Rheinland-Pfalz. Und dann kam noch ein wesentliches Moment hinzu. Auch westdeutsche Geheimdienstler waren gründliche Beamte: Die von ihnen auf Kuverts und Karten vorgeschriebenen Adressen waren derart akkurat gemäß den westdeutschen Postvorschriften ausgeführt (schließlich sollten sie ja auch ankommen), wie es kein normaler Mensch zu halten pflegte. Erfahrene Fahnder der Abt. M entdeckten auf Anhieb solche Sendungen. Und ein drittes Merkmal war die Häufigkeit, mit der die Sendungen auf den Weg gebracht wurden.

Die HA II/5 – zuständig für die Fahndung nach nachrichtendienstlich-postalischen Verbindungssystemen – erarbeitete spezifische Merkmale, die den Fahndern der M halfen, die Karten und Briefe aus den Postsendungen zu fischen.[27]

Zu den Aufgaben der Abt. M – die dienstrechtlich der HA II unterstellt war – gehörte u. a. das Feststellen von geheimdienstlichen postalischen Verbindungslinien.[28] Die HA III befaßte sich u. a. mit der Kontrolle und Überwachung von Funknetzen und Nachrichtenverbindungen der NATO, darunter auch des Rundspruchdienstes des BND.[29]

Im Falle Baumann, der doch Chefsache war, änderte der BND nichts. Die Deckadressen für Baumann befanden sich in den uns bekannten Orten, die vorgefertigten Anschriften auf den Briefumschlägen waren präzise wie immer geschrieben worden und damit für uns leicht feststellbar. Die Rufnummer, die ihm beim RSD zugewiesen wurde, wich nur unwesentlich von der Stillers ab, so daß als Urheber die Unterabteilung Gegenspionage leicht lokalisiert werden konnte. Stiller war im Januar 1979 zum BND übergelaufen, wenig später wurden Baumann/Schumann am RSD angeschlossen. Mit dem ersten Spruch des BND an die beiden war der HA II klar, daß ein erneuter Verratsfall in den eigenen Reihen drohte. Das führte zu einer intensiven Arbeit an diesem Fall.

Bereits der zweite Brief, den Frau Schumann an eine Deckadresse schickte, konnte als Nachricht an den BND identifiziert werden. Im Rahmen der routinemäßigen Fahndungsaktionen »Netz«[30] wurde dieser verdächtige Brief mit fingiertem Absender aus dem Postverkehr gezogen. Die Spezialisten der Abteilung 34 des Operativ-technischen Sektors (OTS) in Berlin-Hohenschönhausen stellten fest, daß die Geheimschrift vollständig mit 5er-Zahlengruppen chiffriert war – typisch für den BND. Weitere Briefe an unterschiedliche Deckadressen wurden festgestellt und dokumentiert und danach wieder in den Postverkehr gebracht. Der BND merkte nicht, daß Spezialisten des MfS diese Briefe bereits in ihren Unterlagen hatten.
In der nächsten Phase wurde der Briefkasten festgestellt, in den die Briefe eingeworfen wurden. Danach war es nur noch eine Frage der Zeit, um die Absender festzustellen und zu identifizieren. Das geschah Anfang 1979 ...

Am 19. Januar 1979 tagte im »Monarchenhügel« – das war das leicht erhöht stehende Haus 22 in der MfS-Zentrale, in dem u. a. die Oberen ihr Essen einnahmen – eine Parteikonferenz der HA II. Kurz nach Veranstaltungsbeginn platzte eine Bombe: Einer aus den eigenen Reihen war übergelaufen – Stiller.

Zwei Tage später, am Montag, veröffentlichten die zentralen Tageszeitungen der DDR einen Fahndungsaufruf. Man suchte nach Helga Michnowski, einer Kellnerin aus dem Oberhofer Panorama-Hotel, und ihrem 17jährigen Sohn. Sie stand in Verbindung mit Werner Stiller (Jg. 1947) aus der HV A/SWT.

Seit Sommer 1978 war intensiv an diesem Vorgang gearbeitet worden – als Stiller am RSD angeschlossen worden war und für den BND zu arbeiten begonnen hatte. Helga Michnowski (Jg. 1937) war im Januar 1979 bereits als potentielle Mittäterin in diesem Spionagefall identifiziert, und es fehlten nur noch die letzten Anstrengungen, um auch ihren Partner zu identifizieren. Es waren bereits operative Maßnahmen in Oberhof eingeleitet worden. Frau Michnowski hatte über ihren Bruder Herbert Kroß[31], einem Oberstudienrat in Coburg, Verbindung zum BND hergestellt und RSD-Sprüche, die für Stiller bestimmt waren, empfangen und entschlüsselt. Dann kam es zu einer bösen Panne, an der der BND die Schuld trug: Stiller hatte weisungsgemäß Unterlagen auf Mikrofilm gebracht. Die Filme sollten von Frau Michnowski in der Toilette eines Zuges nach Dänemark[32] deponiert werden. Allerdings hatte der BND übersehen, daß dieser Zug nur von Personen mit Visum betreten werden konnte. Frau Michnowski kehrte unverrichteter Dinge nach Hause und schickte an den BND ein Telegramm: »Kann Deinen Wunsch leider nicht erfüllen. Platzkarte wird nicht an DDR-Bürger ausgegeben. Bitte antwortet bald. Gisi.«[33] Das Telegramm erreichte aber nicht den BND, denn: der Dienst hatte vergessen, die bei der Post hinterlegten Nachsendeaufträge für Briefsendungen auch auf Telegramm auszudehnen. So sandte der korrekte Postbeamte das Telegramm, für den es keinen Empfänger gab, an den Absender in der DDR zurück. Und auch den gab es nicht. So landete »Gisis« Telegramm bei der Spionageabwehr des MfS auf dem Tisch. Die HA II legte einen Vorgang an und gab ihm den Namen »Borste«.[34]

Der zweite Versuch gelang, die Mikrofilme auf den Weg zu bringen. Helga Michnowski deponierte sie in einem Interzonenzug, der von Leipzig nach Mönchengladbach ging.[35] Und wieder gab sie ein Telegramm auf, diesmal vom Postamt in der Marienburger Straße in Berlin.[36] Aber auch dieses Telegramm kehrte als Rückläufer zum MfS zurück. Das war der entscheidende Fehler: Die Absenderin konnte identifiziert werden. »Wenige Tage vor Weihnachten werden die Stasi-Fahnder in den Postämtern fündig«, reportierte 1994 die Boulevard-Zeitung Berliner Kurier den Fall. »Die Schriftexperten bemerken eine große Ähnlichkeit zwischen den Handschriften der Telegramme und den Eintragungen auf vier sichergestellten Paketkarten – der Absender der Pakete ist eine Helga Michnowski aus Oberhof, Waldstr. 26, Kellnerin im Interhotel Panorama. Helga Michnowski hatte in Vorbereitung der Flucht persönliche Gegenstände an ihren Bruder nach Coburg verschickt.«[37]

In Oberhof aber türmte sich der Schnee – als sich die Fahrzeuge des MfS endlich dem Interhotel näherten, hatte sich Helga Michnowski mit ihrem Sohn bereits Richtung Polen abgesetzt. (Dort bekamen sie BRD-Pässe und gelangten via Helsinki in den Westen.[38]) Stiller flüchtete am Donnerstagabend, dem 18. Januar, über den Bahnhof Friedrichstraße in Berlin.

Der Operativvorgang »Schakal« wurde jedoch nach der Flucht von Stiller und Michnowski nicht zu den Akten gelegt. Was, wie sich bald zeigen sollte, von Vorteil war. Inzwischen wußten wir, daß bei der Ausschleusung über ein mit der DDR befreundetes Land folgendes passierte: Der »Flüchtling« bekam dort vom BND einen präparierten Paß.[39] Damit der bei der Ausreise nicht auffiel, reiste aus der DDR kurzzeitig eine Person des BND in das jeweilige Land ein. So hatte man eine Vorlage für den sogenannten Sichtvermerk im Paß. Und ehe man merkte, daß aus Warschau mit dem Flugzeug und via Frankfurt/Oder zwei verschiedene Personen mit dem gleichen Sichtvermerk aus Polen ausgereist waren, hatten die betreffenden Personen längst das Weite gesucht.
Dies wissend, stieß die HA II auf die Namen Hering und Niestroj, die offenkundig in dieser Form an der Flucht von Frau Michnowski und ihrem Sohn beteiligt waren.

Und sie tauchten auch bei Baumann und Schumann wieder auf.

Für das MfS natürlich ein Glückstreffer – aus der Sicht des BND war das jedoch verbrecherischer Leichtsinn.

In der Arbeit des MfS wäre ein solch dilettantisches Vorgehen unmöglich gewesen. Kein Vorgesetzter hätte so etwas sanktioniert. Kein operativer Mitarbeiter hätte sich getraut, einen solchen Vorschlag zu unterbreiten. Die Sicherheit inoffizieller Kräfte hatte Priorität.

Beim BND hingegen segnete es sogar Präsident Kinkel ab.

Horst Hering – geborener Leipziger, von 1940 bis 1945 Kriegsmarine, dann britische Kriegsgefangenschaft, seit 1948 freischaffender Dozent und Journalist, Mitglied der CSU und am Chiemsee lebend – erhielt vom BND den Auftrag, die Ausschleusung von Baumann, Schumann und ihren beiden Kindern vorzubereiten. Hering war Doppelagent.[40]

Seit Anfang der 70er Jahre arbeitete er für die Abteilung XV der Bezirksverwaltung Gera, im Rahmen seiner journalistischen Tätigkeit auf der Leipziger Messen lieferte er dem MfS Informationen.

1977 offenbarte er sich dem BND und wurde nun auch von diesem genutzt.

Für das MfS arbeitete er unter dem Namen »Alexander«, der BND führte ihn unter dem Namen »Sisi«.[41] Aus der Sicht des BND genoß Hering das absolute Vetrauen des MfS.

Darin täuschte sich Pullach absolut.

Als sich Verdacht regte, Hering könne etwas mit Stiller zu tun haben, nahm die HA II eine ganz einfache Überprüfung vor: Sie stellte die Einreisen von Hering in die DDR fest und fragte bei der HV A an, welche Treffs mit ihm stattgefunden hatten. Wie sich herausstellte, gab es mehrere Einreisen zu Tagesaufenthalten in Berlin und in Polen, von denen der Führungsoffizier nichts wußte.

So etwas war völlig unüblich, da Quellen aus dem Operationsgebiet – auch zur eigenen Sicherheit – nur mit Kenntnis des Führungsoffiziers einreisten. Die HA II behielt ihren Verdacht jedoch für sich.

Im April 1979 sollten mit Hilfe Herings Frau Schumann, ihre beiden Kinder und Baumann über Ungarn ausgeschleust werden. Aus uns unbekannten Gründen wurde die Sache abgebrochen – die vier reisten aus Budapest ab und kamen wieder in die DDR. Der zweite Versuch sollte im Juni erfolgen – diesmal über Polen. Hering und Niestroj reisten – ohne daß sie voneinander wußten – zur Messe in Poznan, um die entsprechenden Eintragungen im Reisepaß zu erhalten. Mitte Mai waren Baumann und Schumann identifiziert. Am 7. Juni erfolgte ihre Festnahme.

In Poznan verhaftete am 18. Juni die polnische Staatssicherheit Hering auf unsere Bitte. Danach wurde er gemäß einer Vereinbarung zwischen der DDR und Polen ausgeliefert. Es war keine Entführung, wie Schmidt-Eenbohm schreibt.[42]

Dietrich Niestroj wurde erst im August 1981 festgenommen. Der Geophysiker (Jg. 1935) aus Karlsruhe arbeitete als Vertriebsleiter bei einer Firma, die medizinische und wissenschaftliche Geräte herstellte. Es gab langjährige geschäftliche Verbindungen zur DDR, Polen, CSSR, Ungarn und der UdSSR. 1972 wurde der Oberleutnant d. R. vom BND angeworben. Er lieferte in der Folgezeit umfangreiche Informationen, darunter über 90 Charakteristiken seiner Geschäftspartner. Etwa von der Berliner Charité und der Humboldt-Universität wie Prof. Dr. Althaus, Prof. Dr.

Correns, Dr. Winkler, Dr. Winter, Prof. Dr. Vogel, Prof. Dr. Prokop, Prof. Dr. Mebel und Prof. Dr. Klinkmann.

Niestroj wurde bereits im Operativvorgang »Block« durch die HA II/6 wegen Verdachts der Spionagetätigkeit bearbeitet, als er im Zusammenhang mit dem SOV »Schakal« (Stiller) und SOV »Bär« (Baumann, Schumann) anfiel.

Niestroj arbeitete im Laufe der Jahre mit fünf BND-Mitarbeitern zusammen. 1978 wurde er von Bierling übernommen, der Fallführer bei Stiller und Baumann war. In beide Vorgänge wurde er als Kurier einbezogen, obgleich er vermutlich nicht wußte, an welchen brisanten Fällen er mitwirkte.

Doch auch ihn ließ der BND ins Messer laufen. Nachdem Baumann, Schumann und Hering inhaftiert worden waren, suchte ihn ein Mann vom BND auf und riet ihm ab, in die DDR zu fahren. Mehr nicht. Kein Wort darüber, daß ein »großer Fall« geplatzt und er in Gefahr sei. Niestroj mußte quittieren, daß er belehrt wurde, von Reisen in den kommunistischen Machtblock Abstand zu nehmen und daß der BND bei Nichtbefolgung dieses Ratschlages für Unterstützungsmaßnahmen nicht zur Verfügung stehe. Das war Praxis beim BND: Nutzlos gewordene Quellen hatten sich erledigt. Im Sommer 1981 reiste Niestroj dienstlich in die DDR und wurde festgenommen. (Er und Hering wurden zu lebenslanger Haft verurteilt. Hering war am 5. Juni 1980 verurteilt worden und kam am 4. Februar 1984 frei; Niestroj saß vom 28. Oktober 1982 bis zum 16. Februar 1986 ein.)

Bei Thomitzek, dem Bruder von Frau Schumann, passierte dasselbe: Warnung, Unterschrift und aus. Und als sich der BND weigerte, etwas für seine inhaftierte Schwester zu unternehmen, ging er an die Presse. Mit selbstgefertigten Plakaten machte er am Grenzübergang Checkpoint Charly in Berlin auf den Vorgang aufmerksam. Damit wurde der »Fall Schumann« zu einem Politikum, das die Beziehungen zwischen der DDR und der BRD belastete. Ostberlin erklärte, man lasse sich durch solche Aktionen nicht erpressen, Bonn antwortete, in der BRD herrsche Meinungsfreiheit, man habe weder Einfluß auf die Presse noch auf private Proteste.

Frau Schumann, die zu 15 Jahren verurteilt worden war, kam durch dieses Hickhack erst am 12. August 1987, nach acht Jahren, frei. Sie hatte doppelt so lange ausharren müssen wie Niestroj und Hering.

Hätte die Bundesregierung die Hinrichtung von Baumann verhindern können? Wie das Landgericht Berlin im Juni 1995 protokollierte, wußte der BND seit Januar 1980, daß dem »Roten Admiral« die Todesstrafe drohte. Der Westberliner Rechtsanwalt Wolf-Egbert Neumann, der von seinem DDR-Kollegen Vogel darüber »heimlich informiert« worden war, setzte die Bundesregierung in Kenntnis. Sie hätte reagieren können. Kinkels Behauptung, er habe erst nach der Hinrichtung Baumanns davon Kenntnis erhalten, muß darum als Schutzbehauptung gelten. Man kann auch sagen: als Lüge.

Mehr noch: Die DDR hatte erstmals in der langjährigen Auseinandersetzung der Geheimdienste beider deutscher Staaten in Erwägung gezogen, einen DDR-Bürger als Tauschobjekt anzubieten – gegen Günter Guillaume. Auf zwei Ebenen wurde diese Idee an die BRD-Seite herangetragen – über den Ständigen Vertreter der DDR in Bonn, Dr. Michael Kohl, und über Rechtsanwalt Dr. Wolfgang Vogel.

Es gab keine Reaktion. Dann ging man zur politischen Tagesordnung über.

Auch die DDR verfolgte diesen Gedanken nicht weiter, da es zwei weitere Fälle im 30. Jahr der Republik gegeben hatte, die man schnell vergessen wollte: Trebeljahr und Teske. Vier Fälle von Verrat binnen eines Jahres führten zu erkennbarer Überreaktion an der Spitze des Ministeriums. Exempel mußten statuiert werden, die ganze Härte des Gesetzes sollte die Abtrünnigen treffen, denn sie hatten nicht nur ihren Fahneneid gebrochen, sondern schändlichen Verrat begangen.Das war das Letzte!

Wir Mitarbeiter des MfS waren so erzogen worden, daß Verrat aus niedrigen, egoistischen Gründen als das Schlimmste galt, wozu ein Geheimdienstler fähig war. Da gab es keine Nachsicht, kein Verständnis. Wir bezogen aus dem Widerstand gegen die Nazidiktatur unser Selbstverständnis – Verrat von Genossen bedeutete KZ, Zuchthaus, Tod. Wer unter der Folter weich geworden war, konnte allenfalls mit Ignoranz rechnen. Wer aber aus freien Stücken dem Feind Genossen ans Messer lieferte, den traf die Verachtung. Und die Rache der Organisation.

Major Gerd Trebeljahr (Jg. 1937) war Mitarbeiter der BV Potsdam, Abt. XVIII (Absicherung der Volkswirtschaft), seit 1958 beim MfS, Diplom-Jurist, Referatsleiter. Er wollte am 28. April

1979 über die Ständige Vertretung der Bundesrepublik Deutschland (StäV) die DDR zu verlassen und sich dem BND zur Verfügung zu stellen. Er hatte alle dienstlichen Dokumente, etwa 30 an der Zahl, die ihm als Referatsleiter zugänglich waren und die sich im wesentlichen auf den Bezirk Potsdam beschränkten, eingepackt, darunter auch eine Aufstellung der IM der Abt. XVIII der BV Potsdam sowie einige IM aus Westberlin.

Der Anlaß für diesen Schritt war die Angst, daß man ihm bei der augenblicklich laufenden Kontrolle in der Bezirksverwaltung auf die Schliche kommen würde. Schon einige leitende Mitarbeiter hatten ihren Hut nehmen müssen, weil sie mit »Operativgeldern« private Bauten finanziert hatten. Auch Trebeljahr hatte seinen Hausbau in Leest auf diese Weise befördert. Der Abgang von Stiller und die mediale Aufmerksamkeit, die ihm im Westen geschenkt wurde, animierten Trebeljahr, seinem Beispiel zu folgen. Er bat einen Kontaktmann in Westberlin, beim BND seinen geplanten Übertritt zu signalisieren und ihn auszuschleusen.

Günter Gaus, von 1974 bis 1981 Leiter der Ständigen Vertretung, hatte in zwei Gesprächen mit dem BND-Präsidenten Gerhard Wessel erreicht, daß kein BND-Mitarbeiter in der StäV eingebaut wurde. (An dieser Vereinbarung wurde übrigens bis zum Ende der DDR festgehalten.) Der BND sollte alle relevanten Informationen über die DDR von der StäV erhalten. Damit war Trebeljahrs Überlegung, über und mit Hilfe der Ständigen Vertretung in den Westen zu gelangen, von vornherein gegenstandslos. Die fühlte sich nicht zuständig und hatte auch wenig Interesse, auf diese Weise das Verhältnis zwischen Bonn und Ostberlin zu belasten. Der Auftritt von Trebeljahrs Westberliner Vertrauten in der Hannoverschen Straße am 30. April 1979 wurde dort als Provokation gesehen. Wollte die DDR die Vertretung testen?

Inzwischen fahndete das MfS bereits nach dem flüchtigen Trebeljahr. Am 1. Mai fand man seinen Dienstwagen gegenüber dem Hotel »Newa« in der Nähe des Berliner Nordbahnhofes. Es erfolgten zusätzliche Absicherungsmaßnahmen an der StäV.

Am 2. Mai traf sich Trebeljahr noch einmal mit dem Westberliner. Dieser teilte ihm mit, daß das Landesamt für Verfassungsschutz keine Möglichkeit sehe, »Unterstützung« zu gewähren, und die StäV könne keine Verbindung zum BND herstellen. Damit war Trebeljahr erledigt. Am Wochenende brachten alle wichtigen

Tageszeitungen der DDR eine Suchmeldung: »Die Volkspolizei bittet um Mithilfe. Seit dem 2. Mai 1979 wird der schwerkranke Bürger Gerd Trebeljahr (41 Jahre), wohnhaft in Leest, Bezirk Potsdam, vermißt. Personenbeschreibung: 1,78 m groß, schlanke Figur, mittelblond, leicht gewelltes Haar. Bekleidung: graubrauner Anzug, khakifarbenes Hemd, schwarze Halbschuhe, führt vermutlich eine schwarze Aktentasche mit sich. Wer kann Angaben zum gegenwärtigen Aufenthaltsort des Vermißten machen? Zweckdienliche Hinweise nimmt jede VP-Dienststelle entgegen.«[43]
Trebeljahr wurde am 8. Mai südlich von Berlin festgenommen. Auch hierzu gab es eine Mitteilung in der Zeitung: »Vermißter Bürger wurde gefunden. Wie die Volkspolizei mitteilt, wurde der gesuchte schwerkranke Bürger Gerd Trebeljahr aus dem Bezirk Potsdam durch Hinweise aus der Bevölkerung gefunden. Die Volkspolizei dankt allen Bürgern für die Mithilfe.«[44]

Damit fand der SOV »Ratte« seinen Abschluß.

Trebeljahr wurde wegen Fahnenflucht und Spionage am 7. Dezember 1979 zum Tode verurteilt. Zum Verhängnis war ihm der Kontakt zum Verfassungsschutz in Westberlin geworden. Das Militärgericht erkannte darum auf Vollendung der Verbindungsaufnahme zu einer fremden Macht und urteilte nach § 98 des StGB.

Der Fall Trebeljahr ist aus mehreren Gründen tragisch. Hätte die StÄV beim ersten Kontaktversuch Rechtsanwalt Vogel eingeschaltet, wäre Trebeljahr zwar nicht straffrei, aber zumindest lebend aus dieser Sache herausgekommen. Dies aber den Mitarbeitern der Vertretung anzulasten, ist auch ungehörig: Woher sollten sie wissen, daß es sich nicht um einen Test ihrer Vertragstreue, sondern um ein tatsächliches Hilfeersuchen handelte?

Und: Nach der Wende leitete die Berliner Staatsanwaltschaft ein Ermittlungsverfahren gegen den Westberliner ein, der Trebeljahr bei der Kontaktaufnahme zum Verfassungsschutz half. Ihm sollte eine Mitschuld an dessen Tod angelastet werden ...

Stiller hatte noch einen weiteren Nachahmer in der HV A/SWT: Dr. Werner Teske (Jg. 1942). Dieser begann nach Stillers erfolgreicher Landung am anderen Ufer Dokumente aus seinem Dienstbereich zu sammeln, die er nach erfolgreicher Flucht an den BND hoffte geben zu können. Er trieb es aber so arg, daß die Mitarbeiter in seiner Umgebung aufmerksam wurden.

Im Rahmen einer Finanzrevision – es waren Operativgelder verschwunden – fand auch eine Hausdurchsuchung statt. Dabei wurden etliche Unterlagen gefunden, darunter Angaben zu etwa 20 IM aus dem Operationsgebiet. Aus dem Gutachten im anschließenden Gerichtsverfahren wurde ersichtlich, daß der bei geglückter Flucht von Teske eingetretene Schaden für das MfS und die DDR jenen noch übertroffen hätte, den Stiller angerichtet hatte.
Bis zu seiner Festnahme hatte Teske nichts unternommen, was auf eine Flucht in den Westen hindeutete. Seinen eigenen Erklärungen zufolge habe er auf einen günstigen Moment warten wollen. Außerdem habe noch das »ganz brisante Dokument« gefehlt, das er noch in seinen Besitz bringen wollte. In der Untersuchung belastete sich Teske so stark, daß er »wegen vorbereiteter und vollendeter Spionage im besonders schweren Fall« am 11. Juni 1981 zum Tode verurteilt wurde. Das Urteil wurde am 26. Juni 1981 vollstreckt. Auch der »Fall Teske« ist im MfS nicht bekannt geworden. Er wurde offensichtlich verschwiegen, um nicht den Eindruck entstehen zu lassen, es gebe eine »Überläufer-Epidemie« im MfS.

Erst nach der Wende wurde unter anderem bekannt, daß der Fall Teske erst im Februar 1982 auf einer Dienstkonferenz des Ministers vor Leitungskadern ausgewertet wurde. Dort machte Erich Mielke die inzwischen wiederholt zitierten berühmt-berüchtigten Ausführungen: »Also, solche Pannen dürfen nicht passieren. Wir sind nicht gefeit dagegen, leider. Wenn ich das schon jetzt wüßte, dann würde er ab morgen schon nicht mehr leben. Ganz kurzer Prozeß als wie einen Banditen leben lassen.«

Einen schönen Gruß von Herrn Stiller

Unter den von Stiller dem BND genannten Personen war auch der Diplomphysiker Stefan Frauendorf (Jg. 1945). Er arbeitete nicht nur im Zentralinstitut Rossendorf bei Dresden, sondern auch als IM für die Abteilung XVIII der Bezirksverwaltung des MfS. Der Bundesnachrichtendienst – vor allem Kinkel, der sich alle Stiller-Akten vorlegen ließ – wollte Dr. Frauendorf als Agent gewinnen. Dazu erteilte der BND-Präsident persönlich Order.

Der BND hatte seinen westlichen Partnerdiensten das Interesse an Frauendorf signalisiert. Vom dänischen Geheimdienst kam eine Rückinformation, daß dieser im Dezember 1979 an einer internationalen Konferenz in Kopenhagen teilnehmen werde. Der BND bereitete daraufhin eine Werbeoperation vor: Frauendorf sollte mit einem vermeintlichen MfS-Dokument, in welchem er als ein gegen Dänemark tätiger Spion geoutet wurde, erpreßt werden.

Der DDR-Wissenschaftler wurde in seinem Hotel von zwei Mitarbeitern des BND aufgesucht. Sie richteten »einen schönen Gruß von Herrn Stiller« aus und legten das von ihnen gefertigte Dokument auf den Tisch. Man werde es den Dänen zur Kenntnis geben, wenn er nicht kooperiere, hieß es. Frauendorf willigte ein und arbeitete fortan als »Siggi Townsman« für den BND.

Auch in diesem Fall beging der BND einen kapitalen Fehler: Zur Schadensbegrenzung in Sachen Stiller wurden alle IM und andere Personen, die von ihm verraten worden sein könnten, vorbeugend von der Linie II gesichert. Frauendorf hatte als Fachmann an Treffen mit Stiller teilgenommen, also gehörte er auch in diesen Kreis.

Dr. Frauendorf war Reisekader der DDR und oft im Ausland unterwegs , er nahm an Konferenzen, Symposien und anderen internationalen Tagungen teil. Der BND plante Dr. Frauendorf erst in zweiter Linie gegen das MfS einzusetzen. Das Hauptaugenmerk richtete sich auf die Kernforschung der DDR und des Ostblocks sowie alle Angelegenheiten und Aufgaben in Rossendorf.

Als die ersten Hinweise kamen, daß Dr. Frauendorf möglicherweise ein »Doppeladler« (Doppelagent) sei, wurde der Operativvorgang »Hydra« eingeleitet.

Auch Frauendorf wurde das postalische Verbindungssystem des BND zum Verhängnis. Vorgeschriebene Briefe, die an Deckadressen gingen, führten zu seiner Identifizierung. Am 21. November 1983 wurde er festgenommen und am 17. September 1985 zu elf Jahren Freiheitsentzug verurteilt. Dr. Frauendorf profitierte von der »Wende« in der DDR – er wurde von der Modrow-Regierung nach sieben Jahren Haft freigelassen.

Im Dezember 1989 wurde auch der DDR-Diplomat Wolfgang Reif (Jg. 1937) aus der Haft entlassen, in die er gekommen war, weil er für den BND und für die CIA gearbeitet hatte. Und auch ihm war die Post zum Verhängnis geworden.

Der Diplom-Staatswissenschaftler Reif war Anfang der 70er Jahre als Mitarbeiter an der Botschaft der DDR in Indonesien. Wie wir später herausbekamen, führte er gemeinsam mit Indonesiern illegal PKW ein. Die Fahrzeuge wurden angeblich für die

Botschaft importiert und dann an Zahlungskräftige verkauft; Reif war an dem Geschäft mit einer Provision beteiligt.

Nach einer Unterbrechung kam Reif Ende 1977 wieder nach Indonesien. Er fürchtete, von der CIA erpreßt zu werden, da der amerikanische Dienst von seinen früheren Geschäften wußte. Also trat er die Flucht nach vorn an und nahm Kontakt zum CIA-Residenten in der US-Botschaft auf, den er von früher kannte. Im Januar 1978 wurde er von der CIA angeworben. Von da an übergab er alle ihm zur Kenntnis gelangten Informationen über die DDR-Botschaft und die DDR-Außenpolitik.

Im Lauf des Jahres 1979 geriet er in persönliche und – was wohl im kausalen Zusammenhang stand – dienstliche Schwierigkeiten. Seine Ehe stand auf der Kippe, er trank, und beruflich ging es nicht so recht voran. Die Unzufriedenheit erklärte er auch gegenüber BRD-Diplomaten, und dies wohl in der Erwartung, daß diese ihm welche vom BND vorbeischickten. Reif erwog ernstlich, sich in die Bundesrepublik abzusetzen.

Im April 1980 – nachdem Pullach Reif gecheckt hatte – erfolgte in Jakarta die Kontaktaufnahme durch zwei BND-Mitarbeiter. Sie boten dem zweiten Mann der DDR-Botschaft die problemlose Ausschleusung von Indonesien in die BRD an. Allerdings sollte er zuvor noch einiges liefern.

Inzwischen aber hatte sich die Ehe wieder eingerenkt, Reif wollte mit seiner Frau in die DDR zurückkehren und lehnte darum das Angebot des BND ab. Allerdings nicht vollständig: Er wollte gegen entsprechende Bezahlung auch für den BND arbeiten.

Der Fall »Reif« – die Identifizierungsoperation lief unter der Deckbezeichnung »Bussard« – besaß noch eine andere Komponente. Wir konnten damit die Zusammenarbeit von Auswärtigem Amt und BND im Ausland nachweisen. Die Basis dafür bildete eine Vereinbarung vom Februar 1973. Darin waren die Felder der Kooperation abgesteckt worden: Informationsaustausch, Installation von BND-Beauftragten in den Auslandsvertretungen, Amtshilfe in Fragen der materiellen und personellen Sicherheit. Im August 1975 war das Papier präzisiert worden. Der BND erließ im Februar 1976 eine entsprechende Dienstanweisung. Seine Beauftragten, so war man übereingekommen, sollten als »Spezialreferenten« in den Auslandsvertretungen integriert werden. Den Missionschefs gegenüber hatten sie eine Informationspflicht, sie selbst sollten in das allgemeine Informationssystem der Vertretung integriert werden und an Besprechungen teilnehmen. Die BND-Beauftragten informierten darüber Pullach – ihre Dienstpost wurde speziell gekennzeichnet und bei der Ankunft im Auswärtigen Amt aussortiert und dem BND zugeleitet.

Als Reif Mitte 1981 in die DDR zurückkehrte, statteten ihn sowohl der BND als auch die CIA mit entsprechenden Hilfsmitteln aus. Reif entschied sich aber, vorerst nur für den BND tätig zu werden. Die Zusammenarbeit mit der CIA wollte er zwar nicht abbrechen, aber eine Zeitlang aussetzen. Reif wurde durch die Post identifiziert, was bei ihm ein wenig schwieriger war als bei den anderen, da er oft hunderte Kilometer fuhr, um die Briefe an den BND zum Versand zu bringen. Er konnte mit der ECU-Methode überführt werden: Die Abt. 34 hatte ein spezielles Papier entwickelt, auf dem – wurde es mit präparierten Geheimdienstbriefen in Kontakt gebracht – die verschlüsselten Zahlengruppen feststellbar waren.

Am 20. Dezember 1981 wurde Reif verhaftet und am 8. April 1983 vom 1. Militärstrafsenat des Militärobergerichts der DDR zu lebenslänglichem Freiheitsentzug verurteilt. Im September 1987 wurde die Strafe auf 15 Jahre herabgesetzt.

Die erfolgreiche Gegenoperation »Bussard« ging auf das Konto der HA II/5. Namentlich die Abteilungsleiter Gerhard Buchholz (Jg. 1927), Klaus Müller (1933 – 1994), Siegfried Schliebe (Jg. 1935) und Wolfgang Stuchly (Jg. 1934) prägten diese Abteilung. Auffallend in dieser Abteilung war Siegfried Neubert (Jg. 1938), der an der Humboldt-Universität Kriminalistik studiert und wesentliche Fahndungskriterien für die Suche nach Spionen im postalischen Verbindungssystem erarbeitet hatte. Neubert wurde später Leiter der AKG (Auswertung und Kontrollgruppe) der HA II.

Die erfolgreichsten Fahnder dieser Abteilung waren Johannes Schröder (Jg. 1931) und Ernst Noack (1932 – 1994). Beide gehörten mehr als 30 Jahre der HA II/5 an. Rudi Strobel (Jg. 1928), der Leiter der Abteilung M, kam aus der HA II, was sich als Vorteil erwies. Die Abt. M wurde im Laufe der Zeit der wirkungsvollste Dienstleister unserer Linie.

Kinkel kopiert Wolf

Die HVA unter Markus Wolf bediente sich mitunter der sogenannten Romeo-Masche (»Romeo-Prinzip«), um in bestimmte Einrichtungen einzudringen: Ein Mann des MfS machte sich an eine Sekretärin oder Mitarbeiterin heran und erfuhr im Bett, was für Ostberlin interessant war.

BND-Präsident Kinkel versuchte sich auch auf diesem Feld. Als Objekt der BND-Begierde hatte man die ein wenig unbefriedigte Gattin des DDR-Bürgers Stulz ausgespäht.

Prof. Dr. Percy Stulz (1928-1993), ein Historiker von Weltruf, war seit etwa 1977 Direktor der Abteilung für Weltkulturerbe der UNESCO in Paris. Stulz war 1947 in die SED eingetreten, später zwar ausgeschlossen worden, aber unverändert ein loyaler Staatsbürger der zweiten deutschen Republik.

Seine Frau Regine Stulz (Jg. 1942), erheblich jünger als ihr Mann, langweilte sich in Paris zu Tode. Zielgerichtet machte sich ein »Romeo« des BND an sie heran. Er und auch Regine Stulz verhielten sich dermaßen ungeschickt und auffallend, daß die »DDR-Kolonie« in Paris von ihrem Verhältnis bald Wind bekam. Es dauerte auch gar nicht lange, und schon wußte auch die HVA und die HA II Bescheid. Die Überprüfung ergab, daß der »Romeo« Klaus Hille einschlägig bekannt war.[45]

In der HA II läuteten die Glocken, die HA II/6 wurde beauftragt, die Angelegenheit zu klären. Dieser Komplex wurde nun im SOV »Anden« bearbeitet. Es erhärtete sich der Verdacht, daß eigentlich Prof. Dr. Stulz im Visier des BND stand bzw. möglicherweise schon angeworben worden war. Stulz wurde nach Berlin gebeten und ins Regierungs-Krankenhaus zur Untersuchung eingewiesen, was eine Art Hausarrest darstellte.

Man konfrontierte ihn mit dem Vorwurf, er habe Verbindungen zum BND. Stulz bestritt das und berichtete, daß er im Juli 1979 von seiner Frau erfahren habe, daß sie Verbindung zum BND unterhalte. Diese seien an Informationen interessiert. Im September 1979 habe ihm seine Frau die Absicht des BND übermittelt, daß der Dienst ein persönliches Gespräch mit ihm führen wolle. Das habe er abgelehnt. Der Wunsch sei in den nächsten Wochen erneut an ihn herangetragen worden. Daraufhin habe er seine Frau gebeten, sie solle ihm eine Telefonnummer vom BND beschaffen, er werde sich um die Angelegenheit kümmern. Er habe im Dezember 1979 eine Telefonnummer bekommen, diese aber bis dato nicht genutzt.

Prof. Dr. Stulz hatte erkannt, daß der BND ihn für eine Zusammenarbeit gewinnen wollte und eine Werbeoperation über seine Frau eingefädelt hatte. Ihm war klar geworden, daß ihn seine Ehefrau auch als Partner betrogen hatte, und er erwog, sich von ihr zu trennen. Am 20. August 1980 verurteilte ihn das Militärobergericht zu drei Jahren Freiheitsentzug wegen Nichtanzeige einer Straftat nach § 245 StGB.

Der BND zog sich von Regine Stulz zurück. Sie wurde nicht mehr gebraucht. Nachdem ihr Mann im November 1981 entlassen wurde und ihr Straffreiheit zugesichert wurde, kehrte sie Anfang 1982 aus Frankreich in die DDR zurück. Der Professor verstand die Welt nicht mehr. Seine Frau, die an allem schuld war, ging straffrei aus. Er ließ sich scheiden.

Der Fall Stulz wurde in den Medien der Bundesrepublik behandelt. Die DDR unterließ es, darauf zu reagieren. Die Mitteilung der Hintergründe und des Beitrages des BND an dieser Sache hätte möglicherweise, wenngleich nicht Nachsicht, so doch mindestens ein wenig Verständnis erzeugen können. Tröstlich für Stulz, daß der UNESCO-Direktor ihn in der DDR aufsuchte (doch auch ihm wurde nur mitgeteilt, der Professor habe gegen die Gesetze der DDR verstoßen), und daß die UNESCO sein Gehalt auch während der Haft zahlte. Der verständliche Zorn von Percy Stulz gegen BND und MfS wurde dadurch nur bedingt gemildert.

Amtshilfe

Klaus Kinkel vermochte es während seiner Amtszeit, eine stärkere Kooperation mit dem Verfassungsschutz zu erreichen. Das ging soweit, daß hochbezahlte Quellen des BfV an den BND zur zeitweisen oder ständigen Nutzung übergeben wurden.

Bekannt wurde das im Fall von Karlheinz Schlurmann (Jg. 1929). Dieser war jahrelang Geschäftsführer der Chemoplast GmbH in Westberlin, einem sogenannten Parteibetrieb der SED, über den die SEW bzw. die DKP finanziert wurde. Schlurmann war Anfang der 70er Jahre vom Bundesamt für Verfassungsschutz, Abt. 3, angeworben und gegen DKP, SEW und SED eingesetzt worden. Er wurde seit jener Zeit von der HA XVIII des MfS bearbeitet. Erst die HA II/19 konnte jedoch den Nachweis seiner Anbindung an den Verfassungsschutz führen. Schlurmann war vom BfV mit dem Vorwurf der Steuerhinterziehung konfrontiert und zur Zusammenarbeit erpreßt worden. Für die HA II/19 war es äußerst kompliziert, der Abt. 70 (Beziehungen SED-DKP) im ZK der SED klarzumachen, daß bei ihnen ein Agent des BfV aus und ein gehe. Erst nachdem Schlurmann eine Abfindung in Millionenhöhe von der SED erhalten hatte, gab er 1981 den Posten als Geschäftsführer von Chemoplast auf. Vom Geld kaufte er sich im Süden Deutschlands ein Kurhaus. Schlurmann reiste danach nicht mehr in die DDR ein – wie er später erklärte, sei er von einem »hochgestellten Freund« im ZK der SED gewarnt worden.

Da das BfV für Schlurmann keine Verwendung mehr hatte, wurde er an den BND weitergereicht. Dieser setzte ihn in Südamerika ein und versuchte, mit seiner Hilfe DDR-Bürger, die dort in Auslandsvertretungen tätig waren, anzuwerben. Das gelang auch in drei Fällen. Allerdings meldeten die »Angeworbenen« das dem MfS und wurden nun gegen den BND eingesetzt.

Schlurmann erlebte nach der »Wende« ein wenig Glanz: Er wurde in einigen Medien als »Topquelle« des BfV präsentiert. Auch im Schalck-Untersuchungsausschuß hatte er einen Auftritt.

Am 20. Juni 1983 wurde der Bundesbürger Wilhelm Wilms (Jg. 1928) aus Wedel, dort Besitzer eines Tabakwarengeschäftes, bei seiner Einreise in die DDR festgenommen und am 22. Juni 1984 vom Militärobergericht zu lebenslanger Freiheitsstrafe verurteilt. Wilms war ein hochbezahlter Agent des BfV, Abt. 3, der bei seiner Festnahme schon für den BND arbeitete. Wilms war 1945 Mitglied der KPD geworden und wurde 1967 vom BfV als Agent geworben, um gegen die DKP eingesetzt zu werden. Wilms hatte in der 1956 verbotenen KPD illegal wichtige Aufgaben erledigt, u. a. hielt er Verbindung zum ZK der SED in der DDR. Damit wurde er erpreßt.

Nach Gründung der DKP gehörte er deren Zentraler Schiedskommission an und lieferte dem BfV über Jahre Informationen. Die HA II/19, die sich mit der Absicherung der Beziehungen zwischen SED und DKP/SEW befaßte, führte den Nachweis, daß Wilms für den Verfassungsschutz arbeitete. Da dies aber nichts oder nur wenig mit der DDR zu tun hatte, mußte sie nicht gegen Wilms vorgehen. Das einzige: Sie nahm darauf Einfluß, daß Wilms aus der Schiedskommission flog.

Dadurch sank dessen Wert für das BfV.

Und er wurde 1980 dem BND überstellt. Er knüpfte für den Dienst Kontakte zu Genossen im ZK. 1983 endete schließlich seine Karriere als Spion.

Geopfert

Den offenkundigen Mangel an einsatzfähigen »Reisequellen«, die auf den Transitwegen eingesetzt werden konnten, versuchte der BND dadurch zu beheben, indem pensionierte Mitarbeiter reaktiviert wurden. Im Mai 1979 hatte man Kinkel diesen törichten Vorschlag unterbreitet, im August schickte man Ernst Tschentscher (Jg. 1911) auf die Reise. Als bereits identifizierter Geheimdienstler wurde er verhaftet und im Juni 1980 zu lebenslanger Haft verurteilt.

Der BND stellte aufgrund dieser Panne sofort sein Vorhaben ein. Das hätte eigentlich das Ende von Kinkels Präsidentschaft sein müssen. War es aber nicht. Und auch der Fall des Dr. Mertink brach ihm nicht das Genick, obgleich es allemal dazu gelangt hätte.

Im Rahmen des Grundlagenvertrages und nachgeordneter kultureller Verabredungen fand 1977 unterm Fernsehturm am Alex in Berlin die Ausstellung »Fotografie in Wissenschaft und Technik« aus der BRD statt. Ansprech- und Verhandlungspartner auf Seiten der DDR war der 1. Sekretär des Kulturbundes, Dr. Gehard Mertink. Auf Seiten der StäV waren es Dr. Hans-Otto Bräutigam und der Kulturreferent Winfried Staar.

Wegen des Erfolges wurde die Ausstellung »Arbeiterfotografie« verabredet, die 1979 in Köln stattfinden sollte. So geschah es. Allerdings nahm sie der BND zum Anlaß, den DDR-Verantwortlichen Mertink zu werben. Die Aktion wurde mit Kinkel abgestimmt, der Präsident des BND stimmte zu und verstieß damit einmal mehr in eklatanter Weise gegen die zwischen Bonn und Ostberlin verabredeten Prinzipien. Er ließ es darauf ankommen, daß die Beziehungen zwischen der Bundesrepublik und der DDR einer möglichen Belastung unterworfen werden würden.

Dr. Mertink wurde seit seinem Eintreffen in Köln observiert, was ihm nicht verborgen blieb. Er nahm zunächst an, daß dies zu seinem Schutze sei. Schließlich wurde er von den beiden Bewachern angesprochen. Sie gaben sich als Mitarbeiter des BND und des BfV zu erkennen. (Wie später in Erfahrung gebracht wurde, handelte es sich um den leitenden Mitarbeiter der Abteilung 3 des BfV

[Linksextremismus] Werner Hoch und den stellvertretenden Leiter der BND-Dienststelle in der Kölner Butzweilerstraße, die sich vorrangig mit der Ständigen Vertretung der DDR in Bonn beschäftigte.)

Der Kulturfunktionär Mertink war gleichermaßen überrascht und hilflos und folgte verunsichert der Einladung der beiden Herren in ein Restaurant. Man hielt sich nicht lange bei der Vorrede auf. Ihnen sei bekannt, was Mertink in der DDR verschwiegen habe: Er sei Angehöriger der Waffen-SS gewesen. Entweder arbeite er künftig mit ihnen zusammen – oder man würde seine Vergangenheit öffentlich machen.

Mertink ließ sich erpressen und gab aus Angst, seinen Ruf und sein Amt in der DDR zu verlieren, dem Drängen nach. Man wolle sich nur gelegentlich bei ihm zu Informationsgesprächen einfinden, hieß es beruhigend.

Vielleicht unterließ er es deshalb, umgehend die DDR-Vertretung in Bonn oder eine bundesdeutsche Behörde darüber zu informieren, daß er von Geheimdienstmitarbeitern genötigt worden sei. Sein Schweigen, das er sich auch mit 5.000 DM honorieren ließ, wurde ihm zum Verhängnis.

Zuweilen geriet der BND nicht nur an Duckmäuser, sondern auch an Hochstapler. Einer hieß Hans Müller-Beuthow (den Zweitnamen hatte er sich irgendwann zugelegt). Müller war Jahrgang 1907 und reiste als Rentner 1975 nach Westberlin – dort diente er sich dem BfV an. 1967 war er in der DDR wegen Betrugs zu fünf Jahren Haft verurteilt worden; sein Leben in der DDR bewegte sich meist am Rande der Legalität. Das hatte auch dazu geführt, daß die Abt. XV der Bezirksverwaltung Potsdam des MfS die Zusammenarbeit mit ihm beendete.

Ab Anfang 1976 arbeitete er unter Decknamen für das BfV in Köln. Um seinen Wert zu erhöhen, gab er vor, geheime Unterlagen zu chemischen Waffen in der DDR besorgen zu können. Daraufhin wurde er mit dem BND-Mitarbeiter »Bertram« zusammengebracht und mit nachrichtendienstlichen Hilfsmitteln ausgestattet. Müller lieh sich von seiner Bekannten Maria R. (Jg. 1939), Forschungsingenieur an der Humboldt-Universität zu Berlin, Sektion Chemie, ein Handbuch über chemische Waffen. Daraus schrieb Müller kapitelweise »hochwertige Informationen für den BND« ab.

Bei einem Treff in Köln hatte der BND Müller neun Namen von DDR-Reisekadern mit dem Auftrag übergeben, diese Adressen zu überprüfen. Unter den Personen war auch Dr. Mertink.

Müller meldete sich telefonisch aus Westberlin, wie es ihm vom BND aufgetragen worden war, um einen Zwischenbericht zu geben. Nahezu jedes Kind wußte, daß der Telefonverkehr zwischen Berlin und dem Bundesgebiet abgehört wurde – nur dem Bundesnachrichtendienst schien dies unbekannt zu sein. So erfuhr also nicht nur der BND, sondern auch das MfS, daß Dr. Mertink unter der angegebenen Adresse nicht mehr wohne. Müller machte sich jedoch anheischig, die neue Anschrift in Erfahrung zu bringen. Die übermittelte er auch wenig später auf dem gleichen Wege.

Beide Telefonate wurden von der HA III (Fernmeldeaufklärung) mitgeschnitten. Nun begann die Klärung des Vorgangs Dr. Mertink. Die Bearbeitung erfolgte durch die HA II/6 im OV »Kastanie«. Kurze Zeit später wurde auch Hans Müller beim Operativvorgang »Havel« identifiziert. Er wurde am 24. März 1983 verhaftet und am 16. Mai 1984 zu 15 Jahren Freiheitsentzug verurteilt. Vier Tage vor Weihnachten im selben Jahr wurde er gemeinsam mit Maria R., die 28 Monate bekommen hatte, in die Bundesrepublik abgeschoben. Dr. Mertink kam glimpflich davon. Das Ermittlungsverfahren endete damit, daß das ihm von BND und BfV gezahlte Honorar eingezogen wurde. 1984, zum 35. Jahrestag der DDR, erhielt er den »Stern der Völkerfreundschaft« in Silber. 1985 wurde Mertink aus »gesundheitlichen Gründen« in Rente geschickt.

Damit war die Reihe von Pannen, die dem BND während der Amtszeit von Kinkel unterliefen und an der er nicht nur formell beteiligt war, noch keineswegs beendet.

Anmerkungen

1 Verräter (gemäß Lexikon MfS): Person, die, in der Regel unter bewußter Verletzung ihr obliegender Pflichten, sich geheimzuhaltende Informationen oder Informationen, die zum Nachteil von Interessen der DDR führen können, verschafft und/oder an Unbefugte mitteilt. Die der Person obliegenden Pflichten erwachsen vor allem aus der staatsbürgerlichen Treuepflicht, aus Vertrag, Gesetz, Beruf und Tätigkeit.Verratshandlung (Auszug): Begehensweise von Straftaten, die Verbrechen gegen die DDR bzw. Vergehen und Verbrechen der allgemeinen Kriminalität darstellen. Sie ist dadurch charakterisiert, daß der Täter unter Verletzung einer ihm auferlegten Pflicht, Staats- und Dienstgeheimnisse zu wahren, oder/und unter Mißbrauch einer Vertrauensstellung derartige Geheinmisse preisgibt. Eine spezifische Form der V. kann darin bestehen, daß Militärpersonen und Angehörige von Schutz- und Sicherheitsorganen unter Bruch ihres Eides zum Feind überlaufen und ihm Staats- und Dienstgeheimnisse ausliefern. vgl. Gauck-Behörde, Wörterbuch, Nr.1/93, S.436

2 vgl. »Super! Zeitung« vom 18.10.91
3 vgl. Schmidt-Eenboom, Schnüffler ohne Nase 1993, S.42f.
4 vgl. ebenda S.63 ff
5 vgl. ebenda S. 150
6 vgl. ebenda S. 161
7 vgl. ebenda S. 168
8 vgl. ebendaS. 212
9 vgl. ebendaS.218
10 vgl. ebenda S. 308
11 vgl. »Der Spiegel »vom 20.08.79
12 vgl. Schmidt-Eennboom, Schnüffler ohne Nase, 1993, S. 328
13 vgl. ebenda S. 104
14 vgl. Berliner Zeitung vom 14. Oktober 1991
15 Vorgeschriebene Briefe (gemäß MfS-Lexikon): Briefe im Verbindungssystem Agenten - Zentrale (BND), die mit unverfänglichem neutralen Text verfaßt wurden und den Eindruck vermitteln, der Absender sei mit dem Empfänger bekannt. Zwischen den Zeilen wurde der Heimschreibtext mit unsichtbaren Geheimschreibmitteln aufgetragen. Der Agent erhielt zwischen 7 - 12 vorgeschriebene Briefe, die nach einem bestimmten Zeitraum in den Postverkehr gebracht wurden.
16 Geheimschreibmittel: Alle Flüssigkeiten, Feststoffe und Gegenstände, die in Verbindung mit verschiedenartigen Hilfsmitteln nach einem bestimmten Geheimschriftverfahren zur Anfertigung von Geheimschriften benutzt werden. G. können entweder in Form der reinen Geheimschreibsubstanz oder in Form eines mit der Geheimschreibsubstanz präparierten Trägers vorliegen. Arten sind u. a.: Geheimtinten (GT) - ältere Bezeichnung: sympathetische Tinten - sind durch Auflösen eines Stoffes in einem Lösungsmittel gewonnene klare, farblose oder schwachgefärbte Lösungen ohne Bodensatz. Als Geheimtinten finden auch in bestimmten Fällen, z. B. zum Schreiben von Kassibern, Naturstoffe (Zitronensaft, Milch, Urin) und Pharmazeutika Verwendung. Unter Verwendung von Geheimtinten werden im Direktschreibverfahren Naßgeheimschriften oder im Kontaktverfahren Kontaktgeheimschriften gefertigt.Geheimschrift-Kopierpapier (GKP), auch bezeichnet als Durchschreibebogen, Kontaktbogen, präpariertes Papier - Träger, die ein- oder beiderseitig mit einer chemischen Substanz, der Geheimschreibsubstanz, präpariert sind, oder auch Metallfolien. Unter Verwendung von Geheimschrift-Kopierpapier werden nach dem Durchschreibverfahren Trockengeheimschriften oder nach dem Kontaktverfahren Kontaktgeheimschriften gefertigt. Metallstifte und präparierte Stifte - bei Metallstiften liegt das G. in Form der reinen Geheimschreibsubstanz vor oder befindet sich als Bestandteil in der Legierung, während die präpa rierten Stifte aus dem Träger mit auf- oder eingebrachter Geheimschreibsubstanz bestehen. Unter Verwendung von Stiften werden Geheimschriften im Direktschreibeverfahren gefertigt. (vgl. Gauck-Behörde, Wörterbuch, Nr.1/93, S.133) Geheimschrift: Mittels Geheimschriftverfahren gefertigte schriftliche geheime Informationen, die dadurch unsichtbar an einen Empfänger übermittelt werden können. G. findet insbesondere Anwendung durch die Geheimdienste u. a. feindliche Zentren im Verbindungssystem mit ihren Agenten. G. kann unchiffriert oder chiffriert sein. Durch die Anwendung von Chiffrierverfahren kann der Inhalt von G. zusätzlich weitgehend konspiriert werden. Im postalischen Verbindungssystem weist der Informationsträger der G. meistens einen Tarntext auf Geheimschriftverfahren: Die Art und Weise der Anfertigung von Geheimschriften. Wesentliche Verfahren der Anfertigung von Geheimschriften sind Direktschreibeverfahren - basiert auf der Anwendung von Geheimtinten, von metallischen oder speziell präparierten Stiften bzw. anderen zum Schreiben geeigneten Gegenständen. Das Schreiben erfolgt wie mit üblichen Schreibgeräten. Beim Schreibvorgang wird das Geheimschreibmittel direkt auf den Informationsträger unsichtbar übertragen. Durchschreibeverfahren - basiert auf der Anwendung präparierter Träger (Geheimschrift-Kopierpapier), von Metallfolie oder von anderen Materialien, die wie gewöhnliches Kohle-Blaupapier behandelt werden. Beim Durchschreiben wird das Geheimschreibmittel vom präparierten Träger auf den Informationsträger unsichtbar übertragen.Kontaktverfahren: Die Geheiminformation wird zunächst unter Verwendung des Direktschreibeverfahrens bzw. des Durchschreibeverfahrens auf einen Träger (z. B. Papierbogen) aufgebracht, der mit einem weiteren Träger in Kontakt gebracht wird, wobei die Geheimschreibsubstanz auf den Informationsträger unsichtbar übertragen wird. Zur Sichtbarmachung von Geheimschriften werden spezifische chemische und physikalische Verfahren angewandt.(vgl. Gauck - Behörde, Wörterbuch, Nr.1/93, S.134)
17 Chiffriermittel: Gesamtheit der Mittel und Verfahren, die bei der Chiffrierung benötigt werden. Sie unterliegen einer strengen Geheimhaltung. Zu der C. gehören sowohl die Vorschriften und Gebrauchsanweisungen als auch die Chiffriergeräte. Chiffrierung: Die Veränderung einer Nachricht zum Zwecke der Geheimhaltung durch Umsetzen der allgemein gebräuchlichen Darstellung in eine andere. Die Art und der Umfang der Veränderung einer Nachricht erfolgt auf der Grundlage einer Vereinbarung zwischen dem Absender und Empfänger durch unterschiedliche Zuordnung der Buchstaben des Alphabetes, durch Umsetzen von Buchstaben und Wörtern in Zahlen oder Zahlengruppen oder umgekehrt sowie in

anderen Formen. Die Zuordnung in der einen Richtung nennt man C., die Rückfühuung Dechiffrierung. Eine in der allgemein gebräuchlichen Darstellung nicht chiffriert übermittelte Nachricht wird in der nachrichtendienstlichen Umgangssprache als eine im Klartext übermittelte Nachricht bezeichnet. (vgl. Gauck - Behörde, Wörterbuch, Nr.1/93, S.65)

18 Rundspruchdienst (RSD): Element im Verbindungssystem zwischen Geheimdiensten und Agenten. Spezifische Form der Funkverbindung, bei der einseitig die Geheimdienstzentrale sendet und der Agent ohne sofortige Empfangsbestätigung die Sendung mit einem Radioempfangsgerät mit oder ohne spezielle Hilfsmittel (Kurzwellenempfangsgerät, Kurzwellenkonverter) aufnimmt. Ausgehend von der Charakteristik seiner einseitigen Funksendungen an Spione, bezeichnet der BND derartige Sendungen als »Rundspruchdienst«. Zu vorgegebenen Zeiten und auf konstanten Frequenzen im Kurzwellenbereich erhalten mehrere Agenten des BND unter Nennung ihrer RSD-Rufnummer hintereinander chiffrierte Funksprüche übermittelt. Die Rufnummern werden vor der eigentlichen Spruchdurchgabe einzeln aufgerufen. Im Unterschied dazu senden andere imperialistische Geheimdienste an Agenten in der DDR zu ebenfalls vorgegebenen konkreten Zeiten und auf festgelegten Frequenzen Sprüche für jeweils nur einen Agenten. (vgl. Gauck - Behörde, Wörterbuch, Nr.1/93, S.339)

19 Instrukteur: Geworbener Agent eines imperialistischen Geheimdienstes, der im Auftrage und stellvertretend für einen Geheimdienstmitarbeiter die persönliche Verbindung in der Regel mit einem Agenten im Zielland der Geheimdiensttätigkeit aufrechterhält. Er ist über den Agenten und dessen nachrichtendienstliche Möglichkeiten umfassend informiert und führt auf der Grundlage schriftlicher Unterlagen bzw. mündlicher Unterweisungen des Geheimdienstes sowie eigener Kenntnisse, Fähigkeiten und Erfahrungen dessen Ausbildung und Instruierung durch. Der I. erteilt Aufträge, nimmt die schriftliche oder mündliche Berichterstattung entgegen, übergibt nachrichtendienstliche Hilfsmittel und materielle Vergütungen und trifft im Rahmen seiner Kompetenzen Entscheidungen. Damit nimmt der I. im Verbindungssystem eine Schlüsselstellung ein. In die Funktionen des I. kann die Funktion eines Kuriers mit eingehen. Instrukteurverbindung: eine Grundart des konspirativen Verbindungssystems zwischen imperialistischen Geheimdiensten und ihren Agenturen in einem Zielland ihrer feindlichen Tätigkeit. Sie dient vorrangig der Ausbildung und Instruierung, der Übergabe schriftlicher Anweisungen, benötigter nachrichtendienstlicher Hilfsmittel, materieller Vergütungen und der Entgegennahme interessierender Informationen und Sachen auf persönlichem Verbindungswege.(vgl. Gauck-Behörde, Wörterbuch, Nr.1/93, S.200)

20 Werber: Personen, die im Auftrage einer fremden Macht, deren Einrichtungen oder Vertreter oder für einen Geheimdienst oder ausländische Organisationen sowie deren Helfer eine oder mehrere Personen zum Zwecke der Spionageführung oder landesverräterischen Nachrichtenübermittlung anwirbt. Die Anwerbung kann sowohl in der DDR, in einem anderen sozialistischen Staat, aber auch im nichtsozialistischen Ausland vollzogen werden. (vgl. Gauck - Behörde, Wörterbuch, Nr.1/93, S.453)

21 Anwerbung, feindliche: Gewinnung einer Person durch eine fremde Macht, deren Einrichtungen oder Vertreter oder für einen Geheimdienst oder für ausländische Organisationen sowie deren Helfer zum Zwecke der Durchführung subversiver Aktivitäten, vorrangig zur Spionage, die gegen die DDR, andere sozialistische Staaten und friedliebende Völker gerichtet ist. Angeworbene werden darüber hinaus zur Bespitzelung progressiver Kräfte im eigenen Land eingesetzt. Die Gewinnung zur Zusammenarbeit trägt Prozeßcharakter und ist an keine feste Form gebunden. Die Phase der Vorbereitung ist durch eine zielgerichtete Suche, Auswahl und Aufklärung der zu werbenden Person gekennzeichnet, die eng an die Hauptangriffsrichtung und konkrete Zielstellung des jeweiligen Geheimdienstes bzw. anderweitiger Auftraggeber gebunden ist. Die Phasen der Annäherung und unmittelbaren Werbung basieren auf der Grundlage der Aufklärungsresultate und enden mit der allmählichen Einbeziehung bzw. im Ergebnis einer konspirativen Zuführung des Kandidaten mit der direkten A. Die Verpflichtung zur Zusammenarbeit kann sowohl schriftlich oder mündlich, offen oder abgedeckt vorgenommen werden. Die Gewinnung zur Zusammenarbeit basiert hauptsächlich auf der Ausnutzung vorhandener feindlicher Einstellungen, vorliegender materieller Interessiertheit oder der Wirkung kompromittierenden Materials. In der Regel werden mehrere dieser Faktoren genutzt. Die A. begründet in jedem Falle eine strafrechtliche Verantwortlichkeit. (vgl. Gauck - Behörde, Wörterbuch, 1/93, S.23 - 24)

22 vgl. Andreas Kabus: Auftrag Windrose, 1993, S. 90

23 Sondervorgang: Sondervorgänge (SV) wurden nur durch die HA II (Spionageabwehr) angelegt. Nur sie hatte das »Recht«, solche Vorgänge zu führen. In solchen Fällen handelte es sich um Vorgänge mit einer »hohen Staatsgefährdung«. Das betraf ganz allgemein Verdachtsmomente gegen Personen, die aufgrund ihrer Tätigkeit (Partei-, Staatsapparat, bewaffnete Organe u. a.) einen großen Schaden durch Verrat anrichten konnten. Die Bearbeitung solcher Vorgänge erfolgte unter strengster Geheimhaltung. Nur ein begrenzter Kreis qualifizierter operativer Mitarbeiter war in die Bearbeitung einbezogen. Sondervorgänge wurden fast ausschließlich durch die HA II/1 (Innere Sicherheit des MfS - rechtzeitiges Erkennen/Aufklärung, vorbeugende Verhinderung und wirksame Bekämpfung aller subversiven Aktivitäten des Feindes gegen Angehörige und ehemalige Angehörige des MfS sowie deren Verwandte und engen Bekannte; vorbeugende Abwehr aller Angriffe gegen das inoffizielle Netz) angelegt und bearbeitet. (vgl. Organisationsstruktur des

MfS, Gauck-Behörde Nr. 2/93,S. 55)
24 vgl. Wörterbuch der politisch-operativen Arbeit, Gauck-Behörde, Nr.1/93, S.296
25 vgl. Peter-Ferdinand Koch: DDR contra BRD, 1994, S. 424
26 Andreas Kabus: Auftrag Windrose, 1993, S. 90
27 vgl. Organisationsstruktur des MfS, Gauck-Behörde, Nr.2/93, 5.58
28 vgl. ebenda S. 70
29 vgl. ebenda S. 149
30 vgl. »Kurier«, Berlin, vom 26. November 1994
31 vgl. »Kurier« vom 25. November 1994
32 vgl. »Kurier« vom 26. November 1994
33 vgl. »Kurier« vom 26. November 1994
34 vgl. »Kurier« vom 26. November 1994
35 vgl. »Kurier« vom 28. November 1994
36 vgl. ebenda S. 14
37 vgl. ebenda S. 14
38 vgl. ebenda S. 14
39 vgl. Schmidt-Eenboom, Schnüffler ohne Nase, 1993 S. 128
40 Doppelagent: Spion eines Geheimdienstes, der unter der Tarnung einer scheinbaren inoffiziellen Zusammenarbeit mit dem MfS subversive Aufgaben seines Auftraggebers gegen das MfS realisiert. Die feindliche Tätigkeit der D. ist unmittelbar gegen die politisch-operative Einsatzfähigkeit, Kampfkraft und Zuverlässigkeit des MfS gerichtet. Grundsätzliche Ziel- und Angriffsrichtungen der D. sind: systematische Erkundung der Pläne, Absichten und Maßnahmen des MfS, Feststellung und Enttarnung von Kundschaftern im Operationsgebiet sowie inoffizieller Kräfte, Mittel und Methoden, um daraus Ansatzpunkte für gezielte subversive Angriffe gegen das MfS zu erlangen; Aufklärung und Bearbeitung von Angehörigen des MfS sowie deren Familien und Bekannten mit der Absicht, durch Aufweichung und Zersetzung oder Schaffung bzw. Sammlung und Nutzung kompromittierenden Materials Werbungen zum direkten Eindringen in das MfS durchzuführen bzw. geheimzuhaltende Informationen über die Sicherheitsorgane und andere gesellschaftliche Bereiche sowie über die Strategie und Taktik der Partei- und Staatsführung durch nachrichtendienstliche Abschöpfung zu gewinnen oder gezielt Verratshandlungen vorzubereiten; Feststellung offizieller und konspirativer Objekte des MfS, um Angehörige des MfS bzw. IM zu identifizieren und Ansatzpunkte für eine weitere Bearbeitung zu schaffen; Desorientierung der Arbeit der Sicherheitsorgane mit dem Ziel, die Kampfkraft, vor allem in Konfliktsituationen, zu lähmen bzw. durch Ablenkung von der Realisierung der Hauptaufgaben die Absichten und Maßnahmen des MfS zu durchkreuzen.Die Hauptmethoden der Schaffung von D. bestehen in der Anschleusung von Spionen an Dienststellen des MfS, an Institutionen und Einrichtungen, zu denen das MfS offizielle Kontakte unterhält, sowie an Angehörige des MfS, deren Verwandte und Bekannte und an inoffizielle Kräfte; Überwerbung im Operationsgebiet tätiger IM.(vgl. Gauck-Behörde, Wörterbuch, Nr.1/93, S.80 - 81)
41 vgl. Schmidt-Eenboon, Schnüffler ohne Nase, S. 104
42 vgl. ebenda S. 10
43 vgl. »Neues Deutschland« vom 5./6. Mai 1979
44 vgl. »Neues Deutschland« vom 9. Mai 1979
45 Operativ angefallende Person, die wegen ihrer Handlungen, ihrer Verbindungen/Kontakte (vor allem ins Operationsgebiet), ihrer Einstellungen (insbesondere zur sozialistischen Entwicklung) oder anderer operativ interessanter Persönlichkeitsmerkmale dem MfS als negativ bzw. feindlich bekannt wird. Die unterschiedliche Qualität, in der P. operativ anfallen, wird in der politisch-operativen Arbeit als Hinweis auf eine feindlich-negative Handlung, als operativ bedeutsamer Anhaltspunkt, als Verdacht oder als dringender Verdacht bezeichnet. Voraussetzung für eine solche Bewertung ist eine exakte politisch-operative und rechtlich (bei der Herausarbeitung des Verdachtes oder dringenden Verdachts insbesondere strafrechtliche) Einschätzung.(vgl. Gauck-Behörde, Wörterbuch, Nr.1/93 S. 311)
46 Kulturbund der DDR (KB): Der Kulturbund wurde am 3. Juni 1945 gegründet. Der KB war die größte Kulturorganisation in der DDR. 1989: 272.000 Mitglieder, die sich in mehr als 11.700 Interessensgemeinschaften allen Seiten des kulturellen Lebens in Städten und Dörfern widmete. Ihre Aufmerksamkeit galt der Arbeitskultur, der Förderung von Bildung, Wissenschaft, Technik und Schutz von Natur und Umwelt. Pflege und Aneignung des Kulturerbes, die Verbreitung von Kultur und Literatur gehörte ebenfalls zu ihren Aufgaben.

Die Aktion »Perspektive«

BND-Präsident Klaus Kinkel veranlaßte Ende 1980 in der Dienststelle »Ring« eine Neuprofilierung und -orientierung der Arbeit gegen die DDR. »Ring« gehörte zur Abteilung I (Beschaffung) der Zentrale Pullach, Unterabteilung (UA) 12, Sowjetblock[1]. Strukturell war »Ring« das Referat 12 D (Militäraufklärung DDR-Nord, kurz »Mil-DDR-Nord«), eine agenturführende Dienststelle[2] in der Grünenstraße in Bremen.

Die Umprofilierung und Umorientierung war unmittelbare Folge der erfolgreichen Operation der DDR-Spionageabwehr gegen die Dienststelle »Tempel« in Westberlin, über die an anderer Stelle bereits berichtet wurde. Pullach orientierte auf eine qualitative und quantitative Verbesserung der Quellenlage. Dazu wurden Mitarbeiter ausgewechselt. Es sollte schnell ein arbeitsfähiges Agentennetz aufgebaut werden. Dazu konzentrierte man sich auf DDR-Bürger, die aus dienstlichen Gründen (etwa Berufskraftfahrer)[3] oder privat in die Bundesrepublik oder nach Westberlin reisten. Zugleich versuchte man BRD-Bürger anzuwerben, die in die DDR fuhren.

Die Spionageangriffe sollten auf das gesamte Gebiet der DDR ausgedehnt und der bis dahin von der BND-Zentrale festgelegte Operationsraum im Norden der DDR ausgeweitet werden. Das Hauptaugenmerk richtete sich unverändert auf die Westgruppe der Sowjetischen Streitkräfte und die NVA.

Gefordert wurde ferner, daß die »Ring«-Dienststelle wie gehabt zum aktuellen Lagebild der DDR in Pullach beitrug und alle »Spannungsmerkmale«[4], die auf eine Lageveränderung in der DDR hinwiesen, sofort gemeldet wurden.

Mit diesen Maßgaben begann die »Ring«-Dienststelle mit einer umfangreichen und massiven Aufklärungs-, Anbahnungs- und Werbeoperation gegen DDR-Kraftfahrer im grenzüberschreitenden Verkehr. Dazu wurden verstärkt Observationskommandos (Beobachtungsgruppen) des BND einbezogen.

Berufskraftfahrer waren mobil und kannten sich in der DDR aus, sie kamen viel umher und auch in die Bundesrepublik, wo der Kontakt zum BND nicht auffiel. So die Milchmädchenrechnung von Kinkel & Co.

Die ersten Aktivitäten in dieser Richtung bemerkte die Linie XIX des MfS über ihre IM. Dadurch waren wir in der Lage, mit einer Gegenoperation (»Perspektive«) zu reagieren. Sie wurde unter hoher Geheimhaltung vorbereitet und durchgeführt. Erstmals gelang im MfS eine zentral geleitete Gegenoperation – jenseits des berüchtigten »Linienegoismus«. Eingebunden in diese Aktion waren auch die Bezirksverwaltungen Erfurt, Gera, Leipzig, Halle, Schwerin und Karl-Marx-Stadt (Chemnitz).

In den Jahren von 1982 bis 1989 wurden zum Beispiel von der Bezirksverwaltung Erfurt zehn Spione inhaftiert. »Vom BND wurden besonders Reisekader aus der DDR, Kraftfahrer im grenzüberschreitenden Verkehr, aber auch Bürger der BRD, die Verwandte in der DDR besuchten, zur Mitarbeit angeworben. So konnten wir einen westdeutschen Bürger festnehmen, der im Auftrag des BND Kontakte zu Mitarbeitern von Betrieben der Mikroelektronik geknüpft hatte. Für Chips und Informationen aus den Betrieben war man sehr freigiebig«, berichtete der Chef der Bezirksverwaltung Josef Schwarz.[5]

Der westdeutsche Bürger hieß Rudolf Brembach (Jg. 1950), ein Servicetechniker, der bei einer Gegenoperation der HA II/4 und der Abteilung II der BV Erfurt als BND-Spion enttarnt und festgenommen wurde. Brembach hatte die DDR-Bürger Rainer Hübner (Jg. 1948), Marve Hübner (Jg. 1950), Jürgen Weber (Jg. 1951) und Ilona Weber (Jg. 1953), die im Kombinat Mikroelektronik Erfurt tätig waren, für den BND angeworben.[6]

In die Aktion »Perspektive« eingebunden war auch die HA III, die für die fernmeldetechnische Aufklärung zuständig war. Sie begleitete mit ihren funktechnischen Möglichkeiten den BND auf seinem Territorium bei der Anbahnung, Werbung und Treffdurchführung. So konnte von 1980 bis 1986 das Agentennetz der »Ring«-Dienststelle unter DDR-Kraftfahrern im grenzüberschreitenden Verkehr vollständig enttarnt und damit die Arbeitsfähigkeit eines Teils dieser Dienststelle vorübergehend lahmgelegt werden. Etwa 120 Kraftfahrer waren vom BND observiert und angeworben worden, davon wurden 15 als Agenten enttarnt und festgenommen. Diese erhielten Strafen bis zu 15 Jahren. 15 weitere wurden vom BND geworben, offenbarten sich aber dem MfS und wurden dann als IMB gegen den BND eingesetzt. 30 Kraftfahrern wurde nachgewiesen, daß sie kurzzeitig Kontakt zum BND unterhielten, ohne daß sie geworben wurden. Deshalb wurde von strafrechtlichen Maßnahmen abgesehen. 60 weitere DDR-Kraftfahrer waren als Zielpersonen des BND identifiziert worden. Hinzu kam, daß das MfS im Zusammenwirken mit der Militärstaatsanwaltschaft in Verkehrsbetrieben bei zehn öffentlichen Veranstaltungen Prozesse gegen ihre Kollegen auswerteten. Solche Veranstaltungen hatten vor allem vorbeugenden Charakter.

Nach Beendigung der Gegenoperation »Perspektive« mußte der BND 1986 erneut eine umfangreiche Pannenauswertung[7] vornehmen.

Der letzte Leiter der Bezirksverwaltung Erfurt, Josef Schwarz, erinnerte sich: »Von den Kraftfahrern, die von westlichen Geheimdiensten angeworben wurden, konnten wir in meiner Amtszeit zwei oder drei enttarnen und inhaftieren (*Hans-Jürgen Schops, Jg. 1952, und Gerald Biedermann, Jg. 1953 – d. A.*). Die Aufträge, die sie erhalten hatten, waren von der realen Lage in der DDR oft weit entfernt. Außerdem, was konnte schon jemand berichten, der nur an den Wochenenden zu Hause war, um sich auszuschlafen? Um ihre Auftraggeber nicht ganz zu enttäuschen, machten einige dieser Kraftfahrer Umwege, die an militärischen Einrichtungen vorbeiführten. Für ihre billigen Informationen wurden sie oft gut bezahlt. Dabei war es für die Abwehr eine Kleinigkeit, die Spione zu täuschen, indem man Antennenanlagen und Attrappen auf den Truppenübungsplätzen aufbaute.

Daß die Militärspionage (*des BND – d. A.*) und ihre Abwehr im Bezirk Erfurt ein Schwerpunkt war, hing unter anderem damit zusammen, daß im Thüringer Raum die legendäre Stalingrad-Armee, die 8. Gardearmee der Westgruppe der Sowjetischen Streitkräfte, lag.

Diese Überbetonung des militärischen Aspekts hatte eigentlich nach dem Abschluß des INF-Vertrages keine große Berechtigung mehr, sie zeigte aber das große Mißtrauen, das nach wie vor, trotz aller Verträge und diplomatischer Verhandlungen, zwischen den beiden großen Militärblöcken herrschte.«[8]

Die »Ring«-Dienststelle hatte umfangreiche logistische Maßnahmen eingeleitet, die im Rahmen der Suche und Anwerbung von Agenten zum Einsatz kamen. Sie bediente sich dabei der Hilfe und Unterstützung sowohl staatlicher (z. B. Verfassungsschutz) als auch kommerzieller Einrichtungen. Sehr eng wurde mit den

Grenz- und Zollbehörden, den »Grenzüberwachungsorganen der BRD«[9], zusammengearbeitet.

Insbesondere spielte dabei das Grenzmeldenetz (GMN) des BND eine Rolle. Das GMN war eine »Sammelbezeichnung für alle mit Sicherungs- und Kontrollaufgaben an den Grenzen und im grenzüberschreitenden Personen- und Güterverkehr befaßten Behörden und Dienststellen der Bundesrepublik Deutschland, die im Wege der Amtshilfe in Form der Beschaffung von geheimen Nachrichten und Personenhinweisen und der sonstigen Unterstützung der nachrichtendienstlichen Arbeit genutzt werden. Soweit das GMN durch Abschöpfung von Grenzmeldequellen, Beobachtung, Beschaffung von Originalunterlagen und Verwertung schriftlicher Unterlagen geheime Nachrichten beschafft, wird es als rezeptive Quelle genutzt.«[10]

So erfolgten Befragungen an den Grenzübergangsstellen, gezielte Kontrollmaßnahmen gegen Personen und Fahrzeuge im grenzüberschreitenden Verkehr sowie die Dokumentation von Ausreise-, Fracht- und Zollpapieren.

Bei diesen Unterlagen interessierten die Personalien, Wohnanschriften, Bestimmungsorte der Ladungen und die Aufenthaltsdauer in der BRD. Bereits 1979 gab es eine Geheimverfügung des Bundesinnenministeriums zur umfassenden Kontrolle von DDR-Bürgern bei ihrer Einreise. In der Weisung aus Bonn hieß es u. a.: »Namentliche Erfassung von Bewohnern der DDR mit Angaben zur Person, zum Auftraggeber, zum Zeitpunkt des Grenzübertritts, zum Reisezweck und zum Reiseziel in die Bundesrepublik Deutschland... (sowie) Einreisende über die Grenze zur DDR und über Flughäfen auf Weisung der Grenzschutzdirektion; sie ergeht auf Antrag des Bundesnachrichtendienstes.« Und weiter wurden aufgelistet: »Funktionäre der DDR und andere Reisende, die wegen ihren politischen Aktivitäten oder ihres Reisezwecks bedeutsam erscheinen sowie Rentner, Frührentner, Besuchsreisende, Gastarbeiter, Schiffsbesatzungen, Flüchtlinge, Abgeschobene, Umsiedler und Haftentlassene.«[11]

Parallel zur allgemeinen Personenfahndung an den Grenzübergangsstellen liefen Observationsmaßnahmen besonders im Großraum Hamburg. Oft nahmen die Beobachtungen ihren Anfang auf dem Lohseplatz in Hamburg, einer Meldestelle für LKW-Fahrer aus der DDR. Andere Anlaufstellen waren Speditionsfirmen, die ständig von LKW aus der DDR angefahren sowie Stellplätze, die regelmäßig genutzt wurden. Auf diese Weise wollte der BND eine lückenlose Kontrolle der Fahrer, um Angaben über Verhalten, Lebensgewohnheiten und Kontakten zu gewinnen. Damit wiederum wollte man Druckmittel für eine Werbung schaffen.

Die Kontaktierung der Zielperson durch den BND-Mitarbeiter erfolgte in der Regel unter Verwendung von Legenden auf offener Straße, in Gaststätten, auf öffentlichen Plätzen, in Kaufhäusern usw.

War ein solcher Kontakt hergestellt, wurde ein weiterer BND-Mitarbeiter einbezogen.

Die Legenden, weshalb man jemanden aus dem Osten ansprach, reichten vom Versicherungsvertreter, An- und Verkäufer von geschädigten LKW-Warensendungen, Mitarbeiter von Meinungsforschungsinstituten bis hin zu neugierigen Journalisten. Oft traf man einen »Landsmann«. War der Kontakt hergestellt, erfolgte stets die Einladung zu einem Gaststättenbesuch. Dabei wurde die Tatsache, daß die Kraftfahrer aus der DDR nur über wenig DM verfügten, ausgenutzt. Man zeigte sich großzügig und zahlte die Zeche.

Nach einem solchen Gespräch erhielt der Fahrer eine Telefonnummer, unter der er sich melden sollte, wenn er wieder einmal in der Gegend war. Das taten die wenigsten, was der BND wußte. Und darum gab es bald ein erneutes zufälliges Zusammentreffen.

Während der Anbahnungsphase wurde meist über Tagesfragen, Alltagsprobleme und die persönliche Situation des Kraftfahrers gesprochen. Es gab aber auch Fälle, wo bereits in dieser Phase nach militärischen und anderen »interessanten« Problemen gefragt wurde. Diese Gespräche in der Anbahnungsphase dienten vor allem der Aufklärung des Persönlichkeitsbildes und der Einschätzung, ob der Angesprochene geeignet sei. Deutlich wurde das auch dadurch, daß sich die BND-Mitarbeiter in der Regel erst nach dem fünften Gespräch, in Einzelfällen erst nach dem zehnten Gespräch outeten.

Die Bezahlung der Zeche, Übergabe von Bargeld und Geschenken erzielte nicht selten Wirkung. Unsere Untersuchungen ergaben durchgängig, daß nicht aus politischen Gründen die DDR-Personen, die auf diese Weise vom BND gewonnen wurden, gegen ihre Heimat aktiv wurden, sondern ausschließlich aus materiellen Vorteilen. Das machte den Vorgang nicht weniger schlimm, zeigte aber, daß ideologische Motive – wie sie noch in den 50er Jahren dominierten – in den 80er Jahren kaum noch eine Rolle spielten. Man kann diese Veränderung auch negativ interpretieren: Die DDR-Reisekader waren kleinbürgerlich geworden. Und nachdem sie sich wiederholt einiges hatten zustecken lassen, trauten sie sich auch nicht mehr, sich gegenüber dem MfS zu offenbaren. Sie waren, was ja auch Sinn der Übung war, kompromittiert.

Die Werbung erfolgte in mündlicher Form, und jeder neu geworbene Agent erhielt einen Decknamen. Mit diesem Decknamen meldete er sich telefonisch bei seinem Agentenführer. Er quittierte finanzielle Zuwendungen ebenfalls mit dem Decknamen.

Bei genauerer Untersuchung der Anbahnung und der weiteren Zusammenarbeit wurde auch der Druck der BND-Mitarbeiter erkennbar, unter dem sie offenkundig standen. Sie brauchten möglichst rasch Erfolge. Alle Agenturen besaßen grundsätzliche Erläuterungen über Interessensschwerpunkte, personenbezogene Spionageaufträge, Hinweise zum Vorgehen bei der Informationsbeschaffung sowie Sicherheitsinstruktionen. Bedenken der »Neugeworbenen« wurden ausgeräumt und sie über das Verbindungssystem des BND, in das sie nun integriert waren, informiert.

Wesentlicher Bestandteil dieser Einbindung in das Verbindungssystem, war der persönliche oder direkte Treff. Die BND-Mitarbeiter strebten regelmäßige Treffen mit Berichterstattung, Auftragserteilung, Instruierung und Schulung an, am besten monatlich einmal. Einige der Aufträge blieben aktuell und wurden ständig abgefragt.

Daneben fragte man nach speziellen Informationen. Das betraf insbesondere den Stand der sowjetischen Panzertechnik. Um die Identifizierung festgestellter Typen zu gewährleisten, wurden die Agenturen mit Hilfe von Bilderkennungstafeln intensiv geschult. Jahrelang versuchte der BND, Informationen zum Panzer T 80 zu beschaffen. Er versprach erhebliche finanzielle Mittel, wenn die Stationierung dieses Panzertyps auf dem Territorium der DDR bestätigt, ihre Standorte benannt und technische Details beschrieben worden wären. Dennoch gelang das nicht.

Die Treffs fanden vorwiegend im norddeutschen Raum statt, in Ausnahmefällen auch im südlichen Raum der BRD oder im westlichen Ausland. Aus Sicherheitsgründen erfolgten keine Treffs an Orten, wo sich viele DDR-Kraftfahrer aufhielten. In der Mehrheit hatten die Agenten sogenannte Vortrefforte – Bahnhöfe, Kaufhäuser, Gaststätten, Sehenswürdigkeiten usw. Dort wurde Sichtkontakt zum BND-Mitarbeiter hergestellt, dem bis zum Treffort gefolgt wurde: in eine Gaststätte, in den PKW des BND-Mitarbeiters usw.

Nach Abwicklung des geheimdienstlichen Teils wurde dann zum vergnüglichen übergegangen. Oft stand ein Besuch auf der Hamburger Reeperbahn auf dem Programm. Gemeinsame Erlebnisse von Agent und Agentenführer sollten eine enge Bindung an den Geheimdienst herstellen.

Man instruierte die Fahrer aus der DDR präzise, wie sie sich konspirativ im Westen, vor und nach dem Treff, verhalten sollten: beim Verlassen des LKW die Gardinen des Fahrerhauses zuziehen, um ein Schlafen vorzutäuschen; die LKW auf Parkplätzen abstellen, auf denen keine anderen Kraftfahrer aus der DDR waren. War ein Beifahrer dabei, mußte der Treff ausfallen. Deshalb sollte möglichst ohne Beifahrer gefahren werden. Zu den Treffs sollte eine Kleidung getragen werden, die nicht auf die Kraftfahrer-Tätigkeit hinwies. Ständig sollte der Weg zum und vom Treff unauffällig kontrolliert werden. Alle Agenten hatten die Weisung, bei ihren Aufenthalten in der BRD sich regelmäßig telefonisch zu melden: um einen Treff zu verabreden oder nur um zu signalisieren, daß man wieder im Lande sei.

Prioritätsstufe 1

Die Beschleunigung des Raketenwettlaufs zwischen den Blöcken Ende der 70er, Anfang der 80er Jahre (die NATO stationierte in Westeuropa Pershing II und Cruise Missile, der Warschauer Pakt in der DDR und in der CSSR ihre atomar bestückten Mittelstrekkenraketen vom Typ SS-20) hatte auch Konsequenzen für die Militärspionage des BND. Sie bekam absolute Priorität bei der Informationsbeschaffung (Stufe 1)[12]. Die Dienststelle »Ring« intensivierte ihre Aktionen. Alles war darauf gerichtet, Indikatoren[13] eines möglichen Angriffs des Warschauer Paktes – sogenannte Spannungsmerkmale und Frühwarnzeichen – zu erkunden. Einige Agenten wurden speziell dafür geschult. Etwa 120 Militärobjekte der Sowjetarmee und rund 60 bei der NVA und den Grenztruppen der DDR erfreuten sich besonderer Aufmerksamkeit des Dienstes. Das betraf Führungsstäbe, Truppen der Landstreitkräfte, vorrangig Panzerverbände, mobile mot.-Schützen-Einheiten, Kampfhubschraubergeschwader, Pioniertruppen und ihre Ausrüstung, Artillerieeinheiten, Luftstreitkräfte einschließlich der von ihnen genutzten Flugplätze sowie das Diensthabende System, und natürlich: Raketeneinheiten aller Art. Man interessierte sich naturgemäß dort für alles: den exakten Standort, die Lage der Gebäude und die Umgebung des Objektes, für die Begrenzung, die Bewachung, Einsichtmöglichkeiten; Nationalität und Waffengattung der dort stationierten Militärangehörigen, für den Verkehr und die Bewegung zum Objekt, für die Zivilbeschäftigten, Serviceleister, Warenanlieferer usw.

Die Agenten sollten Truppenbewegungen vor allem in der Nähe der Grenze zur BRD beobachten und melden: Tag, Ort und Zeit der Feststellung, Fahrtrichtung, Anzahl der Fahrzeuge, Fahrzeugtypen, Waffentechnik, technischer Zustand des mitgeführten Gerätes, polizeiliche Kennzeichen, Manöverhandlungen, Truppenverladungen an Bahnhöfen der Reichsbahn etc. Man war auch bestrebt, direkt in die NVA einzudringen. So hatten Agenten den Auftrag, NVA-Offiziere aus dem eigenen Umfeld für den BND zu tippen, um diese für den BND zu gewinnen. Außerdem sollten geeignete Verwandte oder Bekannte für einen längeren Dienst in der NVA gewonnen werden, um sie dann abzuschöpfen oder dem BND zuzuführen.

Zum allgemeinen Auftrag der Agenten gehörte es, über Stimmungen und Gerüchte in der Bevölkerung zu berichten. Und man interessierte sich für das System der operativen Arbeit des MfS, für inoffizielle und hauptamtliche Mitarbeiter des Ministeriums.

Für die Übermittlung der Nachrichten wurden nunmehr häufiger als vorher Signalkarten eingesetzt. In der Regel erhielten die Agenten den Auftrag, jede Ansichtskarte doppelt zu beschaffen und diese dem BND zu übergeben. Sie wurden dort beschrieben und mit der Deckadresse versehen und dann im Container wieder zurückgesandt. Die Instruktion war schriftlich beigefügt, wie damit zu verfahren sei: Mit der Stellung der Briefmarken bzw. bestimmter Punktierungen unter der Postleitzahl der Deckadresse etwa wurden dem BND verabredete Signale übermittelt.

Agenten, die aus dem grenzüberschreitenden Verkehr ausschieden, wurden langfristig in das postalische Verbindungssystem eingebaut. Sie erhielten entsprechende geheimdienstliche Hilfsmittel.

Die Deckadressen befanden sich in Schleswig-Holstein einschließlich Bremen und Hamburg sowie in Niedersachsen, die Postleitzahlen begannen mit 2 oder 4. Die Empfänger waren nicht existent. Nicht zustellbare Briefsendungen wurden vereinbarungsgemäß von der Post dem BND übereignet. Einige wenige Agenten unter den Kraftfahren besaßen auch Deckadressen, an die ausschließlich Briefe von Westberlin aus gesandt werden durften.

Einmal monatlich sollten die Agenten einen Geheimschriftbrief versenden. In Spannungszeiten sollte die Frequenz erhöht werden. Bis zu 40 vorgeschriebene Briefe mit verschiedenen Deckadressen wurden pro Mann ausgegeben, das reichte etwa drei Jahre. Danach erfolgte die Neuversorgung über einen Toten Briefkasten.[14] Über Funk (RSD) erhielten die Agenten Mitteilung, wann, wo und wie der TBK geleert werden sollte. Neben geheimdienstlichen Hilfsmitteln wurde dort oft auch Geld deponiert.

In der ersten Hälfte des Jahres 1986 brach der BND alle geheimdienstlichen Verbindungen zu den noch aktiven Agenten bei den Kraftfahrern ab. Es hatte sich gezeigt, daß der betriebene Aufwand und die Ergebnisse in keinem günstigen Verhältnis standen, außerdem war ein Großteil der spionierenden DDR-Kraftfahrer aufgeflogen und verurteilt. Die Agentenführer begründeten diesen Schritt mit den umfangreichen Gegenmaßnahmen des MfS, die die Gefährdung der Agenten erhöht habe. Die Zusammenarbeit werde aber nur vorläufig eingestellt. Oft riet man dem DDR-Bürger mit Nachdruck, in der BRD zu verbleiben, und wenn sie dennoch zurückkehrten, erhielten sie eine großzügige finanzielle Abfindung. Sie hatten alle geheimdienstlichen Hilfsmittel (Deckadressen, Signalkarten, Container u. a.) an den BND zurückzugeben oder zu vernichten. Nach »einer gewissen Zeit«, in »einigen Jahren« würde man sich vielleicht wieder treffen, hieß es beim Abschied vage.

Das Abschalten der eigenen Spione wurde allerdings noch durch einen Treppenwitz begleitet. Die Medien in der Bundesrepublik entdeckten Ende 1985 unter den Kraftfahrern von Deutrans, der international tätigen DDR-Spedition, reihenweise Agenten. Aber nicht des BND, sondern des MfS. Dadurch gerieten völlig Unschuldige in die Mühle der Medien und auch der Justiz. Der letzte Chef der BV Erfurt berichtete von zwei Kraftfahrern aus Eisenach. »Obwohl sie absolut nichts mit dem MfS zu tun hatten, wurden sie nur aufgrund einer Verdächtigung eines Unterführers der Bundeswehr für mehrere Monate inhaftiert. Das Verfahren mußte eingestellt werden, weil sich die Behauptungen nicht beweisen ließen. Die psychische Belastung für die unbescholtenen Bürger war jedoch so groß, daß einer der beiden Kraftfahrer sehr lange brauchte, um mit dem Trauma der Verhaftung fertigzuwerden.«[16]

Bis heute ist unklar, wer hinter dieser Pressekampagne steckte. War es Rache des BND, als er merkte, daß er vom MfS mit Hilfe der DDR-Kraftfahrer im grenzüberschreitenden Verkehr an der Nase herumgeführt wurde? Möglich auch, daß das Bundesamt für Verfassungsschutz dahinterstecke. Es hieß, dem BfV sei durch einen Agenten zugetragen worden, daß viele ehemalige Panzerfahrer der NVA Aufklärungsfahrten in der BRD und Westeuropa unternehmen würden.

1987 versuchte die HA II – gemeinsam mit der HA XIX – diese Frage zu klären. Ein IMB, der zu dieser Zeit noch Verbindung zur »Ring«-Dienststelle unterhielt, aber nicht mehr zu den Kraftfahrern im grenzüberschreitenden Verkehr gehörte, traf sich mit dem BND-Mitarbeiter »Odenwald«. Der erklärte, daß der BND nichts damit zu tun habe. »Wir wären ja blöd, wenn wir unsere Kenntnisse der Presse gesteckt hätten. Die Presse nimmt alles für bare Münze, wenn man den Journalisten was steckt. Das aber waren wir nicht. Nicht ausgeschlossen, daß die Idioten vom MAD dahinterstecken. Die stehen unter Erfolgszwang, werden von uns und vom Verfassungschutz nicht für voll genommen – vielleicht wollten sie dadurch auf sich aufmerksam machen?«

Elb- und Havelschiffer

Die beiden Beschaffungsdienststellen »Ring« in Bremen und »Isarsalon« in München setzten Militärspione auch auf den Transitwasserstraßen der DDR ein.[17] Bei den Agenten handelte es sich um BRD-Bürger, die als Binnenschiffer zwischen der BRD und Westberlin fuhren. Die meisten verfügten als Schiffsführer über Erfahrungen bei der Benutzung von Wasserstraßen der DDR, sie besaßen genaue territoriale Kenntnisse und konnten Beobachtungen über Militärbewegungen, Baumaßnahmen, Grenzregime u. a. machen. Schiffsführer von Tankschiffen schienen am geeignetsten, weil sie ständig unterwegs waren.

Die HA II konnte etwa 12 solcher Agenten identifizieren. Nach anderer Quelle führte der BND etwa 30 Binnenschiffer als Agenten.[18] Nur wenige wurden vom MfS festgenommen, da die offizielle Beweisführung sehr kompliziert war. Inoffiziell war ihre Anbindung am BND beispielsweise dadurch belegt, daß sich einige dieser Personen von ihren Schiffen mit ihren Agentenführern bzw. einer BND-Dienststelle in Verbindung setzten, sie wurden von der Funkaufklärung der HA II des MfS geortet.

Der letzte Fall wurde im November 1989 vor dem Militärobergericht der DDR verhandelt. Der Bundesbürger Peter S., Steuermann auf einem Binnenschiff, hatte während seiner Fahrten über die Elbe und Havel nach Berlin (West) neun Übungsplätze der NVA und der Sowjettruppen ausgespäht und dafür insgesamt 11.000 DM Agentenlohn erhalten. Peter S. erhielt sieben Jahre Haft.[19] Die er aber nicht abzusitzen brauchte. Er zählte zu den »guten Agenten« und gehörte nach der Wende zu den Siegern der Geschichte.

Kurioses

Im Jahre 1986 begann Pullach Personendossiers über Privat-Reisende aus der DDR anzulegen. »Die daraus gewonnenen analytischen Ergebnisse veranlaßten den BND bereits 1986, seine agentursteuernden Dienststellen gezielt auf die geheimdienstliche Nutzung dieser Personenkategorie zur Organisierung subversiver Angriffe gegen die DDR, insbesondere zur Schaffung neuer Spionagestützpunkte auf dem Territorium der DDR, zu orientieren«, heißt es in einer geheimen Verschlußsache des MfS vom April 1987.[20] Dabei passierte auch Kurioses:

Im Mai 1989 wurden unter dem Dach des Kreiskrankenhauses in Bad Elster nachrichtendienstliche Hilfsmittel für den einseitigen Funkverkehr (RSD, Empfänger, Frequenztabelle, Schlüsselrolle u. a.) gefunden. Da die komplette Schlüsselrolle vorhanden war, konnten nachträglich alle zwischen 1985 und 1987 vom BND an den Agenten gesendeten Sprüche dechiffriert und der Empfänger identifiziert werden. Es handelte sich um den ärztlichen Direktor des Kreiskrankenhauses Klaus Sch. (Jg. 1943).

Dieser war etwa im August 1985 mit einem Bekannten aus Bremen zusammengetroffen und hatte seine Bereitschaft zur Zusammenarbeit mit dem BND erklärt, wenn dieser seine Übersiedlung in die Bundesrepublik betriebe und er dort eine Starthilfe bekäme. Etwa ab Oktober 1985 begann Dr. Sch. auf dem üblichen Postweg Informationen an den Bundesnachrichtendienst zu schicken. Anfang 1987 setzte er sich bei einer Reise in dringender Familienangelegenheit in den Westen ab. Der BND verschaffte ihm den zugesagten Job.

Nicht minder kurios ist ein »Spionagefall«, der erst nach der Wende »gelöst« wurde. 1978 suchten wir nach einem Spion, der damals etwa zwei bis drei Jahre für den BND gearbeitet hatte und dann verstummt war. Dieser Agent lief bei uns unter der Bezeichnung »Zwilling«.

Ende 1991 war ein vormals operativer Mitarbeiter, der sich jahrelang mit diesem Fall befaßt hatte und alle Fahndungsmerkmale der Schrift dieses Spions im Kopf hatte, beim Arzt. Er erkannte die Schrift der Ärztin – er hatte »Zwilling« gefunden. Er war so verdattert, daß er fast herausgeplatzt hätte: »Sie suche ich schon seit Jahren!«

Er unterließ es. Weshalb sollte er dieser Frau noch nachträglich Angst machen?

Urteil

Das Ende der Aktion »Perspektive« fiel in die Amtszeit des BND-Präsidenten Hans-Georg Wieck. Dieser erhöhte den Leistungsdruck zur Rekrutierung neuer menschlicher Quellen in der DDR.[21] Er sah ein ineffektives Agentennetz und überall Unzulänglichkeiten. In einer Geheimen Verschlußsache der HA II von 1987 wurde dazu festgestellt: »Der BND hat aus diesem Grunde gezielte Maßnahmen konzeptioneller, struktureller und personeller Art eingeleitet, um die Agenturarbeit qualitativ zu verbessern! Diese Maßnahmen beinhalten vor allem:

– die Umstrukturierung agentenführender Dienststellen des BND,
– die Erweiterung der strukturellen und personellen Basis zur Verstärkung der Angriffe gegen das MfS,
– die Verstärkung der vom Territorium Westberlins ausgehenden agentischen Angriffe.

Eine wesentliche Ursache für die sich beim BND abzeichnende Veränderung ist in den wirksamen operativen Maßnahmen des MfS gegen den BND zu sehen, an denen die Diensteinheiten der Linie II einen wesentlichen Anteil haben. Hervorzuheben sind dabei mehrere gezielte offensive Maßnahmen gegen hauptamtliche Mitarbeiter des BND sowie die seit 1985 erfolgten Festnahmen bzw. Entlarvungen einer ganzen Reihe von BND-Spionen. Das führte zu erheblichen Verunsicherungen in der Zentrale und in agentursteuernden Dienststellen des BND.

So konnte in beispielhafter Zusammenarbeit der Diensteinheiten der Linie II und XIX in der Aktion ›Perspektive‹ das Agentennetz des BND unter DDR-Kraftfahrern im grenzüberschreitenden Verkehr vollständig enttarnt und somit die Arbeitsfähigkeit der BND-Dienststelle Ring weitgehend paralysiert werden. Diese Schläge des MfS mußten fast zwangsläufig zu internen Überprüfungen im BND führen. In deren Ergebnis erfolgte offenbar die Versetzung mehrerer Agentenführer, um sie dem Blickfeld des MfS zu entziehen. Alle noch nicht vom MfS festgenommenen Agenturen unter dem Kreis der DDR-Kraftfahrer im grenzüberschreitenden Verkehr wurden abgeschaltet, darunter natürlich auch unsere IMB.«[22]

Was die Militärspionage der Organisation Gehlen bzw. BND gegen den Osten darstellte, erklärte einmal Franz-Josef Strauß (1915 – 1988): »Als deutscher Verteidigungsminister wurde ich natürlich auch vom Bundesnachrichtendienst über die militärische Stärke der Sowjetunion unterrichtet, mit dem auch die Amerikaner zusammenarbeiteten. Die Frage war aber weniger, was der BND an fremden Material oder eigenen Erkenntnissen beschaffen konnte, die entscheidende Frage war, von welchen Stärkeverhältnissen auf der anderen Seite unsere amerikanischen Verbündeten ausgingen. Die Vorstellung, daß der deutsche Verteidigungsminister sozusagen mit seinem eigenen Lagebild im Bündnis gegenüber den USA hätte auftreten können, weil man über eigene Kundschafter über ein vollständiges eigenes Informationsnetz und deshalb über Souveränität auf dem Felde der Aufklärung verfügt, ist theoretischer Natur. Auch der Hinweis auf die große Rußlanderfahrung der Deutschen im zweiten Weltkrieg geht an der Realität vorbei. Die deutsche Rußlanderfahrung war Vergangenheit, und was unsere Agentenaufklärung betraf, war sie fast gleich Null. Die individuelle Spionage hatte sich nach dem zweiten Weltkrieg, besonders nach der Übernahme der Organisation Gehlen als BND in den Dienst der Bundesrepublik Deutschland 1956 sehr schnell zurückentwickelt. Was blieb, war vor allem die elektronische Aufklärung, also Abhörtechniken aller Art, und die Auswertung der Publizistik aus dem Bereich des potentiellen Gegners.«[23]

Komplexe Spionageabwehr
Während der Aktion »Perspektive« wurde erstmals eine komplexe Spionageabwehr praktiziert, die über die klassischen Abwehrmethoden der Linie II hinausging. Traditionell war es so, daß die Linie II für die Spionageabwehr verantwortlich war, aber keine Weisungsbefugnisse gegenüber anderen Linien oder Bezirksverwaltungen hatte.

Neben BND, dem BfV mit seinen Landesverfassungsschutzämtern und dem MAD arbeiteten auch die Dienste der Amerikaner gegen uns: die Central Intelligence Agency (CIA), der Auslandsspionagedienst der Amerikaner; die Defence Intelligence Agency (DIA), der Geheimdienst des US-Verteidigungsministerium; das Bureau of Intelligence and Research (INR), der Geheimdienst des US-Außenministeriums; das Intelligence and Security Command (Aufklärungs- und Sicherheitskommando – INSCOM) sowie der englische Geheimdienst SIS und der französische Geheimdienst DGSE.

Im Dezember 1989 waren Vertreter von über 30 Geheimdiensten auf dem Territorium der DDR tätig, darunter der israelische Geheimdienst Mossad mit einer Dienststelle in Westberlin, der iranische und der irakische Geheimdienst, der italienische und der griechische Geheimdienst, der spanische und der libysche Geheimdienst, der ägyptische und der südafrikanische Geheimdienst. Viele dieser Geheimdienste bekämpften sich auch hier untereinander. Sie arbeiteten in unterschiedlichen gesellschaftlichen Bereichen der DDR. Seit 1987 versuchte eine Reihe dieser Geheimdienste in »oppositionellen Gruppierungen« der DDR Fuß zu fassen. Das betraf auch die evangelischen und katholischen Kirchen in der DDR, wobei sich insbesondere der englische und französische Geheimdienst in Kirchengremien zu verankern suchten.

Für diese traditionellen Angriffe »imperialistischer Geheimdienste« und ihrer »Stellvertreter« waren unterschiedliche Linien des MfS verantwortlich. So die HA I – Linie I – (Absicherung der Nationalen Volksarmee, Verteidigungsministerium und Grenztruppen), die HA VI – Linie VI – (Absicherung des Reiseverkehrs, einschließlich der Grenzregime an den Grenzübergangsstellen), HA XVIII – Linie XVIII – (Absicherung der Volkswirtschaft, Handel und Versorgung), HA XIX – Linie XIX – (Absicherung des Verkehrswesens, Post- und Fernmeldewesen), HA XX – Linie XX –

(Absicherung des Staatsapparates, Kunst und Kultur, politischer Untergrund)...

Mit der Aktion »Perspektive« wurde in der Praxis die Federführung der Spionageabwehr der HA II gegenüber allen Linien des MfS durchgesetzt. In der Dienstanweisung Nr. 1/87 des Ministers für Staatssicherheit fand das seinen Niederschlag. Daß es zu dieser »Einigung aller betroffenen Linien« bis auf die Ebene der Bezirksverwaltungen kam, ist ohne Zweifel das Verdienst des Leiters der HA II, Generalleutnant Günter Kratsch.

Verantwortlich für die Aktion »Perspektive« war die HA II/2. Die Abteilung 2 war zuständig für die »Bearbeitung agenturführender Geheimdienststellen der BRD, die gegen die DDR arbeiteten«.

Das Referat 1 dieser Abteilung, Aufklärung BND, trug die Hauptverantwortung. Der Verfasser des Buches »DDR contra BRD«, Peter-Ferdinand Koch, hat zwar die Struktur und die namentliche Zusammensetzung dieser Abteilung genannt[24], aber seine Angaben entsprechen nur zum Teil der Realität.

Der Leiter des Referates 1 Wolfgang M. (genannt »Mau«, Jg. 1938), federführend bei »Perspektive«, übernahm später die Leitung eines speziellen Koordinierungs- und Führungsorgans innerhalb der HA II. Diese Arbeitsgruppe Koordinierung hielt die Verbindung zwischen der HA II und allen anderen Linien des MfS in Fragen der Spionageabwehr. »Mau« wurde dadurch einer der intimsten Kenner der BND-Problematik und wurde folgerichtig von der bundesdeutschen Staatsanwaltschaft wegen geheimdienstlicher Agententätigkeit angeklagt.[28]

Die HA III trug wesentlich dazu bei, daß alle Mitarbeiter der BND-Dienststelle »Ring« identifiziert werden konnten. Sie hatte ihre funktechnischen Möglichkeiten derart qualifiziert, daß sie ohne Satellitenunterstützung alle einlaufenden Telefonate der »Ring«-Dienststelle aufzuzeichnen in der Lage war. Gleichzeitig gelang es auch, alle Privatanschlüsse und Funktelefone der Mitarbeiter der Dienststelle zu identifizieren. Darüber hinaus wurde das Kunststück fertiggebracht – auf dem Territorium der BRD! –, den Sprechfunkverkehr der operativen Mitarbeiter aufzuzeichnen. Damit wurde eine Reihe von Details der Zielpersonen bzw. Agenturen bekannt.

Mit den von der HA III aufgezeichneten Informationen, die zwischen operativen Mitarbeitern der »Ring«-Dienststelle und den

Observationskommandos ausgetauscht wurden, konnten sehr schnell die Aktivitäten des BND in bezug auf »DDR-Kraftfahrer im grenzüberschreitenden Verkehr« identifiziert werden.

Es gelang, alle operativen Mitarbeiter der »Ring«-Dienststelle mit ihren Klarnamen, ihren Arbeitsnamen, ihren Decknamen (den sie gegenüber Agenten verwandten) und den Funkrufnamen (den sie im Sprechverkehr benutzten) zu identifizieren. Das waren »Igel«, »Hase«, »Fuchs«, »Elster«, »Wolf«, »Adler«, »Tiger« und so weiter.

1988 waren etwa 30 Mitarbeiter dieser Dienststelle namentlich bekannt. Davon wohnten rund 20 in Bremen und Umgebung, die übrigen in Hamburg, Kiel, Hannover und Neumünster.

Wir stellten ferner Nebenstellen fest, die zum Teil logistische Unterstützung für »Ring« gaben, und wesentliche Erkenntnisse zum Observationskommando Mitte in Düsseldorf, zum Observationskommando Süd in München und zum Zentralen Observationskommando (ZOK) in München.[25] Rief die Leitung der »Ring«-Dienststelle das ZOK, wußten wir, daß ein hauptamtlicher BND-Mitarbeiter im Visier des eigenen Dienstes stand.

Im Nachhinein konstatiere ich mit Erstaunen, welch hervorragende Informationen die HA III über den Weg der funkelektronischen Aufklärung damals erarbeitete. Andererseits muß man allerdings auch einräumen, daß uns dabei auch die schlechte Funkdisziplin des BND half. Der BND unterschätzte jahrelang die Möglichkeiten der HA III völlig. Deshalb ist es nicht verwunderlich, daß der BND 1990 alles daran setzte, das Archiv der HA III in die Hände zu bekommen. Dort waren alle Fehler, Mängel, Unzulänglichkeiten und das gelegentliche völlige Versagen des BND minutiös aufgezeichnet. Der BND wollte und mußte verhindern, daß andere Einrichtungen oder gar die Öffentlichkeit davon etwas erfuhren.

1983 begann die HA II mit der Zentralen Personenbank des MfS[26] zu arbeiten. Dort wurden alle erkannten und unbekannten Geheimdienstmitarbeiter mit ihren Klarnamen, Arbeitsnamen, Decknamen, Funkrufnamen und den dazugehörenden Sachverhalten erfaßt. Mit diesem Informationssystem wurde die Außensicherung militärischer Objekte erheblich qualifiziert, da nunmehr alle Dienststellen des MfS nach einheitlichen Kriterien relevante Sachverhalte speicherten. Bei dieser modernen elektronischen

Abwehrarbeit spielte die HA II/4 und ihr Leiter Gerd Bräuer (Jg. 1928) eine dominierende Rolle. Gleichzeitig wurde eine Regelung geschaffen, daß die HA II innerhalb kurzer Zeit im SOUD-System in Moskau[27] feststellen konnte, ob »befreundete Sicherheitsorgane« über Informationen zu den überprüften Personen verfügten.

Die Leitung der HA II schätzte die Zusammenarbeit der Linien II und HA XIX bei der Bekämpfung der BND-Dienststelle »Ring« sehr hoch ein. Sie erhielt ab 1986 eine neue Qualität. Der bisherige Abteilungsleiter der HA II/1 (Innere Sicherheit des MfS) Edgar Braun (Jg. 1939), genannt »Ede«, wurde Leiter der HA XIX. Braun hatte die Spionageabwehr von der Pieke auf gelernt und war jahrelang auf der amerikanischen Linie tätig gewesen. Da er sich mit dem Leiter der HA II, Günter Kratsch, sehr gut verstand, wurde auch offiziell im MfS von einer sehr guten »kameradschaftlichen Zusammenarbeit« zwischen beiden Diensteinheiten gesprochen. Die Aufgabe war klar: Mit Gegenoperationen sollten ganze Sektoren und Bereiche feindlicher Spionageaktivitäten durch das MfS unter Kontrolle gehalten bzw. paralysiert werden.

Eine Vision, die durch den politischen Umbruch in der DDR ad absurdum geführt wurde.

Anmerkungen

1. Gliederung des Bundesnachrichtendienstes 1988:
Präsident, Stellvertreter,
90 A Leitungsstab,
90 B Büroleitung,
90 C Verbindungsstelle Bonn,
90 P Personalrat,
90 D Personalärztlicher & sozialer Dienst,
90 E Vorprüfungsstelle,
91 Schule des BND,
92 Inspekteur des BND.
Abteilung 1: Operative Aufklärung:
11 Zentrale Aufgaben und überregionale operative Aufklärung
11 Nachrichtendienstliche Planung
11 B Überregionale Aufklärung Wirtschaft, Technik, Wissenschaft
11 C Unterstützung der Nachrichtenbeschaffung
11 D Maritime Aufklärung, Handelsschiffahrt, Seestreitkräfte
11 E Internationaler Kommunismus
11 F Sonderaufgaben
12 Sowjetblock
12 X stellv. Unterabteilungsleiter
12 A Auftragstreuung, Meldungsbearbeitung Warschauer Pakt, Jugoslawien, Albanien
12 B DDR-Politik, Wirtschaft, Technik & Wissenschaft
12 C DDR-Süd Streitkräfte
12 D DDR-Nord Streitkräfte

12 E UdSSR, Comecon
12 F Polen
12 G Ungarn, CSSR
12 H Bulgarien, Rumänien, Jugoslawien, Albanien
12 L Auswertung, Gegenspionage kommunistischer Machtbereich und anhängige Staaten
12 LX Sonderaufgaben Gegenspionage
12 L Koordinator Gegenspionage
13 Westliche und übrige Welt
13 A Nordamerika, Großbritannien, Skandinavien
13 B Frankreich, Benelux, Schweiz
13 E Asien, Australien
13 F Afrika
13 G Lateinamerika
14 Rezeptive Aufklärung, Post- und Fernmeldekontrolle. Befragungswesen
14 A Grenzmeldenetz
14 B Post- und Fernmeldekontrolle
14 C Befragungswesen
16 Mittelmeerraum
16 A Nah-, Mittelost, Nordafrika
16 B Südeuropa
16 C Internationaler Tourismus
Abteilung 2 Technische Aufklärung:
20 A Führungsunterstützung
22 Technische Aufklärung 1, Funküberwachung
22 A Nachrichtengewinnung, Militär, Wirtschaft
22 B Zentrale Nachrichtenbearbeitung
22 C Betriebsverfahren und -unterstützung
23 Technische Aufklärung 2, Funküberwachung
23 A Nachrichtengewinnung, Politik, Wirtschaft, technik, Wissenschaft
23 B Zentrale Nachrichtenbearbeitung
23 C Betriebsverfahren und -unterstützung
24 Unterstützung Nachrichtentechnik
24 A Steuerung und Projektbearbeitung
24 B Nachrichtentechnik
24 E Technische Versorgung
24 F Technische Datenverarbeitungsunterstützung
24 G Fernmelde-Verbindungsdienst
Abteilung 3: Auswertung
31 Zentrale Aufgaben der Auswertung, Stab
31 A Führungsunterstützung
31 B Aktuelle Lage und Berichterstattung
31 C Gesamtlage und Auftrage
32 Auswertung Politik
32 A Lage und Berichterstattung
32 B UdSSR
32 C DDR
32 D Kommunistisch regierte europäische Staaten (ohne UdSSR und DDR)
32 F Nah-, Mittelost, Nordafrika
32 G Ost-, Südost-, Südasien, Australien, Ozeanien
32 H Lateinamerika, Antarktis
32 I Afrika (ohne Nordafrika)
33 Auswertung Militär
33 A Grundsatzaufgaben
33 B Militräische Gesamtlage, Lage- und Indikationszentrum
33 D Militär- und Rüstungskontrollpolitik, Militärstrategie, Sicherheitslage des WP
33 E Atlantischer und pazifischer Raum
33 F Nah-, Mittelost, Afrika, Indien, PLO
33 G Gesamtstreitkräfte Warschauer Pakt, Zivilverteidigung, Transport & Verkehr, ABC-Waffen
33 H Landstreitkräfte WP, Mongolei, Jugoslawien, Albanien
33 J Luftstreitkräfte WP, Mongolei, Jugoslawien, Albanien
34 Auswertung Wirtschaft

34 A Energiewirtschaft
34 B Landwirtschaft und Industrie
34 C Kommunistisch regierte europäische und asiatische Staaten (ohne DDR)
34 D DDR
34 E Westliche und neutrale Industriestaaten, Antarktis, internationale Fragen
34 F Entwicklungsländer
35 Auswertung Technik und Wissenschaft
35 A Wissenschaftspotential, Technologietransfer
35 B Kernenergie, Physik, Raumfahrt, Geowissenschaft
35 C Medizin, Biologie, Chemie, Werkstoffe, Umweltschutz
35 D Wehrtechnik, Elektronik
Abteilung 4 Verwaltung:
41Organisation
41 A Planung, Grundsatz, EDV-Koordination
41 B Dienstpostenbewertung, Stellenbewirtschaftung, Sachmittelausstattung
41 C Haushalts-, Kassen- und Rechnungswesen
41 D Verteidigungsvorbereitungen
42 Personal- und Sachwesen
42 A Personaleinsatz, Personalgewinnung, Aus- und Fortbildung
42 B Grundsatzangelegenheiten Personal
42 C Statusreferat Beamte
42 D Statusreferat Soldaten
42 E Statusreferat Angestellte, Lohnempfänger
42 F Gebührnisse, Reisekosten
43 Verwaltung und Recht
43 A Kfz.-Angelegenheiten
43 B Maßnahmen für den Krisen- und Verteidigungsfall
43 C Rechtsangelegenheiten
43 D Vergabewesen, Geräte- und Materialverwaltung
43 E Unterkunft, Wohnungsfürsorge
43 F Bauwesen
Abteilung 5: Sicherheit & Abwehrlage:
51 Grundsatz- und zentrale Angelegenheiten
51 A Grundsatz- und zentrale Angelegenheiten
51 B Abwehrlage, Sicherheitsanalysen, Dokumentation
51 C Zentrales Personenauskunftswesen, Personaldokumentation
52 Personelle, materielle, operative Sicherheit, Geheimschutzbeauftragter
52 A Personelle und materielle Sicherheitsangelegenheiten
52 B Operative Sicherheitsangelegenheiten
52 C Sicherheitsüberprüfung
53 Überprüfung von Mitarbeitern, technische Sicherheit
53 A. Bes. Sicherheitsangelegenheiten Betreuung
53 B Technische Sicherheit
53 C Sicherheitsangelegenheiten anderer Behörden
Abteilung 6 Zentrale Aufgaben:
60 A Sonderaufgaben
60 B AKN
61 Datenverarbeitung und Dokumentation
61 A Datenverarbeitung
61 B EDV-Dokumentation
61 C EDV-Organisation
61 D Programmierung
61 E Zentralbibliothek
62 Zentralstelle für das Chiffrierwesen Bonn-Bad Godesberg
62 A Allgemeine kryptologische und zentrale Aufgaben
62 B Mathematik
62 C Kryptotechnik
62 D Dechiffrierung A
62 E Dechiffrierung B
63 Nachrichtendienstliche Technik und technische Unterstützung
63 A Nachrichtendienstliche Technik, Einsatzsteuerung

63 B Geheimverfahren
63 C Technische Physik

2 Dienststelle, agentenführende: konspirativ abgedeckte Einrichtung imperialistischer Geheimdienste, die unmittelbar Agenten sucht, anwirbt und einsetzt. Diese D. der imperialistischen Geheimdienste sind häufig als zivile oder militärische Behörden abgedeckt, variabel in Struktur und Mitarbeiteranzahl und können Sitz sowie Tarnung wechseln. vgl. Gauck-Behörde, Wörterbuch, Nr. 1/93, S. 73

3 Anbahnung, geheimdienstliche: Phase im Prozeß der feindlichen Anwerbung oder legendierten Ausnutzung von Personen, in der meist auf der Grundlage vorherigen Bekanntwerdens und vorher beschaffter Aufklärungsergebnisse zu einer Zielperson erkundet werden soll, ob und unter welchen konkreten Bedingungen eine Anwerbung bzw. blinde Ausnutzung durch den Geheimdienst erfolgen kann. Eine geheimdienstliche A. erfolgt in der Regel im Verlaufe entsprechend legendierter persönlicher Gespräche und unmittelbar zur Anwerbung bzw. Ausnutzung der betreffenden Zielperson. vgl. Gauck-Behörde, Wörterbuch Nr. 1/93, S. 16

4 Spannungsmerkmale: Bezeichnung des Bundesnachrichtendienstes für Merkmale, die auf grundlegende Veränderungen der militärischen und politischen Situation im jeweiligen Einsatzland hinweisen. So werden u. a. außergewöhnliche Aktionen der Regierungen, Reaktionen auf bedeutsame innen- und außenpolitische Geschehnisse und außergewöhnliche Aktionen der Bevölkerung in den jeweiligen Einsatzländern als S. bezeichnet. Im Prinzip erhalten alle Spione imperialistischer Geheimdienste den generellen Auftrag, über erkannte S. sofort und auf dem schnellsten Wege zu berichten. In seinen Spionageanweisungen beschreibt der Bundesnachrichtendienst, welche S. für das Einsatzland typisch sein könnten, wie sie zu erkennen und wie die dementsprechenden Informationen abzufassen und zu übermitteln sind. vgl. Gauck-Behörde, Wörterbuch, Nr. 1/93, S. 357

5 vgl. Josef Schwarz: Bis zum bitteren Ende, 1994, S. 128ff

6 vgl. Schmidt-Eenboom: Schnüffler ohne Nase, 1993, S. 83

7 Pannenauswertung, geheimdienstliche: spezifische Form der Analyse und Auswertung von Ursachen, begünstigenden Bedingungen und Folgen der Nichterreichung geheimdienstlicher Zielstellungen. Die sorgfältige Auswertung sogenannter nachrichtendienstlicher Pannen, d. h. vor allem die Festnahme von Agenten durch sozialistische Sicherheitsorgane, das Entdecken und auch das Eindringen von sozialistischen Kundschaftern in ihr Agenturnetz und in ihre Dienststellen und Zentralen, erfolgt durch die Geheimdienste nach bestimmten Gesichtspunkten. Sie beinhalten z. B. je nach Art der Panne: die Suche nach eigener, psychologisch verhaltenstaktischer und sicherheitsmäßiger Fehlleistung bei der Werbung und Steuerung des betreffenden Agenten,
- die Rekonstruktion und Auswertung des Erkennens, der Bearbeitung und der Festnahme inhaftierter Agenten durch die sozialistischen Sicherheitsorgane und
- die Einleitung von Maßnahmen, die je nach dem Vorkommnis bzw. der angenommenen oder nachprüfbaren Preisgabe des real möglichen Wissens festgenommener Spione, erkannter Kundschafter und zur Gewährleistung der Sicherheit der betroffenen Geheimdienste und damit im Zusammenhang stehender Einrichtungen oder weiterer Quellen für notwendig erachtet werden. Die P. dient folglich vor allem der Verhinderung eines Wiederholungsfalls und der Erhöhung der Sicherheit künftiger geheimdienstlicher Tätigkeiten sowie der dazu eingesetzten Kräfte, Mittel und Methoden. vgl. Gauck-Behörde, Wörterbuch. Nr.1/93, S. 305

8 vgl. Josef Schwarz: Bis zum bitteren Ende, 1994, S. 130

9 Grenzüberwachungsorgane der BRD: militärische bzw. paramilitärische Behörden, Verbände und Einheiten, denen offiziell der grenzpolizeiliche Schutz der BRD (Grenzschutz) sowie polizeilicher Schutz der Sicherungsaufgaben im Inneren der BRD obliegen. Sie sind Bestandteil des Herrschaftssystems der BRD und in das System subversiver Angriffe gegen den Sozialismus integriert. Zu den G. der BRD gehören:
- der Bundesgrenzschutz (BGS), untergliedert in Bundesgrenzschutztruppe und Grenzschutzeinzeldienst (GSE),
- der Grenzzolldienst (GZD),
- die Bayrische Grenzpolizei (BGP).

Die Verbände und Einheiten der G. der BRD sind vorwiegend an der Staatsgrenze der BRD zur DDR und CSSR stationiert. Im Rahmen der Grenzüberwachung an der Staatsgrenze der BRD zur DDR und zur CSSR werden sie vorrangig auf einem 30 km tiefen Streifen entlang der Staatsgrenze der BRD wirksam. Sie betreiben eine intensive Erkundungs- und Aufklärungstätigkeit über das Grenzregime der CSSR und der DDR und arbeiten eng mit dem BND und dem Bundesamt für Verfassungsschutz (BfV) sowie anderen feindlichen Organisationen, Institutionen und Einzelpersonen zusammen. Sie dulden, fördern oder unterstützen subversive Angriffe gegen die Staatsgrenze der DDR und der CSSR.

vgl. Gauck-Behörde, Wörterbuch, Nr. 1/93, S. 155; vgl. auch Schmidt-Eenboom: Schnüffler ohne Nase, 1993, S. 59

10 vgl. Schmidt-Eenboom: Schnüffler ohne Nase, 1993, S. 60

11 vgl. Berliner Zeitung vom 16. April 1979: Das idyllische Bild eines demokratischen Musterknaben und vgl.

Schmidt-Eenboom: Schnüffler ohne Nase, 1993, S. 60

12 vgl. Schmidt-Eenboom: Schnüffler ohne Nase, 1993, S. 55ff

13 Indikatoren: Im Verständnis des MfS Merkmale, die als Anzeichen für eine bestimmte (veränderte) Entwicklung auf politischem und militärischem Gebiet anzusehen sind.

14 Toter Briefkasten (TBK): konspirativ angelegtes Versteck, das der Übermittlung von Informationen, Dokumenten, finanziellen und technischen Mitteln dient, ohne daß sich die Benutzer des Versteckes begegnen oder kennenlernen. Der TBK ist ein Mittel sowohl im Verbindungswesen der sozialistischen Sicherheitsorgane, vorrangig in ihrer Arbeit im und nach dem Operationsgebiet, als auch im Verbindungssystem der Geheimdienste und anderer subversiv tätiger Stellen, Gruppen oder Personen. TBK sind den zu übermittelnden Materialien der Bewegungsmöglichkeiten ihrer Benutzer angepaßt und bieten in der Regel Möglichkeiten der Selbstkontrolle. Zur Absicherung werden Sicherheitszeichen angebracht bzw. die Materialien teilweise vercontainert und Markierungsmittel eingesetzt. vgl. Gauck-Behörde, Wörterbuch, Nr. 1/93, S. 401

15 Container: ein der Gewährleistung von Konspiration, Geheimhaltung und Sicherheit dienendes spezielles Behältnis zur relativ geschützten Aufbewahrung oder Übermittlung von sachlich gespeicherten Informationen und Hilfsmitteln für die Durchführung operativer Handlungen. Der Schutz der eingelagerten Materialien gegen Unbefugte kann durch eine gegenüber gewaltsamen Angriffen widerstandsfähige Bauweise des C. und besonders seiner Verschlüsse erfolgen. Ebenso können Aussehen und äußere Funktion des C. an persönliche Gebrauchsgegenstände des Nutzers oder Lagerungs- und Transportbedingungen angeglichen werden (Tarnung, Maskierung). Des weiteren können vorhandene derartige Gegenstände zur Aufnahme von Materialien entsprechend präpariert werden.
vgl. Gauck-Behörde, Wörterbuch, Nr. 1/93, S. 65

16 vgl. Josef Schwarz: Bis zum bitteren Ende, 1994, S. 130

17 vgl. Schmidt-Eenboom: Schnüffler ohne Nase, 1993, S. 76

18 vgl. ebenda, S. 76

19 vgl. ebenda, S. 76

20 vgl. ebenda, S. 81

21 vgl. ebenda, S. 77

22 vgl. ebenda, S. 77ff

23 vgl. Franz-Josef Strauß: Die Erinnerungen, 1989, S. 357ff

24 vgl. Peter-Ferdinand Koch: DDR contra BRD, 1994, S. 318

25 vgl. Schmidt-Eenboom: Schnüffler ohne Nase, 1993, S. 49ff

26 Zentrale Personendatenbank (ZPDB): zentrales elektronisches Speicherungs- und Wiedergewinnungssystem des MfS für operativ bedeutende Personen-, Sachverhalts-, Merkmals- und Hinweisinformationen zur Unterstützung der politisch-operativen Arbeit und deren Leitung. Die ZPDB ermöglicht die Zusammenführung von Informationen zu einer Person, einem Sachverhalt, einem Hinweis oder Merkmal sowie die schnelle Wiedergewinnung der gespeicherten Informationen in jeder möglichen Verknüpfung entsprechend den festgelegten Befugnissen vor allem zur politisch-operativen Lageeinschätzung, zur Untersuchung operativ bedeutender Vorkommnisse und zur Entwicklung und Bearbeitung Operativer Vorgänge. vgl. Gauck-Behörde, Wörterbuch, Nr. 1/93, S.

27 Das multilaterale »System der vereinigten Erfassung von Informationen über den Gegner« (SOUD) und die »Ordnung über das System der vereinigten Speicherung von Daten über den Gegner«, war im Befehl 11/79 des Minister für Staatssicherheit festgelegt. Zuletzt wurden fünfzehn verschiedene Personenkategorien im zentralen Speicher in Moskau erfaßt. Dazu gehörten hauptamtliche Geheimdienstmitarbeiter, Agenten von Geheimdiensten, Mitglieder von Terrororganisationen, Mitglieder zionistischer Gruppierungen, feindliche Emigranten, klerikale und andere Organisationen, Mitglieder internationaler Schmuggler- und Menschenhändlerbanden, Rauschgifthändler, Diplomaten von NATO-Staaten und Korrespondenten dieser Staaten. Bürger der Teilnehmer des multilateralen Informationssystems wurden nicht erfaßt. Bis 1989 wurden vom MfS etwa 75.000 Datensätze in diesem System eingespeist, darunter von der Linie II etwa 30.000. Alle erkannten oder vermuteten Mitarbeiter von BND, BfV und MAD waren dort erfaßt. Das betraf auch alle Agenten dieser Dienste und auch Personen, die im Verdacht standen, Agenten zu sein.
vgl. David Gill/Ulrich Schröter: Das Ministerium für Staatssicherheit, 1991,S.76ff

28 Es handelt sich um Wolfgang Mauersberger, u. a. Führungsoffizier von Karl Gebauer (siehe »Doppelagent«, edition ost, 1999). Das Referat 2 seiner Arbeitsgruppe (S. 232) wurde von Rolf Lehmann geführt. Hier bestand die beste Übersicht über die Angriffe des BND gegen die DDR.

Aktion »Universum«

Seit den Jahren 1953/54 gelang es der Spionageabwehr des MfS – Linie II –, alle Angriffe der OG bzw. BND gegen die DDR zu vereiteln. Der BND vermochte es in keinem Fall, sich in staatliche und gesellschaftliche Bereiche, geschweige in den SED-Apparat einzunisten.

Die Spionageabwehr des MfS zwang den BND, ständig seine Mittel und Methoden zu verändern bzw. sich immer wieder auf neue Zielgruppen zu konzentrieren. Griff er eine Zielgruppe an, dauerte es nicht lange und die Spionageabwehr der DDR war dort verankert.

Ohne übertriebenes Selbstlob läßt sich erklären: Der BND geriet von einer Niederlage in die andere, er stolperte von einer Fußangel in die nächste, die wir gelegt hatten. Daraus resultierte, daß der BND zaghaft und ängstlich agierte, und wenn er wegen Erfolglosigkeit unter Druck geriet, dann agierte er aggressiv und machte noch mehr Fehler. Die Absicht, die politische Entwicklung in der DDR mittels Geheimkrieg aufzuhalten, scheiterte. Schon Mitte der 50er Jahre wurde selbstkritisch eingestanden, daß dem Wirken der Geheimarmee Gehlens Grenzen gesetzt seien: »Der Verlust an Agenten ist enorm – in der Proportion höher als in irgendeinem Land der Erde.«[1] In der Tat verlor keine Spionageorganisation in Friedenszeiten derart viele Agenten wie der Bundesnachrichtendienst durch die DDR.

Im Januar 1983 war Eberhard Blum (Jg. 1920) Nachfolger von Klaus Kinkel geworden. Blum – damals 63jährig – kehrte aus dem vorzeitigen Ruhestand wieder in das »BND-Geschäft« zurück, das er seit Ende der 40er Jahre mit geführt hatte. Auffälliges Merkmal seiner zweieinhalbjährigen Amtszeit war die Reaktivierung der alten CSU-Seilschaften im BND. Der langjährige Seilschaftsführer Kurt Weiß (1918 – 1993), Deckname »Winterstein«, den Kinkel in den einstweiligen Ruhestand geschickt hatte, kehrte zurück.

Zum anderen: Der BND begann wieder verstärkt auf menschliche Quellen zu setzen. Was dazu führte, daß Blum im Dezember 1984 zehn DDR-Bürgern eine besondere Aufmerksamkeit zuteil werden ließ. Durch einen BND-Kurier waren zehn Briefe in einen (!) Ostberliner Briefkasten eingeworfen worden. Das errregte natürlich den Verdacht der Abt. M. Wie sich herausstellte, waren die Schreiben an Mitarbeiter des MfS, Offiziere der NVA sowie Staatsfunktionäre gerichtet. Man bot den Angeschriebenen Summen zwischen 150.000 und 1.000.000 DM, wenn sie sich zu einer Zusammenarbeit mit dem BND entschließen würden.

Der Text war mehr als simpel gestrickt und ging ungefähr so:

»Wir geben Ihnen die Möglichkeit, ein neues Leben zu beginnen! Sollten Sie sich mit dem Gedanken tragen, die DDR verlassen zu wollen, so erhalten Sie durch uns die Möglichkeit, in einem Land der westlichen Welt Ihrer Wahl eine neue Heimat zu finden. Für den neuen Lebensstart erhalten Sie von uns die Summe xxx Mark oder in der Währung des Landes, das Sie als Ihren künftigen Wohnsitz wählen.

Als Gegenleistung erwarten wir die Übergabe von Informationen, Dokumenten oder anderer wichtiger Unterlagen.

Wir überlassen alle weiteren Entscheidungen Ihnen, insbesondere wann Sie diesen Schritt unternehmen.

Zur Verbindungsaufnahme erhalten Sie die nachgenannte Adresse.

Die Telefonnummer, über die Sie uns ebenfalls erreichen können, sollten Sie aus Sicherheitsgründen nur außerhalb der DDR benutzen.

Mit den besten Wünschen für eine gedeihliche Zusammenarbeit
Ihr Bundesnachrichtendienst.«

Wir rätselten: War das eine Provokation oder ernst gemeint? Alle angeschriebenen Personen existierten und waren in der Tat für den BND in interessanten Positionen. Die meisten der angeschriebenen Personen waren Mitarbeiter des MfS. Eine Million DM bot man einem Referatsleiter Aufklärung, 750.000 DM einem Kreisdienststellenleiter, 500.000 DM einem Referatsleiter MfS, 250.000 DM einem Hauptsachbearbeiter MfS, 150.000 DM einem Sachbearbeiter MfS, 250.000 DM einem Offizier der NVA, 250.000 DM einem Wirtschaftsfunktionär (zivil).

Insgesamt hatte der BND für diese Operation 6 Millionen DM zur Verfügung gestellt.

Wir spöttelten: Offensichtlich hatte der BND kurz vor Jahresende seine Haushaltsmittel noch nicht ausgeschöpft und mußte sie schnell ausgeben ... Keine Frage: Der BND stand erkennbar unter Zwang, eine Verbesserung der Qualität des Agentennetzes zu erreichen. Er besaß nicht das Informationsnetz, um den von der Bundesregierung gestellten Aufklärungsforderungen annähernd gerecht zu werden.

Aus dieser Operation des BND entwickelte sich die Gegenaktion »Universum« der HA II des MfS.

Zunächst mußte die Frage beantwortet werden, woher der BND die Adressen hatte. Eine – das ermittelten wir bald – ging auf Stillers Konto, die anderen stammten aus der »Hauptstelle für Befragungswesen des BND«. Diese existierte seit 1958 und war aus dem CIA-Ableger »Dienststelle für historische Forschung« in München hervorgegangen und war eine Art Aufklärungsstelle der amerikanischen, englischen und deutschen Nachrichtendienste geworden. Sie horchte Flüchtlingen aus der DDR und Osteuropas aus und verfügte über Niederlassungen in Stuttgart, Düsseldorf, Frankfurt am Main, Gießen, Nürnberg, Hannover, Lübeck, Bad Soden, Kassel und Hamburg.[2]

Ab 1. April 1958 war die Einrichtung in deutsche Hand übergegangen und als »Hauptstelle für Befragungswesen« mit BND- und BfV-Mitarbeitern ausgebaut worden. In der Folgezeit kamen weitere Dienststellen in Berlin-Marienfelde, Nürnberg, Zirndorf, Hannover-Friedland und Mainz hinzu. Größere Befragungsstellen zählten bis zu 20 BND-Mitarbeiter.[3]

Um an die »Informanten« heranzukommen, verschickte der BND Vorladungsschreiben[4] an jene, die nach der Erstbefragung hinlänglich interessant erschienen. In einer Geheimen Verschlußsache des MfS hieß es dazu: »Die Rolle des Befragungswesens wird auch durch neueste Erkenntnisse unterstrichen, die belegen, daß zukünftig in verstärktem Maße mit einer geheimdienstlichen Nutzung solcher ehemaliger DDR-Bürger zu rechnen ist, deren Rückverbindungen in der DDR im Staats- und Parteiapparat tätig sind. Eine entsprechende Vereinbarung zum arbeitsteiligen, abgestimmten Vorgehen gegen diese Zielgruppe wurde im Rahmen einer Beratung der Koordinierung der Tätigkeit imperialistischer Geheimdienste im Sommer 1987 getroffen.«[5] Von 1988 bis 1991 befragten laut einer parlamentarischen Anfrage vom Oktober 1992 exakt 260 Mitarbeiter der »Hauptstelle für Befragungswese« etwa 3.000 Personen.[6]

Bei diesen »Intensivbefragungen« wurden viele Fakten über Mitarbeiter des MfS, des Partei- und Staatsapparates, der bewaffneten Organe der DDR und andere interessante Personen zusammengetragen.

1987, seit zwei Jahren war Hans-Georg Wieck BND-Präsident, schätzte die Leitung der HA II ein, daß der BND inzwischen alle verfügbaren Kräfte, Mittel und Potenzen darauf konzentriere, in die bewaffneten Organe der DDR – NVA, MfS, Grenztruppen, Volkspolizei und Zoll – einzudringen.

Wieck achtete auf die Verbesserung der Qualität des Agentennetzes und hatte besonderes Augenmerk auf die sogenannten Innenquellen[7]. Die Ergebnisse der Außenaufklärung militärischer Bereiche durch Reisequellen (Bundesbürger, Westberliner und Ausländer) standen in keinem vertretbaren Verhältnis zur Höhe der Haftstrafen, wenn eine Festnahme erfolgte. Aus diesem Grunde wurde die »Massenwerbung« als ineffektiv beendet. Der BND wollte effektive Innenquellen.

Seit 1984 unternahm der BND mehrere Anbahnungsoperationen auf dem Territorium der DDR. Eingereiste Kuriere begannen mit unterschiedlichen unpersönlichen Methoden Kontakte zu NVA-Offizieren (z. B. »Jäckel« und »Schabe«), Mitarbeitern des MfS (z. B. »Storch« und »Hase«) sowie leitende Wirtschaftskader (z. B. »Jäger«) herzustellen.

Wir von der HA II schätzten damals ein: »Aktuelle Erkenntnisse belegen, daß imperialistische Geheimdienste zunehmend den Postverkehr mißbrauchen, um Werbungsangebote und erste Instruktionen an Zielpersonen, vor allem aus sicherheitsrelevanten Bereichen und Territorien der DDR, zu übermitteln. Überwiegend handelt es sich dabei um ausgewählte Werbekandidaten, die über keine Reisemöglichkeiten und mitunter über keinerlei Kontakte zu Personen im Operationsgebiet verfügen. Operativ belegt ist, daß der BND eindeutige Werbeangebote an solche Personen unter Einsatz von Kurieren im nationalen Postverkehr zum Versand bringt oder sie in bestimmten Fällen direkt in die Hausbriefkästen der Zielperson einwerfen läßt.«[8]
Entweder gab man die Briefe in die Post oder warf sie in den Hausbriefkasten ein. Mitunter rief man sie auch an. Dadurch sollten Abwehrmaßnahmen der HA II und Abteilung M im grenzüberschreitenden Postverkehr unterlaufen werden.

Allerdings: Von der ersten Stunde an war auch diese Operation unter Kontrolle der HA II, da die Zielpersonen sofort ihre Vorgesetzten informierten. Alle vom BND eingesetzten sechs Kuriere, die über den grenzüberschreitenden Verkehr zwischen Berlin (West) und Berlin (Ost) zum Einsatz kamen, wurden identifiziert. Zwischen 1984 und 1987 erfolgten etwa zwanzig solcher Kuriereinsätze des BND.

Was war das Neue an dieser Methode des BND? Bei der ersten Einreise in die DDR benutzten die Kuriere Pässe, die auf ihren tatsächlichen Namen (Klarnamen) ausgestellt waren. Danach erfolgten Einreisen unter fremden Namen (Fiktivpersonalien). In keinem Fall wurde der wiederholte Einsatz eines Kuriers mit gleichen Fiktivpersonalien praktiziert. Die Kuriere waren für diesen speziellen Einsatz vom BND ausgebildet worden und konzentrierten sich immer nur auf eine Zielperson. Sie reisten ausschließlich über Bahnhof Friedrichstraße in Berlin ein, und bevorzugt dann, wenn dort besonders reger Verkehr herrschte: an Wochenenden, Weihnachten, Ostern und zu Pfingsten, und dann meist vormittags. Der BND ging offensichtlich davon aus, daß die Paßkontrolle in dieser Zeit durch die Kontrolleure der Linie VI nicht so intensiv sein würde. Die Ausreise erfolgte etwa 3 bis 5 Stunden später, etwa zwischen 14 und 17 Uhr.

Es konnte eindeutig nachgewiesen werden, daß die vom BND verwandten Pässe nicht von Behörden der BRD ausgestellt worden waren, sondern aus Fälschungslabors des BND stammten. Sie hatten alle eine fünfjährige Gültigkeitsdauer und waren noch nie verlängert worden. In diesen Pässen gab es keine Vermerke über Wohnungswechsel, Namensänderungen oder ähnliches. Nie waren der Geburts- und der Wohnort identisch. Hinzu kamen Seriennummern aus Großstädten – obgleich doch der Paß in einer Kleinstadt ausgegeben war. Abweichungen gab es auch bei der Perforierung der Paßbilder. Ausstellungsbehörden und der BND benutzten offenkundig zwei verschiedene Maschinen. Ähnlich verhielt es sich bei den Stempeln. All diese Merkmale waren geeignet, erfolgreich zu suchen. Zu der geplanten Fahndung mit der Linie VI kam es jedoch nicht – die Leitung der HA II entschied 1987, einen der BND-Kuriere festzunehmen und das »Spiel« zu beenden. Der BND stellte daraufhin sofort seine Maßnahmen ein.

Dennoch: In den knapp drei Jahren hatte der BND erhebliche Kräfte und Mittel gebunden, ohne daß dabei etwas für den Dienst herausgekommen war. Mehr noch: Er hatte wieder einmal einen

Mann eingebüßt. Der war über Bahnhof Friedrichstraße eingereist und mit der S-Bahn bis Alexanderplatz gefahren. Dort warf er seinen Brief in den Kasten. Offensichtlich war er so aufgeregt, daß er seinen Reisepaß gleich mit in den Briefkasten steckte. Er wurde dabei beobachtet vom Fernseh-Verkehrs-Überwachungssystem des Präsidiums der Volkspolizei, das Unter den Linden, am Alexanderplatz und der Karl-Marx-Allee installiert war. Bei besonderen Anlässen schaltete sich die Linie VIII des MfS (Observation) in dieses Netz ein. Ehe sich der Kurier überlegen konnte, wie er an seinen Paß herankommen könnte, wurde er festgenommen. Der BND erhielt über eine Deckadresse folgenden Abschiedsgruß: »Jedes Spiel hat einmal ein Ende. Bleiben Sie weiterhin faire Verlierer. Ihr MfS.«

Überläufer, Verräter, Anbieter und andere

Im Zusammenhang mit der soeben geschilderten Aktion »Universum« wurde aus dem BND bekannt, daß die Referate »Sonderaufgaben Gegenspionage«, »Auswertung Gegenspionage« und »Koordinator Gegenspionage« der Abteilung 1 »Operative Aufklärung« des BND intensiv mit der Abt. 1 des BfV (Spionageabwehr) kooperierte, um »Überläufer« aus sicherheitsrelevanten Bereichen der DDR zu bekommen. Man orientierte sich auf DDR-Bürger, die im Ausland tätig oder als Reisekader unterwegs waren. Eine BND-Weisung von 1982 definiert operative (OP) und rezeptive Überläufer (REZ): »Überläufer (OP, REZ) sind Quellen im Sinne der BND-Begriffsbestimmung für den Bundesnachrichtendienst, die Träger von Geheimnissen eines fremden Machtbereiches sind, diesen Bereich gegen den Willen der dortigen Staatsmacht verlassen und bereit sind, ihr Wissen dem BND zur nachrichtendienstlichen Nutzung zu überlassen.«[9]

Der HA II wurden zwischen 1983 und 1987 etwa 80 solcher Fälle bekannt (erfolgte Verratshandlungen, vorgesehene Verratshandlungen, Doppelagententätigkeit, Überlaufabsichten, Anbieter u. ä.).

Das betraf fünfzehn Angehörige der NVA, der Volkspolizei und der Grenztruppen; acht aktive und sechs ehemalige Mitarbeiter des MfS sowie acht Verwandte von Mitarbeitern bzw. ehemaligen Mitarbeitern des MfS. Dann gab es noch 40 inoffizielle Mitarbeiter des MfS, wovon 15 als Doppelagenten arbeiteten.

Etwa 50 Prozent dieser Fälle besaßen den Charakter einer vollendeten Verratshandlung. Bei der Analyse der Gründe gab es sowohl politisch motivierte als auch charakterlich bedingte, in der Persönlichkeit liegende Ursachen. Auf der einen Seite war von »verfestigten negativ-feindlichen Einstellungen zur sozialistischen Staats- und Gesellschaftsordnung« und vom »Zweifel an der Richtigkeit des Weges der DDR« die Rede. Auf der anderen Seite spielten »Egoismus, Überheblichkeit, Geldgier, Konsumdenken, Schulden, kriminelle Delikte, außereheliche Beziehungen, andere Fehlverhalten, disziplinarische Maßnahmen« eine Rolle. Solche Verhaltensweisen bedeuteten persönliche Schwachstellen, die auch der BND gern nutzte, um Mitarbeiter zu rekrutieren. Oft wurden Personen damit erpreßt, daß sie IM des MfS seien oder gegen DDR-Gesetze verstoßen hätten.

Der BND und das BfV observierte DDR-Bürger bei ihrem Aufenthalt in der Bundesrepublik und in Westberlin, die man sich als Zielpersonen ausgesucht hatte. Man beobachtete gewissenhaft, ob sie fremdgingen, gegen Zoll- und Devisenbestimmungen der DDR oder der BRD verstießen, bei Ladendiebstählen erwischt wurden und dergleichen. Hatte man ausreichend kompromittierendes Material, trat man an die Betreffenden heran und trieb sie in die Enge. Nicht selten arbeiteten Warenhausdetektive im Auftrag des BND.

Viele dieser Fälle wurden nie publik. Auf einige soll hier eingegangen werden, da sie interessante Rückschlüsse der geheimdienstlichen Kooperation und der internationalen Zusammenarbeit zwischen den Partnerdiensten des Westens und den »Bruderorganen des Ostens« zulassen.

Der Fall in der Schweiz

1990 wurde in einem Bericht der Schweizer Parlamentarischen Untersuchungskommission u. a. festgestellt, daß zu der im Vorjahr bekanntgewordenen »Schnüffelaffäre« auch eine Sammlung Fotos von 120.000 Personen gehörte. Die Paßfotos der sogenannten Ostreisenden waren von der Schweizer Grenzpolizei kopiert und die Personalangaben gespeichert worden. Darüber hinaus wurden »Verdächtigtenlisten über potentielle Landesverräter, Aufstellungen über Einreisesperren u. a. entdeckt«.

Offengelegt wurde auch, »daß Angestellte der Post ohne Verfügung *(ohne Auftrag – d. A.)* die Inhaber von Postfächern,

Postscheckkonten, Einzahler und Zeitungsadressen der Bundesrepublik Deutschland gemeldet hätten«. Besonders DDR-Bürger standen unter Kontrolle des Schweizer Geheimdienstes. »Zwischen 1969 und 1987 sind sämtliche Telegramme von und nach der DDR kopiert und der BRD übergeben worden.« Diese wanderten dann offiziellen Berichten zufolge zum BND.[10]

»Der nachrichtendienstliche Austausch zwischen dem BND und dem Schweizer Geheimdienst war fest etabliert. Darüber hinaus hatte ein Offizier des Schweizer Nachrichtendienstes dem BND die ›Schwarze Hand‹ gereicht, er hatte nämlich – so ein Schweizer Untersuchungsbericht von 1980 – alle aus dem Osten stammenden und möglicherweise auch andere Berichte der militärischen und politischen Vertretungen *(diplomatische Vertretungen – d. A.)* unverändert in einen Umschlag gesteckt, verschlossen und mit einem Stempel einer schwarzen Hand versehen. Diese Umschläge erfuhren eine spezielle Behandlung auf dem diplomatischen Kurierweg und durften erst in der Zentrale in Pullach geöffnet werden.«[11]

Was hat das mit dem Fall in der Schweiz zu tun? »In dieser Zeit überließ der Schweizer Geheimdienst dem BND sogar einen in der DDR-Botschaft geworbenen Agenten. Der Gehilfe des DDR-Militärattachés sollte nach Österreich versetzt werden und künftig bei den Wiener Verhandlungen über konventionelle Abrüstung in Europa MBFR (Mutal and Balanced Force Reduction) verwendet werden. Da diese Verhandlungen für die Schweiz von nur marginalem Interesse, für den BND aber zentrales Aufklärungsziel waren, wurde der DDR-Unteroffizier an den BND weitergereicht, die DDR-Spionageabwehr kam ihm allerdings auf die Schliche.

Der Schein der Neutralität jedoch wurde selbst bei der Agentenübergabe gewahrt. Zwei Damen des Schweizer Geheimdienstes verabschiedeten ihren Agenten bei einem Treffen in einem Restaurant in Wien. Erst als sie das Lokal verlassen hatten, nahmen zwei BNDler neben ihrer neuen Quelle Platz.«[12]

Diese Aussage trifft im wesentlichen zu, muß aber in zwei Richtungen korrigiert werden: Der erwähnte Agent war nicht der »Gehilfe«, sondern der Kraftfahrer des Militärattachés, und er wurde nicht vom Schweizer Geheimdienst verabschiedet, sondern er arbeitete bis zu seiner Festnahme sowohl für den BND als auch für den Schweizer Geheimdienst. Dieser Fähnrich Hans-Walter

Bos (Jg. 1943), Berufssoldat der NVA, war von Ende 1980 bis Herbst 1983 Kraftfahrer in Bern und von Anfang 1984 bis zu seiner Festnahme im November 1985 als Kraftfahrer der DDR-Delegation (militärischer Bereich) bei den Abrüstungsverhandlungen in Wien.

Bos wurde zum Jahreswechsel 1982/83 von einem Detektiv in einem Berner Kaufhaus bei einem geringfügigen Diebstahl gestellt und mußte eine Strafe von 50 Franken bezahlen. Es waren zwei Angehörige der Schweizer Bundespolizei hinzugezogen worden, die seine Personalien notierten. Über dieses Vorkommnis macht Bos keine Meldung. Noch am gleichen Tag wurde er telefonisch zu einem weiteren Gespräch geladen. Bos wurde am vereinbarten Ort von zwei Männern erwartet, die sich als Mitarbeiter des Schweizer Geheimdienstes auswiesen. Man suchte eine außerhalb Berns gelegene Gaststätte auf und warb Bos an. Der Schweizer Geheimdienst interessierte sich für alle zugänglichen Materialien aus der Botschaft der DDR bzw. aus dem Bereich des Militärattachés. Bos wurde mit geheimdienstlichen Hilfsmitteln ausgerüstet, um auch von der DDR aus mit dem Schweizer Geheimdienst in Verbindung treten zu können.

Zum Zeitpunkt der Anwerbung besaß Bos Spareinlagen von etwa 100.000 Mark der DDR – er setzte sie aufs Spiel für einen gestohlenen Gegenstand, der keine 10 Franken wert war. Vom Schweizer Geheimdienst erhielt er keinerlei Zuwendungen.

Als Bos Anfang 1984 nach Wien versetzt wurde, vereinbarte er mit dem Schweizer Geheimdienst einen Treff in einem Restaurant in Wien. Bis zu seiner Festnahme fanden etwa drei bis vier solcher Treffs mit zwei Mitarbeiterinnen statt. Nach einem solchen Treff im Herbst 1984 wurde Bos auf der Straße von zwei BND-Leuten angesprochen. Sie wiesen sich aus, gaben zu verstehen, daß sie um seine nachrichtendienstliche Tätigkeit wüßten und diese der DDR-Vertretung melden würden, wenn er nicht auch für sie arbeiten würde. Die beiden übergaben ihm die Kopie einer Seite aus dem Münchner Telefonbuch, auf der die Nummer der BND-Zentrale verzeichnet war. Bos sollte sich dort informieren, ob die beiden BND-Mitarbeiter seien. Das tat er.

Als Fähnrich Bos festgenommen wurde, hatte er über 2.500 DM in bar in der Tasche; auf einem Konto in der BRD waren ihm 20.000 DM gutgeschrieben worden.

Über Bos erhielt der BND genaue Einblicke zum Vorgehen der Warschauer Vertragsstaaten bei den Wiener Abrüstungsverhandlungen. Er kopierte die von ihm beförderten Unterlagen und verriet alles, was ihm unter die Finger kam: Charakteristiken von Mitarbeitern der Berner und Wiener DDR-Botschaft, Einschätzungen von Angehörigen der NVA, des Militärattaché-Apparates ... Dafür wurde er 1987 zu lebenslanger Haft verurteilt. Die Strafe wurde später auf 15 Jahre reduziert.

Dieser Fall führte zu einem »akademischen Streit« in der HA II. Von einigen leitenden Mitarbeitern wurde bezweifelt, daß es sich bei den zwei Frauen, mit denen sich Bos in Österreich traf, um Angehörige des Schweizer Geheimdienstes gehandelt habe. Sie machten geltend, daß die Schweiz nur über Abwehrorgane innerhalb der Schweizer Bundespolizei und der Bundesarmee verfüge. Einen Auslandsnachrichtendienst im Sinne der Aufklärung besäße die Schweiz nicht. Außerdem sei bisher nicht nachgewiesen, auch aufgrund der »frauenfeindlichen Haltung der Schweizer Politik«, daß im Schweizer Geheimdienst Frauen tätig wären. Vielmehr habe der BND die Steuerung über die Doppeltätigkeit von Bos übernommen – die beiden Damen seien Mitarbeiter des BND gewesen ... Ob dies nun zutraf oder nicht – Bos war überzeugt, für zwei Geheimdienste gearbeitet zu haben.

Der Fall von Budapest

Zwischen der HA II des MfS und den Spionageabwehrbereichen der »sozialistischen Bruderorgane« gab es multilaterale Vereinbarungen.[13]

Man wollte sich gegenseitig bei Angriffen »imperialistischer Geheimdienste« unterstützen. Im April 1984 hielt sich ein bis dahin unauffälliger DDR-Bürger in Ungarn auf. In Budapest meldete er sich telefonisch in der Botschaft der BRD. Dabei machte er Angaben über seine berufliche Tätigkeit und bot Informationen und eine Zusammenarbeit an. Der Preis: Er wollte ausgeschleust werden.

Man lud ihn zu einem persönlichen Gespräch in die Botschaft. Die Aufzeichnung dieses Telefonats und die fotografische Dokumentation über die Person, die am nächsten Tag den vereinbarten Termin wahrnahm, übergab das »ungarische Bruderorgan« der Operativgruppe der HA II in Budapest.

Anhand dieser Unterlagen gelang innerhalb weniger Tage die Identifizierung dieses Anbieters. Es handelte sich um den Oberleutnant der VP Dietmar Eberhard (Jg. 1951). Eberhard war seit 1978 Mitarbeiter der Volkspolizei, zuletzt im Dezernat 1 der Bezirksbehörde der VP Neubrandenburg. Er hatte die Verkehrshochschule Dresden absolviert und ein Zusatzstudium an der Offiziersschule des MdI Aschersleben abgeschlossen.

Während des Gesprächs in der Botschaft war ihm mitgeteilt worden, er solle in der DDR warten, bis sich »kompetente Leute« bei ihm meldeten.

Bereits Anfang Mai, keine vier Wochen nach seinem Vorsprechen in Budapest, erhielt Eberhard Verbindung zum BND. Eine Tante seiner Ehefrau reiste als Rentnerin in die Bundesrepublik und wurde an ihrem Besuchsort von jemandem angesprochen, der sich als Urlaubsbekanntschaft des angeheirateten Neffen ausgab und diesem einige Geschenke mitgab: ein Radiogerät für RSD-Empfang und ein Kleinsttonbandgerät mit Kassetten. In einem Kinderspielzeug, das als Container vorgerichtet war, befanden sich Spionageanweisungen, Unterlagen zum Ver- und Entschlüsseln von RSD-Sprüchen, ein Decktelefon, Geheimschreibmittel und 1.000 DM.

Bis zu der Ausschleusung Ende 1984 sollte Oberleutnant Eberhard fünf besprochene Minikasetten und drei Filme mit 36 Aufnahmen liefern. Es sollten nur solche Dokumente und Informationen an den BND übermittelt werden, die als bedeutend einzuschätzen waren. Wie das Material zum BND gelangte, sollte Eberhard selbst eruieren, eventuell mit einem »lebenden Briefkasten«[14]. An einer anderen Stelle der umfangreichen Anleitung wurde erklärt, daß der BND keine direkte Kontaktaufnahme zu ihm in der DDR anstrebe und von ihm erst Vorleistungen erwartet würden.

Im Gegensatz zu geworbenen Agenten im Ausland, die mit vorgeschriebenen Briefen und anderen geheimdienstlichen Hilfsmitteln ausgerüstet wurden, forderte man bei »Anbietern« und »potentiellen Überläufern«, daß diese in kurzer Zeit umfangreiche Informationen beschafften. Das war eindeutig die Handschrift des Bereiches Gegenspionage des BND.

Dieser »Anbieter« kam aber nicht dazu, auch nur eine Information an den BND weiterzugeben. Als Ende Mai 1984 der erste RSD-Spruch an ihn ging, war er bereits festgenommen. Eberhard wurde zu 15 Jahren Freiheitsentzug verurteilt.

Daß der BND im Falle von Eberhard derart schnell reagierte, war die Ausnahme. In der Regel nahmen die Beamten des Auswärtigen Amtes in den BRD-Auslandsvertretungen, besonders im »kommunistischen Machtbereich«, nur sehr zögerlich solche Angebote wahr. Sie vermuteten oft Provokationen des Ostens. Ein operativer Sicherheitshinweis des BND vom April 1983 gibt darüber Auskunft: »Überläufer östlicher Nachrichtendienste haben wiederholt berichtet, sie seien bei dem Versuch, über Botschaften der Bundesrepublik Deutschland Kontakt zum BND aufzunehmen, auf Schwierigkeiten gestoßen. Die Beamten, mit denen sie verhandelten, seien über ihre Angaben sichtlich bestürzt gewesen, hätten sie zunächst an den Sicherheitsdienst verwiesen, hätten jede Vermittlung abgelehnt und in anderen Fällen erst auf nachdrückliches Drängen die erbetene Unterstützung erhalten. Die politische und rechtliche Problematik, mit der sich die Botschaften durch derartige Vermittlungswünsche konfrontiert sehen, wird nicht verkannt.

Andererseits muß die nachrichtendienstliche Nutzung von Überläufern wegen ihrer Bedeutung für Nachrichtenbeschaffung, Spionageabwehr und Gegenspionage unbedingt gesichert werden und darf nicht am mangelndem Wissen von nicht orientiertem Botschaftspersonal schleifen.

Für die Botschaften der Bundesrepublik Deutschland ist bei Kontakten mit Überläufern der Erlaß des Auswärtigen Amtes vom 21.8.1972 zur Behandlung von Personen, die im Ausland eine Verbindung zum BND suchen, verbindlich. Dieser Erlaß regelt in vorsichtigen Wendungen, wie sich die Botschaft verhalten soll. Er ist jedoch nicht darauf ausgerichtet, den Botschaften die hohe nachrichtendienstliche Bedeutung der Arbeit mit Überläufern darzustellen. Residenten sollten dies ihrerseits tun.«[15]

Der Fall von Warschau

Nicht jeder Mensch läuft, wenn er familiäre oder berufliche Probleme hat, zum Geheimdienst, um sich helfen zu lassen. Ist er aber selbst in einem Geheimdienst, in einem militärischen oder anderen sicherheitsrelevanten Bereich tätig, dann weiß er um seinen Wert für den gegnerischen Dienst.

Einzelne suchen dann Kontakt in der Hoffnung, ihre Probleme auf diese Weise lösen zu können. Als sich beispielsweise Hans-Joachim Tiedge – Leiter der Spionageabwehr im Bundesamt für Verfassungsschutz – in die DDR absetzte, hatte er Schulden und Alkoholprobleme.

Der Gehilfe des Militärattachés der DDR in Polen, Oberstleutnant Horst Godehard (Jg. 1943), hatte auch derartige Probleme. Er wähnte sich am Ende seiner Karriere, und auch familiär stimmte nichts mehr. Geld, Wohlstand und der »Goldene Westen« waren plötzlich erstrebenswerte Ziele. Anfang 1985 suchte er Kontakt zur bundesdeutschen Botschaft in Warschau. Er bot dem Gesandten offen an, für die BRD-Seite arbeiten zu wollen, wenn sie ihm bei der Fahnenflucht helfe. Godehard stellte in Aussicht, daß er bereit sei, sowohl schriftlich als auch mündlich Informationen zur Verfügung zu stellen – allerdings erst nach dem erfolgten Übertritt in die BRD. Im Juni 1985 gab er dem Diplomaten Einzelheiten bekannt, aus welchen Bereichen er in der Lage sei, Informationen zu liefern, z. B. Einschätzungen und Analysen zur Sicherheitspolitik Polens, zur Militärpolitik und -strategie der Warschauer Paktstaaten sowie zu politischen Problemen der Sicherheitspolitik der DDR.

Bis zu diesem Zeitpunkt hatte der BRD-Diplomat noch keine konkreten Zusagen gemacht. Dennoch begann Godehard, geheime Materialien und Dokumente zu sammeln, die er mitnehmen wollte. Weil er aber den Partner telefonisch zu einer Entscheidung drängte, wurde das der polnischen Abwehr bekannt, die die HA II über ihre Operativgruppe in Warschau in Kenntnis setzte.

Offensichtlich war sich die BRD-Seite nicht darüber im klaren, wie sie damit umgehen sollte, denn bis Ende 1985 hatte Godehard noch immer keine konkreten Zusagen erhalten. Im Februar 1986 wurde er mit einem dienstlichen Auftrag in die DDR geschickt. Während seiner Abwesenheit wurde seine Wohnung in Warschau durchsucht, dabei wurden die gestohlene Dokumente und handschriftlichen Aufzeichnungen gefunden, die sowohl die Fahnenfluchtabsichten als auch die Aussagebereitschaft beim BND verrieten. Kurz vor seiner Rückkehr erfolgte Godehards Festnahme. Er wurde zu 10 Jahren verurteilt.

Aus den eigenen Reihen

Bis zum 3. Oktober 1990 gab es eine Reihe von Veröffentlichungen, die zum Teil sehr spekulativen Charakter besaßen. Mal hieß es, daß »eine Handvoll« zum Feind übergelaufen sei, dann waren es »mehrere Dutzend« und ein andermal »einige Hundert«.

Ich will nur auf drei Fälle eingehen, die unsere Linie II betrafen.

Am 28. Dezember 1989 verließ der ehemalige Leiter der HA II/AGA (Arbeitsgruppe Ausländer), Oberstleutnant Rainer Wiegand (1939 – 1996, tödlicher Autounfall in Portugal) die DDR und stellte sich dem BND. Er hatte seine zweite Sekretärin, die geschiedene Ursula Stottmeister (Jg. 1956, genannt »Uschi« oder »Stotti«), und deren zwei Kinder mitgenommen. Wiegand kam aus dem »Wasserkopf«, aus dem Apparat von Bruno Beater, dem 1. Stellvertreter des Ministers für Staatssicherheit. Dort diente er unter Oberst Eberhard Lehmann (Jg. 1929), der die Arbeitsgruppe Ausländer leitete. Nach dem Tod Beaters 1982 wurden einige Bereiche aufgeteilt. Das paßte dem Leiter der HA II, Kratsch, überhaupt nicht. Die operativen Mitarbeiter wollte er übernehmen, nicht aber die Leiter. Nach seiner Meinung waren diese »alle versaut«, sie hätten »nur ihre Vorteile und Privilegien im Auge, nicht aber die operative Arbeit«. Aber Befehl war Befehl, und so kam neben anderen auch Wiegand zur HA II.

Dieser führte in seiner Abteilung ein strenges Regime. Vom Charakter und vom Auftreten her war er bestens geeignet, in kriminelle Ausländergruppierungen wie der »russisch-jüdischen Mafia«, arabischen und türkischen Schmugglerbanden und anderen organisierten kriminellen Ausländerorganisationen einzudringen. Man sagte ihm nach, daß er über Leichen gehe, um seinen persönlichen Ehrgeiz zu befriedigen und bei seinen Vorgesetzten gut angesehen zu sein. Unzweifelhaft leistete Wiegand auf seinem Gebiet eine gute operative Arbeit. Aus Anlaß seines 50. Geburtstages 1989 erhielt er den »Kampforden für Verdienste um Volk und Vaterland« in Silber.

In der DDR gab es damals eine Reihe von Firmen aus der BRD, Österreich und Schweden, die an »Brennpunkten des sozialistischen Aufbaus« große Investitionsbauten errichteten, ich erinnere an Leuna, Eisenhüttenstadt, Leipzig, Rostock, Magdeburg und Berlin. Die Abteilung von Wiegand kümmerte sich auch um den Personenkreis, der auf diesen Bauten tätig war – Gastarbeiter aus halb Europa. Da die ausländischen Firmen enorme Gewinne erzielten und in ihren Heimatländern keine Steuern bezahlten, kam die DDR auf die Idee, über die Internationale Bau- und Montage-Cooperation (IBAMAC) in Berlin (Otto-Grotewohl-Straße 16) gewisse Schutz- und Sicherheitsgebühren zu verlangen. Damit sollte unter anderem für die soziale und medizinische Versorgung der Gastarbeiter gesorgt werden. Die kassierten Gelder flossen in den DDR-Haushalt. Wiegand, einer der Geschäftsführer dieser Firma und auch unterschriftsberechtigt, hob am Tag seines Verrats 265.000 DM von dem Firmenkonto ab, die er als »Startgeld« in die BRD mitnahm. Mit der Dreiviertel Million, die er vom BND erhielt – so jedenfalls einige hochrangige MfS-Angehörige, die ähnliche Summen angeboten bekamen – und der unterschlagenen Summe vom Firmenkonto ließ sich Wiegand seinen Verrat teuer bezahlen.

Seit dem Sturm auf die MfS-Zentrale am 15. Januar 1990 wird die Legende verbreitet, Mitarbeiter des MfS hätten die Tore geöffnet. Nachgewiesen ist folgendes: 17.00 Uhr sollte die vom »Neuen Forum« in der Normannenstraße angekündigte Kundgebung beginnen. Zur gleichen Zeit hatte sich vor dem Eingang Ruschestraße eine große Menschenmenge versammelt. Als dort die ersten »Demonstranten« über das Tor zu klettern versuchten, wurde das großes Doppeltor von innen von VP-Angehörigen geöffnet. Dieser Menschenpulk strömte links an der Poliklinik vorbei, zerschlug die Seiteneingänge des Versorgungstraktes (Haus 18) und begann die Zerstörung und Plünderung der Einrichtung.

Von Haus 18 spannt sich eine geschlossene Fußgängerbrücke (damalige Bezeichnung: Mitarbeiterlaufsteg) in Höhe der 2. Etage zum Haus 2. Einige der im Haus 18 aufhältigen »Demonstranten« zerschlugen die gläsernen Pendeltüren, die sich an beiden Enden dieser Brücke befanden und liefen ins Haus 2, wo die Spionageabwehr des MfS – HA II – ihren Sitz hatte. Dort begaben sich einige die Haupttreppe hinunter, entriegelten den geschlossenen Personenaufzug von Haus 2 und liefen auf den Hof Richtung Normannenstraße. Als die dort eingesetzten Volkspolizisten die Zivilisten sahen, öffneten auch sie das von ihnen bewachte Doppeltor zur Normannenstraße, und die Masse strömte unaufhaltsam in die MfS-Zentrale.

Was hat das mit Wiegand zu tun?

Nachdem die Vandalen ihrer Zerstörungswut im Haus 2 nachgegeben hatten und vieles mitgehen ließen, was sie in Schreibtischen und Schränken fanden, tauchte eine andere Kategorie Suchender auf. Diese orientierten sich nach einem Zettel. Bei der späteren Analyse der 18 aufgebrochenen und demolierten Räumlichkeiten der HA II stellte sich folgendes heraus: Es waren jene Räume zielgerichtet aufgebrochen worden, die Wiegand beim BND genannt hatte – sein eigenes Arbeits- und Sekretariatszimmer, die Zimmer des Hauptabteilungsleiters, des stellvertretenden Hauptabteilungsleiters, der anleitungsmäßig auch für Wiegand zuständig war, sowie das Büro des Stabschefs der HA II. Es wurden auch Räume durchsucht, die Wiegand nie betreten hatte und wo er nicht wissen konnte, was dort war. Aber seine Sekretärin Uschi Stottmeister kannte sie. Sie war für Kulturarbeit verantwortlich, zu ihren Aufgaben gehörte die Kommunikation mit ihren Partnern in den Abteilungen. Sie kannte den Charakter bestimmter Büros. Daher konnten solche Räume systematisch »geknackt« werden, in denen sich Material, Karteien, Auswertungsunterlagen u. a. befanden.

Betroffen von diesem organisierten Diebstahl war die HA II/AKG (zentrale Auswertungsabteilung der HA II), die HA II/10 (Internationale Verbindungsabteilung), die HA II/1 (Innere Sicherheit des MfS), die HA II/6 (Abwehr politische und ökonomische Spionage) und weitere Büros.

Ohne Zweifel hatte der BND zwei, drei Personen in diese »Stürmungsaktion« eingeschleust und sie mit den entsprechenden Informationen ausgestattet, damit sie zielgerichtet suchen konnten. Gestohlen wurden drei oder vier Ordner mit sogenannten III–Informationen, die im Rahmen der fernmeldetechnischen Aufklärung aufgezeichnet worden waren. Von den Flughäfen Tegel und Tempelhof waren Meldungen zu Zielpersonen des Bundesamtes für Verfassungsschutz – fast ausschließlich sogenannte DDR-Reisekader – vom Bundesgrenzschutz an die Abteilung III des BfV (Linksextremismus) per Telefon durchgegeben worden. Weiterhin fehlten mehrere umfangreiche Abschlußberichte zu Spionagevorgängen sowohl der deutschen (BND) als auch der amerikanischen Linie (CIA), 20 bis 30 Handakten zu Altmaterialien des BND aus den 50er und 60er Jahren, zentrale dienstliche Weisungen und Befehle, Materialien zu Dienstkonferenzen und -besprechungen, Telefonverzeichnisse und andere brisante Materialien.

Der Verdacht, daß die Aktion am 15. Januar 1990 kein Zufall war, wurde auch dadurch bestätigt, daß das Lagezentrum des Bundesamtes für Verfassungsschutz in Köln während des Sturms wiederholt die Lagegruppe der HA II anrief. Offensichtlich wollte man sich vergewissern, daß die vier Mitarbeiter noch am Platze waren.

Ohne Zweifel geht die Stürmung der Spionageabwehr des MfS – HA II – auf die Kappe von Wiegand. Zugeschrieben wird Wiegand auch die Enttarnung mehrerer Quellen der Militäraufklärung der DDR. Darunter hätten sich die Quellen »Aurikel« und »Asriel« befunden. »Aurikel«, mit bürgerlichem Namen Egon Streffer, sei bis zu seinem Tode im August 1989 »zu bestimmten Zeiten Quelle Nr. 1 in der Bundeswehrführung gewesen«, erklärte der ehemalige Generalbundesanwalt von Stahl.[17]

»Asriel«, mit bürgerlichem Namen Dieter Popp, Gruppenleiter von »Aurikel«, wurde zu einer Freiheitsstrafe von sechs Jahren verurteilt.[18]

Wiegand, Deckname »Falk«, hatte einige Jahre – bevor er zum Apparat Beater kam – in der Hauptabteilung I (Absicherung der NVA) bzw. direkt in der Militäraufklärung gearbeitet.

Dieser Verrat kann aber auch von Eberhard Lehmann begangen worden sein, da dieser von 1960 bis 1969 dem Stellvertreter des Chefs und Leiter Operativ der Militäraufklärung zugeordnet und direkt für die Anleitung der Abteilung 8 und 10 zuständig war. Die war auf die Hardthöhe angesetzt.[19]

Im Schlepptau von Wiegand stellte sich Eberhard Lehmann – der »Operetten-Lehmann« – dem BfV. Den Spitznamen hatte er bekommen, als er bei einer zentralen Dienstversammlung der HA II mit einer von Ordensspangen übersäten Uniform erschienen war. Ein Mitarbeiter der HA II/12 rief aus: »Der sieht ja aus, als wäre er einer Operette von Lehar entsprungen.« Seitdem hieß er »Operetten-Lehmann«, »Operetten-Oberst« und später auch »Minibuch-Lehmann«.

Lehmann hatte von Wiegand den Rat erhalten, er solle sich dem BfV »offenbaren«, nicht dem BND, denn die wüßten ja schon alles von ihm. Er könne dem BND nichts Neues mitteilen, aber das BfV wäre sehr interessiert. So schlug Eberhard Lehmann ein neues Blatt in seiner Biographie auf, die ohnehin von spektakulärem Versagen geprägt war. Seinen Aufstieg im MfS hatte er nur seinen guten Verbindungen in die höchsten Gremien des Parteiapparates zu verdanken. In den 60er Jahren sollte er in der Militäraufklärung[20] der NVA mithelfen, diesen Dienst auf ein »höheres Niveau« zu bringen. Nach einigen Jahren mußte er zurückgezogen werden, da er sich benahm, als wenn er diesen Dienst selbst führen würde. Seitdem gehörte er zu den Gescheiterten im MfS, zu den hochbezahlten Nichtsnutzen, die sich nur im Auffangbecken von Gestrauchelten unter Beater hielten. Er glänzte weniger durch Arbeit als durch Befriedigung seiner persönlichen Interessen und Bedürfnisse: Sondereinkaufsmöglichkeiten, das Verwenden von Operativgeldern für persönliche Hobbys wie »Mini-Bücher« u. a. Sich in den Vordergrund zu drängen war ein markantes Merkmal seiner Persönlichkeit.

Nun war er in der HA II. Was tun mit ihm?

Bezahlt wurde er wie der Leiter einer selbständigen Abteilung. Das war mehr als ein Abteilungsleiter, aber weniger als ein Hauptabteilungsleiter. Ohne daß es in der kurzen Zeit seiner Zugehörigkeit sichtbar wurde, für was oder wofür er eigentlich zuständig war, fristete er ein Dasein als nie richtig eingesetzter stellvertretender Hauptabteilungsleiter der HA II. Er mischte in Sport- und Traditionsarbeit mit. 1986 wurde er vorzeitig aus gesundheitlichen Gründen in Rente geschickt.

Nach der Wende unternahm er den Versuch, durch Verrat noch einmal auf sich aufmerksam zu machen. »Glasschüssel«[21] – so sein Deckname beim BfV – war, wie die Presse zu berichten wußte, eine hochkarätige Quelle im Schalck-Imperium. Nur hatte Lehmann nie etwas mit Schalck-Golodkowski zu tun gehabt.

Offensichtlich war das finanzielle Angebot des BfV für »Glasschüssel« nicht besonders üppig, nur 50 000 DM, seien »rübergereicht worden«, wie der »Spiegel« zu wissen glaubte[22]. Hatte der BfV bemerkt, daß er einem Hochstapler aufgesessen war? Lehmann konnte über die HA II in operativer Hinsicht nicht allzu viel mitteilen, denn Kratsch hatte ihn aus allen Dingen herausgehalten.

So wurde Lehmann Hauptinformant des Journalisten Peter Ferdinand Koch, der mit diesen Fakten ein Buch schrieb: »DDR contra BRD – die feindlichen Brüder«. Mit seinem Halbwissen erzählte Lehmann Biographien von Mitarbeitern des MfS, die wohl die Betroffenen am meisten überraschten. Rudolf (Rolf) Emilius wurde zu einem der »begabtesten Nachrichtendienstler« der DDR, dessen Aufstieg zum Leiter der HA II von Mielke verhindert worden sei. Und: Emilius habe Heinz Felfe, Johannes Clemens und Wilhelm Kirchbaum angeworben und dem sowjetischen Geheimdienst zugeführt.[24] Felfe kam 1969 aus westdeutscher Haft frei, danach betreute ihn Emilius. Mehr nicht.

Dem Leiter der HA II, Kratsch, dichteten Lehmann/Koch eine Frauengeschichte[25] an, die in Wahrheit jedoch einer seiner Stellvertreter hatte, weshalb dieser versetzt wurde. Kratsch habe »Stumpfsinn«[26] verbreitet, sei »schwachköpfig«[27].

Koch hätte den angeblich schwachköpfigen Kratsch einmal erleben sollen. Der vermochte seine Leute zu mobilisieren und zu motivieren, er konnte Wichtiges von Nebensächlichem, Vorrangiges von Zweitrangigem unterscheiden, er war ein ordentlicher Leiter.

Edgar Braun, der letzte Leiter der HA XIX, wurde von Lehmann/Koch als »hilflos, verkrampft, scheu, ängstlich« beschrieben – und dennoch nannten die beiden ihn an anderer Stelle »Häscher und Schinder«. Weder das eine noch das andere traf auf Braun zu. Seine Ehefrau Karin wurde zum »Wächter des DDR-Innenministeriums«[29] gemacht – eine bemerkenswerte Karriere für eine Sachbearbeiterin in einem Auswertungsreferat einer operativen Abteilung der Bezirksverwaltung Berlin des MfS, die wenig bis nichts mit dem Innenministerium zu tun hatte.

Kurt Ulbrich, damals Mitarbeiter der HA II, heute arbeitslos, machten die Autoren zu einem Immobilienhändler[30] ...

Ein weiterer Überläufer war Major Günter Frank aus der Abteilung II der BV Berlin. Am 9. Dezember 1989 nahm er an einer Beratung in der Bezirksverwaltung teil, auf der personelle und strukturelle Vorstellungen eines DDR-Verfassungsschutzes auf der Ebene des Bezirkes erörtert wurden. Frank war zu dieser Zeit seit etwa drei Jahren Leiter des Referates 2 der Abteilung II, seine Aufgabe war die offensive Bearbeitung des BND in Westberlin. Knapp drei Wochen später lief er zum BND über und verriet alle inoffiziellen Quellen, die für die Berliner II arbeiteten.

Frank enttarnte in Westberlin unter anderen »Tempel«, »Villa«, »Schloß«, »Camp« und »Musikladen«. Und eine der wichtigsten

Quellen der Linie II überhaupt – »Klaus Petersen«. Auch »Iris« und »Hans«, die gemeinsam mit »Klaus Petersen« wirkten, gerieten bald in die Mühlen der Berliner Justiz.

Dieser Verratsfall wog schwerer als der Verrat von Wiegand und Lehmann. Denn er betraf nicht nur Westberliner und Bundesbürger, die für uns gearbeitet hatten, sondern auch sogenannte IMB, also DDR-Bürger, die vom BND angeworben worden, aber für die Berliner II aktiv waren. Der BND lud sie vor, legte die über sie im MfS geführten Personal- und Arbeitsakten auf den Tisch und verabschiedete sich mit dem Hinweis, daß der Bruch mit dem BND endgültig sei. Eine juristische Verfolgung fand nicht statt, wohl aber schwebt seither das Damoklesschwert über ihnen.

Wiegand, Lehmann und Frank werden noch heute von ihren ehemaligen Genossen als Verräter bezeichnet. Sie haben für Geld Kameraden, Kollegen und Quellen verraten – das war ein eindeutiger Verstoß gegen die Grundsätze jeglicher Geheimdienstarbeit, egal, unter welcher Fahne sie erfolgt. Alle lieben zwar den Verrat – aber niemand liebt den Verräter. Warum wohl?

Wiegand, Lehmann und Frank wurden fahnenflüchtig, als das Schiff sank, auf dem sie vorher ganz gut gelebt hatten. Das taten auch andere. Jeder Mensch hat das Recht auf Korrektur eines vermeintlichen Irrtums, auch Mitarbeitern des MfS stand es zu. Diesen Schritt kann man zwar kritisieren, nicht aber verurteilen. Keinerlei nachsichtiges Verständnis jedoch gibt es für die Tatsache, daß man Vertraute ans Messer lieferte. Ein Geheimdienst und seine Mitarbeiter haben eine Obhutspflicht für die Quellen. Wenn dieses Vertrauen verkauft wird, wenn andere mit Haft den Judaslohn für den Verräter bezahlen, dann bleibt nur noch Verachtung.

Schmidt-Eenboom, westdeutscher Geheimdienstexperte, resümierte nach dem Ende der DDR: »Mit der Auflösung des MfS und der anschließenden Teilenttarnung ostdeutscher Agenten in westlichen Sicherheitsbehörden ist deutlich geworden, daß dem westdeutschen Auslandsnachrichtendienst in seinem Schwerpunktbereich außer dem Anhäufen elektronisch gesammelter Informationen nur wenig gelingen konnte. Für den Osten war der BND weitgehend durchsichtig und damit paralysiert ...

Der Sieg des MfS über den BND war jedoch nicht verbunden mit dem Sieg der DDR über die Bundesrepublik, Sieger und Besiegte tauschten die Rollen, wenn es um den Staat geht, dem sie dienten. Das immerhin macht deutlich, daß selbst ein perfekt ausgestatteter Apparat mit intelligent rekrutierten Mitarbeitern kein Garant für den Erfolg der Außenpolitik oder gar die Selbstbehauptung eines Staates ist.«[31]

Anmerkung

1 vgl. Münchner Illustrierte, 32/1954, S. 4
2 vgl. Schmidt-Eenboom: Schnüffler ohne Nase, 1993, S. 64
3 vgl. ebenda, S. 64
4 vgl. ND vom 14. August 1976, S. 3
5 vgl. Schmidt-Eenboom: Schnüffler ohne Nase, 1993, S. 67
6 vgl. ebenda, S. 67
7 Agentenkategorien des BND: IQ = Innenquellen, IQWIR = Innenquellen in der Wirtschaft, IQTWI = im technisch-wissenschaftlichen Bereich, AQ = Außenquellen, GEA = Gesprächsaufklärer mit Abschöpfverbindungen, GEAR = reisender Gesprächsaufklärer, in der Regel Bundesbürger mit beständigen Abschöpfkontakten im Zielgebiet, die besuchsweise genutzt werden; GEAS = stationärer Gesprächsaufklärer im Zielgebiet, der weitere Abschöpfverbindungen unterhält; BEO = Beobachter nicht im Sinne von Observation, sondern geworbener Agent zur Überwachung bestimmter Sachverhalte oder Objekte; BEOR = einreisender Beobachter, der sich zeitweilig an einem Zielort aufhält; BEOD = durchreisender Beobachter als sogenannte Transitquelle; BEOS = stationärer Beobachter vor Ort, der ein Objekt kontrolliert. vgl. Schmidt-Eenboom: Schnüffler ohne Nase, 1993, S. 68
Zuverlässigkeit der Quelle:
A = zuverlässig (completely reliable)
B = allgemein zuverlässig (usually reliable)
C = ziemlich zuverlässig (fairly reliable)
D = nicht immer zuverlässig (not usually reliable)
E = unzuverlässig (unreliable)
F = kann nicht beurteilt werden (cannot be judged)
Wahrheitsgehalt des Quelleninhalts
1 = von anderer Seite bestätigt (confirmed by other sources)
2 = wahrscheinlich zutreffend (probably true)
3 = möglicherweise zutreffend (possibly true)
4 = zweifelhaft (doubtly true)
5 = unwahrscheinlich (improbably true)
6 = unbewertbar (truth cannot be judged)
vgl. ebenda, S. 279
8 vgl. Schmidt-Eenboom: Schnüffler ohne Nase, 1993, S. 263
9 vgl. ebenda, S. 116
10 vgl. BZ am Abend, 16. Juni 1990, S. 2
11 vgl. Schmidt-Eenboom: Schnüffler ohne Nase, 1993, S. 170
12 vgl. ebenda, S. 171
13 Die Zusammenarbeit des MfS mit dem sowjetischen KGB und Geheimdiensten anderer Länder: Das MfS unterhielt vor allem über die HA II (Spionageabwehr) Kontakte zu Geheimdiensten. Eindeutige Priorität hatten dabei die Beziehungen zum KGB der Sowjetunion, was wesentlich mit der Entstehung der DDR insgesamt als auch mit der des MfS zusammenhing. Mitarbeiter des KGB, die nach 1945 in der sowjetischen Besatzungszone tätig waren, übten entscheidenden Einfluß auf das Entstehen deutscher Organe mit geheimdienstlichen und geheimpolizeilichen Befugnissen in diesem Gebiet aus. Nach der Bildung der DDR im Jahre 1949 ging aus diesen Organen im Februar 1950 das Ministerium für Staatssicherheit hervor. Sowjetische Berater und Spezialisten leisteten sowohl bei der Gründung des MfS als auch in der Folgezeit wesentliche Unterstützung und bestimmten vor allem in den ersten Jahren seines Bestehens weitgehend dessen Arbeit. Gleichzeitig erhielten leitende Funktionäre des MfS ihre Ausbildung in der Sowjetunion, und es kann angenommen werden, daß die Minister für Staatssicherheit Zaisser, Wollweber und Mielke bereits vor ihrer Tätigkeit im MfS in enger Beziehung zum KGB standen. Erst in der Mitte der 80er Jahre – nach dem Amtsantritt von Gorbatschow - gab es Tendenzen, sich auch vom KGB stärker abzugrenzen. Die überragende, im Grunde genommen anleitende Rolle des KGB gegenüber dem MfS geht auch daraus hervor, daß das KGB beim Ministerium für Staatssicherheit offizielle Vertretungen unterhielt,

die nicht nur zu Fragen der direkten Zusammenarbeit konsultiert wurden, sondern die eine Art Kontrollfunktion ausübten. Auf diese Weise erhielt das Komitee für Staatssicherheit der UdSSR wesentliche Erkenntnisse des MfS aus Bereichen der Spionageabwehr, der Aufklärung und der Terrorabwehr, über oppositionelle Gruppen und Gruppierungen in der DDR und ihre internationalen Verbindungen.
Im einzelnen bestanden neun bilaterale Abkommen über die Zusammenarbeit zwischen dem MfS und dem KGB, sie regelten Verpflichtungen zwischen den Hauptabteilungen I (Abwehr in der NVA und Grenztruppen), II (Spionageabwehr), XVIII (Volkswirtschaft) und XX (Staatsapparat, Kirche, Kunst, Kultur, Opposition) des MfS und den entsprechenden Partnerdiensteinheiten des KGB. vgl. Gill/Schröter: Das Ministerium für Staatssicherheit, 1991, S. 76ff

14 Lebender Briefkasten (LBK): Element im Verbindungssystem zwischen imperialistischen Geheimdiensten und Agenten. Als lebende Briefkästen wurden speziell im Bundesnachrichtendienst in der BRD oder in Westberlin wohnhafte Personen bezeichnet, die ohne Kenntnis des tatsächlichen Charakters dieser Tätigkeit von Geheimdienstmitarbeitern und Agenten zur zeitweiligen Aufbewahrung von Nachrichten oder Gegenständen mißbraucht wurden. vgl. Gauck-Behörde, Wörterbuch, Nr. 1/93, S. 240

15 vgl. Schmidt-Eenboom: Schnüffler ohne Nase, 1993, S. 133ff

16 vgl. Peter-Ferdinand Koch: DDR contra BRD, 1994, S. 417

17 vgl. Andreas Kabus: Auftrag Windrose, 1993, S. 51

18 vgl. ebenda, S. 53

19 vgl. ebenda, S. 42

20 vgl. ebenda, S. 177

21 vgl. Schmidt-Eenboom: Schnüffler ohne Nase, 1993, S. 84

22 vgl. Der Spiegel, Nr. 4/95, S. 104ff

23 vgl. Peter-Ferdinand Koch: DDR contra BRD, 1994, S. 317

24 vgl. ebenda, S. 317

25 vgl. ebenda, S. 315

26 vgl. ebenda, S. 315

27 vgl. ebenda, S. 317

28 vgl. ebenda, S. 427

29 vgl. ebenda, S. 424

30 vgl. ebenda, S. 319

31 vgl. Schmidt-Eenboom: Schnüffler ohne Nase, 1993, S. 294

Noch ein Verlierer der Einheit

Rainer Eppelmann, Wolfgang Templin, Konrad Weiß, Reinhard Schult, Bärbel Bohley, Werner Fischer, Ingrid Köppe, Wolfgang Ullmann, Marianne Birthler und andere Bürgerbewegte hefteten sich den Sieg über die Stasi an ihre Fahnen. Ob das wirklich ihr Verdienst ist, steht dahin. Unstreitig ist, daß sie aus dieser Behauptung glaubten, jahrelang ihre Legitimation beziehen zu können. Oder wie es Gaus 1996 einmal nannte: Die ehemaligen Bürgerrechtler versuchen, »aus ihrer Vergangenheit eine immerwährende Gegenwart zu machen«, was von ihnen »als Aufarbeitung der Vergangenheit aller ausgegeben wird«. Und Wolfgang Templin forderte gar auf, das MfS zur »kriminellen Organisation« zu erklären.

Das unterblieb, aber die Mitarbeiter – offizielle wie inoffizielle – wurden mehr als ein Jahrzehnt im vereinten Deutschland so behandelt. Jeder Papierschnipsel aus der Normannenstraße wurde als Fallbeil benutzt, um Menschen zu denunzieren, zu diskriminieren und sie auch im Wortsinne zur Strecke zu bringen. Der Fokus der Öffentlichkeit wurde bewußt auf das MfS gelenkt, es war die Inkarnation des Unrechtsstaates DDR schlechthin.

Bei dieser Hinrichtung übersah man eines (mit Absicht oder aus Unwissenheit): Das MfS galt als Schild und Schwert der Partei. Es war ein Instrument der SED, genauer: der Führung dieser Partei. Mielke wäre keinen Tag länger Minister geblieben, wäre er seinem Generalsekretär nicht willfährig zu Diensten gewesen. Zaisser und Wollweber erfuhren, was passierte, wenn man aus der Parteireihe tanzte. Erich Mielke schlug sich erst dann auf die Seite von Krenz, als erkennbar war, daß Honecker ausgespielt hatte. Vorher nicht.

Die Rollen waren eindeutig. Das MfS war kein Staat im Staate, es gab keine Autonomie, kein Eigenleben – was dort passierte, geschah im Wissen und im Auftrag der Partei. Das macht die Sache nicht appetitlicher, benennt aber die Verantwortung präziser. Das MfS war der Kellner – nicht der Koch.

Die Bürgerbewegten scheiterten wegen ihrer selbstgerechten, rückwärtsgewandten Sicht auf die DDR und das MfS. »Einziges Monument des politischen Sieges von Herbst 1989 ist die Gauck-Behörde geblieben, jenes mit geheimdienstlichen Riesenaufwand erzeugte und nunmehr mit bürokratischem Riesenaufwand verwaltete Aktengebirge, auf dem sich bevorzugt die Klatschjournaille tummelt«, meinte Rolf Schneider am 2. Januar 1995 in der Berliner Morgenpost. »Von der Institution des einstigen Pfarrers aus Mecklenburg geht so etwas wie ein flächendeckender Vorwurf aus, betreffend den Opportunismus und die gesellschaftliche Lethargie aus 40 Jahren realsozialistischer Diktatur. Der kollektiven Psyche tut das nicht gut. Der nach 1989 erfolgte Sturz vom geschichtlichen Triumph in die anhaltenden Depressionen war tief.

Auch daran hat die politische Opposition der alten DDR ihren Anteil: infolge ihrer Fehlleistungen aus denen sich ihr spätes Verschwinden erklärt.

Statt sich gegen die nationale Einheit zu stemmen, wäre es ihre Pflicht gewesen, diese Einheit souverän zu begleiten. Daß sie dies nicht vermochte, war ihr Versagen. Mitleidende waren und sind die Menschen in den neuen Bundesländern, deren Selbstwertgefühl sich von inzwischen empfangenen Beschädigungen nicht erholen will.«[2]

Und dabei waren sie im Herbst angetreten, »Staat und Gesellschaft demokratisch umzugestalten«. Diese Absicht postulierten sie jedenfalls in einer »Gemeinsamen Erklärung. Am 4. Oktober 1989 haben sich Vertreter der Bürgerbewegung Demokratie jetzt, des Demokratischen Aufbruchs, der Gruppe Demokratischer SozialistInnen, der Initiative Frieden und Menschenrechte, der Initiativgruppe Sozialdemokratische Partei in der DDR, des Neuen Forums sowie Vertreter von Friedenskreisen zusammengefunden, um Möglichkeiten gemeinsamen politischen Handelns zu besprechen. Wir begrüßen die sich entwickelnde Vielfalt der Initiativen als Zeichen des Aufbruchs und des wachsenden Mutes, eigene politische Positionen öffentlich zu vertreten. Uns verbindet der Wille, Staat und Gesellschaft demokratisch umzugestalten. Es kommt darauf an, einen Zustand zu beenden, in dem Bürgerinnen und Bürger dieser Gesellschaft nicht die Möglichkeit haben, ihre politischen Rechte auszuüben, wie es die Menschenrechtskonventionen der Vereinten Nationen und die KSZE-Dokumente verlangen. Wir erklären uns solidarisch mit allen, die wegen ihres Einsatzes für diese Ziele verfolgt werden. Wir setzen uns für die Freilassung der Inhaftierten, die Aufhebung ergangener Urteile und die Einstellung laufender Ermittlungsverfahren. Wir halten es für vorrangig, in unserem Lande eine

Diskussion darüber zu eröffnen, welche Mindestbedingungen für eine demokratische Wahl eingehalten werden müssen. Sie muß unterschiedliche politische Entscheidungen ermöglichen. Sie muß geheim sein, d. h. die Wähler sind verpflichtet, eine Wahlkabine zu benutzen. Sie muß frei sein, d. h. niemand darf durch Druck zu einem bestimmten Wahlverfahren genötigt werden. Die nächsten Wahlen sollten unter UNO-Kontrolle stattfinden. Wir wollen zusammenarbeiten und prüfen, in welchem Umfang wir ein Wahlbündnis mit gemeinsamen Kandidaten verwirklichen können. Um unser Land politisch zu verändern, bedarf es der Beteiligung und der Kritik aller. Wir rufen alle Bürgerinnen und Bürger der DDR auf, an der demokratischen Erneuerung mitzuwirken.«[3]

Dieses Papier unterzeichneten Angelika Barbe (Initiativgruppe SDP), Marianne Birthler (Initiative Frieden und Menschenrechte), Ibrahim M. Böhme (Initiativgruppe SDP), Rainer Eppelmann (Demokratischer Aufbruch), Martin Gutzeit (Initiativgruppe SDP), Barbara Hähnchen (Friedenskreis Pankow), Heinz Küchler (Demokratie Jetzt), Kathrin Menge (Neues Forum), Rudi Pahnke (Demokratischer Aufbruch), Sebastian Pflugbeil (Neues Forum), Gerd Poppe (Initiative Frieden und Menschenrechte), Ulrike Poppe (Demokratie Jetzt), Werner Schulz (Friedenskreis Pankow), Dr. Wolfgang Ullmann (Demokratie Jetzt), Reinhard Weidauer (Demokratischer Aufbruch) und ein namenloser Vertreter der Gruppe Demokratischer SozialistInnen.

Die Opposition in der DDR

Was das MfS unter Opposition verstand, artikulierte es in einer »Information über beachtenswerte Aspekte des aktuellen Wirksamwerdens innerer feindlicher, oppositioneller und anderer negativer Kräfte in personellen Zusammenschlüssen«.[4] Darin hieß es unter anderem: »Es ist einzuschätzen, daß die politischen, ideologischen und subversiven gegnerischen Einwirkungen sowie die von der aktuellen Lageentwicklung in einigen sozialistischen Ländern ausgehenden Einflüsse unter Teilen der Bevölkerung der DDR gewisse Wirkungen erzielen. Sie zeigen sich insbesondere im Vorhandensein (überschaubarer und unter staatlicher und gesellschaftlicher Kontrolle stehender) personeller Zusammenschlüsse, entsprechender Gruppierungen und Gruppen, die in Übereinstimmung bzw. im Zusammenwirken mit reaktionären kirchlichen

Personen und gemeinsam mit äußeren Feinden im Sinne dieser gegnerischen Strategie wirksam zu werden versuchen.

Seit Beginn der 80er Jahre anhaltende Sammlungs- und Formierungsbestrebungen solcher Personen, die sich die Aufweichung, Zersetzung und politische Destabilisierung bis hin zur Veränderung der gesellschaftlichen Verhältnisse in der DDR zum Ziel setzen, führten zur Bildung entsprechender Gruppierungen und Gruppen. Diese sind fast ausschließlich in Strukturen der evangelischen Kirchen in der DDR eingebunden bzw. können für ihre Aktivitäten die materiellen und technischen Möglichkeiten dieser Kirchen umfassend nutzen.

In der DDR akkreditierte Korrespondenten und Mitarbeiter diplomatischer Vertretungen (darunter als Diplomaten abgedeckte Geheimdienstmitarbeiter) aus nichtsozialistischen Staaten, insbesondere aus der BRD, den USA und Großbritannien, nehmen in diesem Prozeß einen maßgeblichen Stellenwert ein. Sie inspirieren feindliche, oppositionelle Kräfte und personelle Zusammenschlüsse zu antisozialistischen Aktivitäten, gewähren ihnen fortlaufend Unterstützung und popularisieren diesbezügliche Handlungen mit dem Ziel, solche Personen und Zusammenschlüsse unter den Schutz der internationalen Öffentlichkeit zu stellen... Gegenwärtig bestehen in der DDR ca. 160 derartige Zusammenschlüsse. Unter diesen befindet sich eine größere Anzahl, von der kontinuierlich bzw. anlaßbezogen feindlich-negative bzw. andersartige, gegen die sozialistische Staats- und Gesellschaftsordnung gerichtete Handlungen ausgehen.

Sie gliedern sich in knapp 150 sogenannte kirchliche Basisgruppen, die sich selbst, ausgehend von dem demagogisch vorgegebenen Ziel und Inhalt ihrer Tätigkeit bzw. ihrer personellen Zusammensetzung, bezeichnen als ›Friedenskreis‹ (35), ›Ökologiegruppen‹ (39), gemischte ›Friedens- und Umweltgruppen‹ (23), ›Frauengruppen‹ (7), ›Ärztekreise‹ (3), ›Menschenrechtsgruppen‹ (10) bzw. Dritte-Welt-Gruppen (39) und sogenannte Regionalgruppen von Wehrdienstverweigerern... Darüber hinaus existieren 10 personelle Zusammenschlüsse mit spezifisch koordinierenden Funktionen und Aufgabenstellungen wie der ›Fortsetzungsausschuß – Konkret für den Frieden‹, der ›Arbeitskreis Solidarische Kirche‹ (12 Regionalgruppen), die ›Kirche von unten‹ (4 Regionalgruppen), das ›Grün-ökologische Netzwerk

Arche‹ , die ›Initiative für Frieden und Menschenrechte‹ und der ›Freundeskreis Wehrdienstverweigerer‹...

Über die Hälfte aller derartiger Zusammenschlüsse wurde vor dem Jahre 1985 gebildet. Im Ergebnis staatlicher und gesellschaftlicher Anstrengungen ist es bisher nicht gelungen, ihre Gesamtzahl zu verringern. Das Gesamtpotential dieser Zusammenschlüsse, dazu gehören auch peripher angegliederte Kräfte, die in der Regel ohne eigenständige Beiträge lediglich Teilnehmer von Aktivitäten / Veranstaltungen darstellen, beträgt insgesamt ca. 2.500 Personen...

Etwa 600 Personen sind in den Führungsgremien zuzuordnen, während den sogen. harten Kern eine relativ kleine Zahl fanatischer, von sogenanntem Sendungsbewußtsein, persönlichem Geltungsdrang und politischer Profilierungssucht getriebener, vielfach unbelehrbarer Feinde des Sozialismus bildet. Dieser Kategorie zuzuordnen sind ca. 60 Personen, u. a. die Pfarrer Eppelmann, Tschiche und Wonneberger sowie Gerd und Ulrike Poppe, Bärbel Bohley und Werner Fischer; die Personen Rüddenklau, Schult, Dr. Klein und Lietz. Sie sind die maßgeblichen Inspiratoren / Organisatoren politischer Untergrundtätigkeit und bestimmten mit ihren Verbindungen im Inland, in das westliche Ausland und zu antisozialistischen Kräften in anderen sozialistischen Staaten die konkreten Inhalte der Feindtätigkeit personeller Zusammenschlüsse und deren überregionalen Aktionsradius.

Die Mehrzahl aller existierenden Zusammenschlüsse unterhält über Gruppenmitglieder bzw. Drittpersonen (besonders über in der DDR akkreditierte Korrespondenten und Diplomaten nichtsozialistischer Staaten) Kontakte und Verbindungen in das nichtsozialistische Ausland (zunehmende Tendenz). Vor allem Führungskräfte stehen in ununterbrochenem Kontakt zu Feindorganisationen und sozialismusfeindlichen Kräften in der westeuropäischen Friedensbewegung, zu Führungskräften politischer Parteien und Organisationen in der BRD und Westberlin, insbesondere den GRÜNEN und der Alternativen Liste/Westberlin (mit führenden Funktionären der SPD, CDU, CSU, FDP, der GRÜNEN/AL sowie mit Gewerkschaften kam es zu Zusammenkünften in der DDR) sowie zu solchen ehemaligen DDR-Bürgern, die gegen die DDR subversive Aktivitäten entwickelten und als Schaltstellen des Zusammenwirkens äußerer und innerer Feinde fungieren, wie Jahn und Hirsch.

Über diese werden feindliche, oppositionelle Kräfte in der DDR fortgesetzt ideell, finanziell und materiell unterstützt.

Die in der DDR wirkenden feindlichen, oppositionellen und anderen negativen feindlichen Kräfte verfügen über kein einheitliches politisches Konzept bzw. über kein in sich geschlossenes ›alternatives‹ Gesellschaftsmodell. Sie nutzen und mißbrauchen vor allem die internationalen Systemauseinandersetzungen um Frieden und Abrüstung, der Menschenrechtsproblematik und globale Probleme des Umweltschutzes für die inhaltliche Ausrichtung ihrer antisozialistischen Aktivitäten, für die inhaltliche und organisatorische Profilierung der personellen Zusammenschlüsse und für deren weitere Zusammenführung (Vernetzung).«

Diese Beurteilung entsprach dem damaligen Selbstverständnis der SED (und damit auch seinem Instrument, dem MfS). Widerspruch zur offiziellen Sicht wurde generell als Ablehnung verstanden; wer nicht für uns ist, ist gegen uns, hieß die Formel. Marx und die Dialektik, auf die wir uns stets beriefen, kamen nur noch als Formeln, nicht aber als Denkmethode vor. Nichts da von Einheit und Kampf der Gegensätze, kein Gedanke an die objektive Existenz von Konflikten. Eine Gesellschaft war und ist ein lebender Organismus, der seine Vitalität eben aus der Vielfalt bezieht. Wenn aber alles gesagt und geregelt ist und sich Mitwirkung der Glieder auf Zustimmung zum Bestehenden reduziert und im Lob auf die Weisheit der Führung erschöpft, fällt das Gemeinwesen in Agonie. Es stirbt. Die DDR war darum in gewisser Weise am Ende der Honecker-Ära ein Leichnam.

Allerdings fanden diese inneren Auseinandersetzungen in einem globalen Kontext statt. Nicht jeder, der Kritik am Zustand der DDR übte, tat es in der Absicht, sie zu verbessern. Es gab unter ihnen natürlich auch Feinde des Sozialismus. Für uns aber waren es alle.

Worauf gründete sich eine solche Einschätzung?

In den 80er Jahren änderte der amerikanische Geheimdienst seine Praxis. Er orientierte sich stärker als bislang auf die Methode, in Gesprächen Informationen abzuschöpfen. An die Stelle der klassischen Agenten, die erst geworben werden mußten, trat der wissende Gesprächspartner, mit dem man ungeniert plauderte.[6] Das passierte vor allem in der DDR, in Polen und Ungarn.

Präsident Ronald Reagan und Papst Johannes Paul II. vereinbarten am 7. Juni 1982 in Rom, die Kapazitäten der katholischen Kirche und der CIA für eine verdeckte Kampagne in Polen zu nutzen, um den Zusammenbruch des kommunistischen Regimes in Polen herbeizuführen.[7] Eine Schlüsselrolle spielte dabei die polnische Gewerkschaftsbewegung Solidarnosc und deren Führer Lech Walesa. »Das Netzwerk, daß Reagan und Johannes Paul II. knüpfen ließen, versorgte Solidarnosc in den folgenden Jahren bis zur Wiederzulassung 1989 mit Geld, Ausrüstung und Beratung. Die Gewerkschaft bekam Geld aus CIA-Mitteln, vom National Endowerment of Democracy, vom Vatikan und westlichen Gewerkschaften.«[8]

In der DDR erfolgte die Gesprächsaufklärung in zwei Richtungen: mit offiziellen Stellen in Partei, Staat, Wissenschaft, Kultur, Volkswirtschaft einerseits und mit oppositionellen Kräften der Kirche, Friedensgruppen und anderen Personenzusammenschlüssen oder Einzelpersonen. Insbesondere diese Kontakte waren für die amerikanischen Dienste sehr ergiebig, wenngleich auch nicht immer ganz objektiv. Die Offenheit der Gesprächspartner enthob die CIA von der Notwendigkeit, mit nachrichtendienstlichen Mitteln der Agentenwerbung vorzugehen. Diese Entwicklung führte dazu, daß in der Struktur der CIA-Auslandsresidentur in der DDR eine deutliche Trennung erfolgte.

Es gab Mitarbeiter, die Agenten führten, und es gab Mitarbeiter, die Gesprächsaufklärung betrieben. Diese waren bald in der Überzahl und wurden zudem von Angehörigen der Geheimdienste des Außenministeriums (Bureau of Intelligence and Research, INR) und häufig durch einreisende Mitarbeiter des Analysebereiches der CIA-Zentrale verstärkt.[9]

Der amerikanische Geheimdienst rückte die »Quelle Mensch« in den Vordergrund seiner nachrichtendienstlichen Tätigkeit. Diese Form der Spionagetätigkeit wurde durch die HA II als »Abschöpfungs- und Einflußkontakte« bezeichnet. Vielen Informanten war durchaus bewußt, daß sie in konkreten Fällen Landesverrat begingen. Aber sie konnten sich aus mindestens zwei Gründen relativ sicher sein. Zum einen schützte sie mediale Öffentlichkeit. Wer in den Zeitungen des Westens, im Rundfunk und im Fernsehen zitiert wurde, konnte nicht einfach verschwinden, was – zum anderen – ohnehin kaum möglich war: Es fanden sich kaum justitiable Beweise für einen solchen Verrat. Obwohl die HA II inoffiziell nachweisen konnte, daß beispielsweise Eppelmann und Hirsch in die nachrichtendienstliche Tätigkeit von CIA bzw. DIA eingebunden waren und deren Aufträge erfüllten, war es nicht möglich, strafrechtlich gegen sie vorzugehen.

Auch in anderen Fällen, wo Informationen weitergereicht wurden, konnte das MfS das allenfalls registrieren. Es fehlten die klassischen Beweismittel wie geheimdienstliche Ausrüstungen und nachrichtendienstliches Verbindungssystem. Inoffizielle Beweise wie Tonaufzeichnungen, Bilddokumente, Observationsberichte u. ä. konnten juristisch nicht verwandt werden, da sie die gesamte Palette konspirativer Mittel und Methoden des MfS enttarnt hätten.

Das wußten sowohl die Mitarbeiter der gegnerischen Dienste als auch ihre »Abschöpfungs- und Einflußkontakte«.

Wie umfangreich diese Methode der nachrichtendienstlichen Tätigkeit der Auslandsresidentur der CIA in der DDR war, macht folgendes sichtbar: Als 1987 die Mitarbeiter der CIA Brian Michael Quigley (MfS-Deckname »Omega«) und Georgy W. Sandford («Mustang«) ihre Tätigkeit in der DDR beendeten, bilanzierten wir: »Insgesamt wurden 189 DDR-Bürger als stabile Kontaktpartner dieser Geheimdienstmitarbeiter festgestellt, wobei sich folgende Zielgruppen abheben: 27 % der stabilen Kontakte sind Angehörige staatlicher Institutionen, gesellschaftlicher Organisationen, wissenschaftlicher Einrichtungen, von Universitäten und Hochschulen, Presseorganen und Verlagen, zu denen die Geheimdienstmitarbeiter in Wahrnehmung ihrer diplomatischen Funktion den Kontakt offiziell aufnahmen. 29 % der stabilen Kontaktpartner sind Kunst- und Kulturschaffende, 22 % der stabilen Kontaktpartner sind Funktionsträger unterschiedlicher Ebenen von Kirchen und Religionsgemeinschaften in der DDR. Die restlichen 22 % der stabilen Kontaktpartner sind unterschiedlichen anderen gesellschaftlichen Bereichen zuzuordnen, wobei der einzelne Kontakt nicht unwichtig für die CIA-Residentur war. Bemerkenswert ist, daß 14 % der stabilen Kontaktpartner dieser Residenturmitarbeiter, vor allem aus Kirchen und Religionsgemeinschaften sowie unter Kunst- und Kulturschaffenden, eine sichtbar offen ablehnende Haltung zur gesellschaftlichen Entwicklung in der DDR einnehmen bzw. Exponenten des politischen Untergrundes in der DDR sind.

97 % der erkannten Kontaktpartner dieser USA-Geheimdienstmitarbeiter sind älter als 30 Jahre und verfügen über Erfahrungen bei der Einschätzung von politischen und anderen Vorgängen in unserem Land. 45 % dieser Kontaktpartner dieser abgedeckt tätigen USA-Geheimdienstmitarbeiter sind gleichzeitig Kontaktpartner zum Teil mehrerer diplomatischer Vertretungen und Korrespondentenbüros imperialistischer Staaten in der DDR. Dabei dominieren die Ständige Vertretung der BRD, die Botschaften Großbritanniens und Frankreichs sowie die Korrespondentenbüros von ARD, ZDF, Stern und Spiegel.«[10]

Im Juni 1990 hatte ein CIA-Mitarbeiter der US-Mission in Westberlin sich hierüber in folgender Weise geäußert: »Vertreter der Opposition und der Kirche ließen sich ausnehmen wie eine gemästete Weihnachtsgans. Ihre Aufdringlichkeit war manchmal direkt unangenehm. Wir bekamen buchstäblich alles mitgeteilt, was in diesem Kreis geschah, geplant, stattfand oder koordiniert beabsichtigt war. So gut ist es uns in keinem Lande der Welt gegangen!«

Der Aufklärer der DIA und 2. Sekretär der US-Botschaft in der DDR, Imre Lipping (etwa ab 1986 in der DDR), stimmte sich fast täglich mit seinen Partnern in den Botschaften Großbritannien und Frankreich ab. Daraus ergab sich beispielsweise, daß der englische Geheimdienst sich sehr stark auf die evangelische Kirche Berlin-Brandenburg orientierte und dort über sehr gute Informationsquellen verfügte.

Der BND war in diesem Kontext nicht direkt vertreten. Er spielte auch bei der Operation von CIA und Vatikan gegen Polen nur eine »Assistentenrolle«.[11] Dennoch war der BND über die Opposition in der DDR informiert.

Er erhielt seine Informationen aus der Ständigen Vertretung der BRD via Bundeskanzleramt. Dort sorgte eine Koordinierungsstelle für die Weitergabe. Außerdem erhielt der BND auch von Journalisten der BRD, die als ständige oder als Reisekorrespondenten akkreditiert waren, Informationen. (Nachzulesen in dem aufschlußreichen Interview-Band »Drinnen vor der Tür« [edition ost], in der einstige Westkorrespondenten darüber freimütig berichten.)

Es gab noch weitere Informanten, die dem BND bzw. dem BfV zuarbeiteten – die sogenannten geheimdienstlich gesteuerten Personen. Zu ihnen zählten Roland Jahn, Jürgen Fuchs, Freya Klier,

Wolfgang Templin und Bernd Eisenfeld. Sie wußten nicht, daß sich unter ihren »Freunden« aus Westberlin und der BRD Personen befanden, von denen sie für BND und BfV abgeschöpft wurden. Der Begriff »geheimdienstlich gesteuerte Person« stammte aus der HA III. Dort war im Rahmen der funktechnischen Aufklärung eben diese Praxis festgestellt worden.

Dazu kam noch: Regelmäßig reisten Politiker aus der BRD und Westberlin in die DDR und sprachen mit Vertretern der Opposition. Auch die Ständige Vertretung der BRD hielt Verbindung, wobei erkennbar war, daß namentlich die Diplomaten sich diplomatisch verhielten und zwischen den einzelnen Kreisen und Personen differenzierten. Zu offiziellen Veranstaltungen der StäV etwa wurden keine exponierten Vertreter des »politischen Untergrunds« geladen, um die DDR-Seite nicht zu brüskieren. Die Kontakte beschränkte man deshalb auf die private Ebene oder auf inoffizielle Begegnungen im kleinen Kreis.

Auf einer Veranstaltung in der Gauck-Behörde im Februar 1995 zitierte Rainer Eppelmann aus seiner Stasi-Akte, wie er seinerzeit als Pfarrer vom MfS für einen CIA-Agenten gehalten wurde. Da meldete sich im Auditorium ein grauhaariger Herr, stellte sich als Zeiseweiß vor und erklärte, daß er als Offizier der Staatssicherheit für die operative Bearbeitung von Herrn Eppelmann verantwortlich gewesen sei. »Ich habe keine Hinweise, daß Herr Eppelmann mit dem Gegner konspirierte.«[12]

Diese Erklärung löste helle Empörung aus. Schließlich mußte das Feindbild stimmen. Eppelmann entgegnete darum vom Podium entrüstet: »Das ist ein Überzeugungstäter!«

Was wollte er damit sagen? Daß jener, der ihm soeben quasi Absolution erteilte, log und er doch für die CIA spioniert hatte? Bernd Eisenfeld von der Gauck-Behörde rückte die Frontlinie wieder gerade: »Die Stasi konnte ihr Geschäft nur mit einem vermeintlich feindlichen Ausland legitimieren. Deshalb wurden Regimegegner als BND- und CIA-Agenten diffamiert.«[13]

Kurt Zeiseweiß (Jg. 1937), einst Referatsleiter der Linie XX der Bezirksverwaltung Berlin, dann Leiter der Kreisdienststelle in Berlin-Treptow und bis Sommer 1989 Stellvertreter Operativ der BV Berlin, irrte mit seiner Aussage. Aber er sagte nicht mit Vorsatz die Unwahrheit – er wußte einfach nicht, was wir von der HA II wußten. Die Kommunikation zwischen der HA II und der HA XX war gestört, insofern erfolgte dort kein Nachrichtentransfer auch in bezug auf Eppelmann.

1980 hatte Walter Andruzschyn, Mitarbeiter der CIA in der Botschaft der USA in Berlin – MfS-Deckname »Orion« – Kontakt zu Eppelmann aufgenommen. Der Pfarrer hatte ihm damals erklärt: »Sie können fragen, was Sie wollen. Ich werde auf alles eine Antwort geben, und Sie brauchen nicht zu bestätigen, daß Sie von der CIA sind. Dafür hat schon die Staatssicherheit gesorgt.« Im Juni 1990 erklärte ein amerikanischer Geheimdienstler gegenüber einem unserer Leute, Eppelmann hätte von den Indianern den Namen »Sprechender Quell« verliehen bekommen...

Die Linie XX informierte Personen aus dem Staatsapparat, die offiziell Kontakte mit Diplomaten und Korrespondenten hatten, über deren Aktivitäten. Das hieß »Zurückdrängung feindlicher Aktivitäten«. Darauf hatten wir von der HA II keinen Einfluß. In diesem Kontext wurden auch Funktionäre aus Eppelmanns Umfeld darum gebeten, dem Pfarrer der Samaritergemeinde zu signalisieren, daß man über seine Treffen mit Geheimdienstmitarbeitern informiert sei.

Im März 1990 erfolgte unter dem damaligen Berater der DDR-Regierung Eckart Werthebach, dem Komitee zur Auflösung des MfS/Amt für Nationale Sicherheit und Vertretern der Bürgerbewegung die Übergabe der Akten der HA II an die Geheimdienste der Amerikaner, Briten und Franzosen. Darunter war auch die Eppelmann-Akte. Wie das Hamburger Magazin Stern 1992 einen Augenzeugen zitierte, sei damals die Akte noch vollständig gewesen.[14]

Jetzt aber, 1992, zeigte sich die Gauck-Behörde, wo doch diese Unterlagen verwaltet werden, überrascht. Eine Eppelmann-Akte war der Bundesbehörde unbekannt. Die Vermutung liegt also nahe, daß die Akte vor ihrer Archivierung »verschwand«, zumindest aber erheblich ausgedünnt wurde. Eppelmann merkte erstaunt an, als er seine von der HA XX angelegte Akte sah, daß »nur die Beschreibung meiner Aktivitäten zwischen 1980 und 1982 sehr detailliert« gewesen sei, danach »werden die Berichte unregelmäßig und lückenhaft. Ich merkte ganz deutlich, daß interessante Seiten fehlten, möglicherweise um bestimmte Personen zu schützen.«[15]

Wenn es so ist (was ja auch nicht bewiesen werden kann), stellt sich die Frage: Wer hat die Akte gefleddert, wer waren die »bestimmten Personen«, die angeblich geschützt werden sollten?

Eppelmann wäre jedoch nicht Eppelmann, behielte er sein Wissen für sich. Freimütig reichte er nach, wie er für die Amerikaner gearbeitet hatte. »Mit zwei Diplomaten kam ich immer mal wieder zusammen, an die anderen Namen kann ich mich nicht so recht erinnern.« Und weshalb schauten sie bei ihm vorbei? »Ich gehörte zu den relativ gut informierten Leuten der Kirche.« Und was tat er mit den »Diplomaten«? »Das, was ich wußte, habe ich weitererzählt.«

Weshalb er noch die entschuldigende Bemerkung nachreichte, wenn er gewußt hätte, mit wem er gesprochen habe, »hätte ich mit denen nicht so geredet«[16], wird wohl auch ein Geheimnis bleiben. »Sprechender Quell« hat geplaudert wie ein Wasserfall und mußte nicht verpflichtet werden. Er war auch so gewiß seit Ende der 70er Jahre eine der Spitzenquellen der amerikanischen Dienste in der DDR.[17] Seine Kontaktpartner waren bekannt: von 1978 bis 1983 Walter Andruzschyn (CIA, MfS-Deckname »Orion«), von 1983 bis 1987 Brian Michael Quigley (CIA, MfS-Deckname »Omega«), von 1984 bis 1988 Gregory W. Sandford (CIA, MfS-Deckname »Mustang«), von 1987 bis 1990 Imre Lipping (DIA, 2. Botschaftssekretär, MfS-Deckname »Aufklärer«), von 1985 bis 1990 Robert Jonathan Greenwald (CIA, Botschaftsrat, MfS-Deckname »Cäsar«).[18]

Eppelmann versorgte aber nicht nur die Amerikaner, sondern auch die Franzosen. Deren Geheimdienst DGSE hielt über seinen Mitarbeiter Jean Louis Depetre Verbindung zur »Sprechenden Quelle«.[19]

Daß dies öffentlich wurde, verdankte Eppelmann früheren Mitstreitern aus der Bürgerbewegung. (In deren Zeitschrift »Horch und Guck« publizierten sie ein Gespräch, das er am 1. Oktober 1986 mit dem CIA-Mann Sandford geführt hatte. Eppelmann äußerte sich ausführlich zur bevorstehenden Bundessynode der evangelischen Kirche sowie über eine geplante »Friedenswerkstatt« und eine »Friedensdekade«. Die Berliner Zeitung kommentierte im November 1992 die Haltung des Pfarrers aus der Samaritergemeinde: »Eppelmann nahm kein Blatt vor den Mund, berichtete detailliert über Ärger mit der Kirchenleitung und der Verstimmung an der Basis.«[20]

Der Hirte lieferte zudem eine Charakterisierung von Bischof Leich und informierte über Gespräche, die er mit Grünen aus der Bundesrepublik hatte. Mit deren Vertreter Henning Schierholz erarbeitete Eppelmann ein »Papier zu deutschlandpolitischen Fragen«, das er ebenso an Sandford weiterreichte wie internes Material der Ev. Kirche Berlin-Brandenburg.[21]

Und Eppelmann wurde von amerikanischer Seite in die Vorbereitung offizieller politischer Kontakte einbezogen. Am 11./12. Oktober 1987 kam eine Gruppe der KSZE-Kommission des US-Kongresses in die DDR und führte Gespräche mit Außenminister Oskar Fischer und den im Politbüro für internationale Fragen zuständigen ZK-Sekretär Hermann Axen. – Im September hatte Andruzschyn das Gespräch mit Eppelmann in dieser Sache geführt. Danach gab es ein weiteres Treffen zwischen Eppelmann (CIA-Deckname »Ölzweig«), Ralf Hirsch (CIA-Deckname »Sinai«) sowie Sandford und Lipping, um eine Begegnung der Kongreßmitgliedern und der »Initiative für Frieden und Menschenrechte« zu arrangieren. Auch dabei trat Eppelmann als Solist in Erscheinung, dessen Positionen sich von der Mehrheitsauffassung der Bürgerbewegung in der DDR in wesentlichen Punkten unterschied. Das nährte bei uns in der HA II den Verdacht, Eppelmann vertrete die Politik der Bonner CDU.

Die Frage ist zulässig, weshalb die Spionageabwehr der DDR vergleichsweise erfolglos bei den nachrichtendienstlich eingebundenen Bürgerrechtlern war. Lag es an »politischen Erwägungen«[22], wie es Spionageabwehrchef Günter Kratsch später meinte, oder daß diese Form der Gesprächsaufklärung keine strafrechtliche Verfolgung zuließ, wie es Schmidt-Eenboom sah? Warum also – so eine deutsche Tageszeitung – »ließ die Staatssicherheit Eppelmann frei herumlaufen?«[23]

Vielleicht lag es wirklich daran, was aus der US-Botschaft verlautete: Es war der Wunsch des KGB, der durchaus dezidierte Kenntnis über die innere Opposition der DDR hatte, daß die deutschen Genossen ein wenig Zurückhaltung übten. Die sowjetische Staatssicherheit wollte, daß die Kontakte der amerikanischen Dienste zur Bürgerbewegung störungsfrei liefen. Dafür gab es zwei Gründe: Seit Mitte der 80er Jahre ging man auch beim KGB in gewisser Weise auf Distanz zur DDR und zum MfS. Zum anderen hatte der KGB in der US-Mission in Westberlin eine Spitzenquelle, die man nicht gefährden wollte. Felix Bloch war ein Doppelagent und lieferte den Sowjets auch Informationen über die Bürgerbewegung in der DDR.

Ich bekenne, daß die Mitarbeiter der amerikanischen Geheimdienste uns gegenüber – ihren unmittelbaren Gegnern – bis Ende 1990 sehr kollegial waren. Sie boten uns Kompensationsgeschäfte in der Form an, daß wir ihnen unsere Quellen im Ausland, vor allem in den USA, nennen sollten. Im Gegenzug wollten sie unsere Quellen in der Bundesrepublik und Westberlin unter Schutz stellen. Wenn ich dies hier anmerke, dann deshalb, weil in diesem Kontext wiederholt der Name Eppelmann fiel. Die Amerikaner beriefen sich auf die gute Kooperation mit dem Abrüstungs- und Verteidigungsminister. Das legte den Schluß nahe, daß die Mitarbeiter der Militäraufklärung der DDR bereits von den Amerikanern geschützt wurden – zumindest ist mir kein Gerichtsverfahren bekannt geworden. Die Akten von 138 Agentur-Mitarbeitern der Militäraufklärung verschwanden jedenfalls zwischen dem 31. März und dem 30. Juni 1990.[24]

Anmerkungen

1 Neues Deutschland vom 4. Februar 1991
2 Rolf Schneider, Vom Versagen der DDR-Opposition bei der Wende. In: Berliner Morgenpost vom 2. Januar 1995
3 vgl. Befehle und Lageberichte des MfS, Januar bis November 1989, Berlin 1990, S. 212ff
4 ebenda, S. 46ff
5 Anlage zur Information Nr. 150/89 (vgl. ebenda, S. 56ff):
6 vgl. Übersichtsmaterial vom Insiderkomitee zur Aufarbeitung der Geschichte des MfS e. V.", Anhörung der Alternativen Enquete-Kommission zum Thema "Geheimdienste in Deutschland nach 1945" am 15. Dezember 1993, S. 5ff
7 Schmidt-Eenboom: Schnüffler ohne Nase, 1993, S. 451ff8 ebenda, S. 362
9 vgl. Übersichtsmaterial vom Insiderkomitee zur Aufarbeitung der Geschichte des MfS e. V.", Anhörung der Alternativen Enquete-Kommission zum Thema "Geheimdienste in Deutschland nach 1945" am 15. Dezember 1993
10 Schmidt-Eenboom: Schnüffler ohne Nase, 1993, S. 451ff
11 ebenda, S. 363
12 Berliner Morgenpost, 26. Februar 1995
13 ebenda
14 "Stern" 48/92
15 ebenda
16 ebenda
17 Berliner Zeitung, 17. November 1992
18 ebenda, und: "Stern" 48/92
19 Berliner Zeitung, 17. November 1992
20 ebenda
21 ebenda
22 Der Spiegel 4/1995
23 Neues Deutschland, 23. November 1992
24 Andreas Kabus, Auftrag Windrose, 1993

Das war's!

Der 15. Januar 1990 gilt als das Sterbedatum des MfS. Die Besetzung der Zentrale in Berlin-Lichtenberg »war der Todesstoß, das war das Ende«, meinte später auch Hans Modrow.[1] Die vom Neuen Forum unter dem Motto: »Phantasie gegen Stasi und Nasi« organisierte Kundgebung war außer Kontrolle geraten.

Anderentags hieß es in der Berliner Zeitung: »Die als Protestaktion geplante Veranstaltung geriet außer Kontrolle, als mehrere zehntausend Demonstranten die Gebäude des ehemaligen Ministeriums für Staatssicherheit stürmten. Appelle von Mitgliedern des Veranstalters, keine Gewalt gegen Mitarbeiter und Einrichtung zuzulassen, verhallten ungehört. Erst gegen 18.30 Uhr gelang es Vertretern des Neuen Forums und der Polizei, die das Objekt bewachten, die Häuser zu räumen. Die aufgeputschte Menge war plündernd und zerstörend durch die Gebäude gezogen. Im Versorgungstrakt des neugebauten Konferenzgebäudes (*Haus 18 – d. A.*) an der Normannenstraße hatte man Tische und Stühle zerschlagen, Fensterscheiben eingeworfen und anderes Mobiliar zerstört. Auf den Gängen waren Wände mit Farbe beschmiert, ein mit hochwertiger westlicher Technik ausgerüstetes Tonstudio (*gleichzeitig Filmvorführraum – d. A.*) wurde verwüstet. In den Kellerräumen brachen die Vandalen Türen auf, plünderten Kantinenlager mit Lebensmitteln und Alkoholika. Auch Bürotüren wurden erbrochen, Schreibtische demoliert, Telefone herausgerissen und alles Papier, dessen man habhaft werden konnte, ins Treppenhaus geworfen. Die Menge plünderte außerdem einen Buchladen, eine Lebensmittelverkaufsstelle und verwüstete und demolierte ein Reisebüro.

›Es war eine Orgie der Gewalt und des Vandalismus‹, sagte ein Mitglied des Bürgerkomitees. ›Ich weiß nicht, was passiert wäre, hätten die einen ehemaligen Stasi-Mitarbeiter in die Finger gekriegt.‹«[2]

Einer dieser ehemaligen Mitarbeiter, die sich an diesem Abend im Gebäudekomplex aufhielten, war ich.[3] Ich beobachtete auch, wie die Büroräume der Spionageabwehr – HA II – gezielt durchsucht wurden.

Was machte ich hier? Ich wußte doch, daß die Übernahme der MfS-Zentrale durch ein Bürgerkomitee in Sicherheitspartnerschaft mit der Polizei und der Militärstaatsanwaltschaft erfolgen sollte?[4]

Für mich begann der 15. Januar bereits am Freitag, dem 12. Januar. Ich gehörte zu jenen drei Mitarbeitern der Spionageabwehr, die mit Zustimmung des »Gesellschaftlichen Rates« der HA II ausgewählt worden waren, als Kontaktpartner für ein Bürgerkomitee und den Militärstaatsanwalt zur Verfügung zu stehen.

Der »Gesellschaftliche Rat« hatte sich im Dezember 1989 gebildet und sollte Entscheidungen der dienstlichen Leitung begleiten und für die Probleme der Mitarbeiter da sein, denn zu diesem Zeitpunkt gab es keine intakte Parteiorganisation mehr. Die Entwicklung ging dann aber so rasant, daß dieser Rat seinen Aufgaben nicht mehr nachkommen konnte. Für Montag, den 15. Januar, war die Weisung erteilt worden, daß bis spätestens 15 Uhr alle Mitarbeiter die Dienststelle verlassen haben sollten. Nur ein Hauptmann, ein Major, ein Oberstleutnant und der Lageoffizier, ein Oberleutnant, sollten im Objekt verbleiben.

Wir hielten uns im Lagezentrum der HA II auf und warteten auf die Abordnung des Bürgerkomitees und den Militärstaatsanwalt. Unsere Absicht war, gemeinsam festzulegen, welche Räumlichkeiten in der HA II durch Volkspolizisten geschützt werden sollten. Das Büro von Generalmajor Heinz Engelhard, der von Ministerpräsident Modrow beauftragt worden war, das MfS bzw. AfNS aufzulösen, sollte uns informieren, wann die Abordnung käme. Aber es kam niemand. Das Büro Engelhard vertröstete uns, auch dort schien man hilflos. Das Bürgerkomitee bzw. das Neue Forum hielt offenkundig die gemachten Zusagen nicht ein. Die angekündigte Sicherheitspartnerschaft kam nicht zustande. Insofern waren die Organisatoren der Kundgebung nicht von dem Vorwurf freizusprechen, daß sie die Verantwortung für alle Ereignisse trugen.

Etwa gegen 17 Uhr stürmten aufgebrachte zumeist junge Leute den Gebäudekomplex der HA II. Türen wurden eingetreten, Arbeitsräume durchwühlt, Schreibtische und Schränke aufgebrochen, als hoffte man dort »seine Akte« zu finden. Panzerschränke stürzten um, weil man sie nicht geöffnet bekam. Alles war so sinnlos wie albern.

Uns war zwar mulmig, aber keiner geriet in Panik. Ich fühlte mich orientierungslos. Eine große Leere war in mir. War alles vorbei? War das das Ende? Das Ende einer Idee? Zunehmend griff der Gedanke Raum, um nicht in ein Loch zu stürzen: Nicht Personen oder eine Idee, sondern ein Regime hatte versagt.

Später sah ich die Vertreter des Bürgerkomitees, des Runden Tisches und des Neuen Forums vor einem geplünderten Büroraum in der 3. Etage stehen: Konrad Weiß, Wolfgang Templin, Reinhart Schult, Wolfgang Ullmann und wie sie alle hießen. Das sind sie also, die uns die Demokratie beibringen wollten, dachte ich wütend. Was mit Chaos beginnt, wird im Chaos enden, schoß es mir durch den Kopf. Für mich stand fest: Mit denen setzt du dich nie an einen Tisch! Auch wenn sie selbst vom Ausmaß des Wütens überrascht schienen. Ein Frau aus dieser Gruppe erklärte mit angstbebender Stimme: »Mein Gott, es hätte Tote geben können ...« Kannten sie nicht den »Zauberlehrling«, wo man nachlesen kann, wie es ist, wenn die gerufenen Geister plötzlich ein Eigenleben zu entwickeln beginnen?

Später saß ich im Komitee zur Auflösung des MfS bzw. AfNS doch mit ihnen an einem Tisch. Bei aller Toleranz, bei allem Verständnis für den in Jahren angehäuften Unmut: Sie zeigten sich mehrheitlich konsensunfähig. Sie waren weder willens noch fähig, die positiven Elemente der gesellschaftlichen Veränderungen in der DDR in der ersten Phase der Wende zu erkennen und zu forcieren. Heute bin ich mir sicher: Mit dem Sturm auf die MfS-Zentrale begann der Niedergang der Bürgerbewegung. Sie aber feierte und feiert ihn als ihren größten Erfolg. Noch am 15. Januar 1995 – dem 5. Jahrestag – hieß es aus diesen Kreisen, das Tor der Zentrale sei von einem Pfarrer und Bürgerrechtler aus Thüringen aufgestoßen worden.[5] Falsch. Beide Tore, das in der Normannen- und das in der Ruschestraße, wurden von Volkspolizisten geöffnet, die hier Dienst taten. Das geht aus dem Lagebericht des damaligen VP-Hauskommandanten der MfS-Zentrale minutiös hervor. Legenden, die sich auf Lügen gründen, werden irgendwann auf dem Müllhaufen der Geschichte enden.

Geheim-»Bündler«

Am 16. Januar 1990 begann die ordentliche Auflösung der Spionageabwehr. Bereits seit November/Dezember 1989 lief der Abbau der operativen Abteilungen im Bereich Sicherung diplomatischer Vertretungen. Nunmehr wurde das auf alle übrigen Bereiche ausgedehnt – jetzt aber unter den Augen der Bürgerbewegten. Ende Januar 1990 wurden die verbliebenen 40 Mitarbeiter der HA II belehrt, wie das zu geschehen hatte. Jeder mußte ein Papier mit folgendem Text unterschreiben: »Ich wurde über die Grundsätze der Schriftgutsicherung belehrt. Ich habe zur Kenntnis genommen, daß Schriftgutvernichtung als Straftat im Sinne §§ 163 bzw. 164 verfolgt werden kann. Ich habe zur Kenntnis genommen, daß bei Pflichtverletzung im Zuge der Schriftgutsicherungsarbeiten die materielle Verantwortlichkeit geltend gemacht werden kann.«

Dann kam die Erläuterung, in welcher Form das Schriftgut gebündelt werden sollte: vorwiegend A4, Höhe etwa 30 cm, dazu jeweils ein Deckblatt mit folgenden Angaben: Bündelnummer, aus welchem Zimmer, Schriftgruppe: 1. Quellenmaterial, 2. übrige registrierte Vorgänge, 3. sonstiges Schriftgut, 4. VS-Material, 5. ZMA (Zentrale Materialablage), 6. andere Materialien. Dazu war noch der Zeitraum anzugeben, aus dem das Material stammte. Waren ein Zimmer oder mehrere Zimmer »gebündelt«, wurden die Pakete unter Aufsicht von Vertretern der Bürgerbewegung zur Archivierung abtransportiert. Dazu wurden Begleitlisten gefertigt.

Am 6. Februar erhielten die Mitarbeiter der HA II, die an der Auflösung beteiligt waren, einen Hausausweis und ein Begleitpapier, auf dem es hieß, Herr X ist beauftragt, das ehemalige Amt für Nationale Sicherheit aufzulösen und berechtigt, ein Dienstfahrzeug mit dem Kennzeichen Y zu führen. Unterzeichnet war dieses Schreiben von einem Fritz Peter (Leiter der Zivilverteidigung der DDR), der sich »Beauftragter des Ministerpräsidenten der DDR für die Auflösung des ehemaligen AfNS« nannte.

Bis Ende März 1990 waren die Außenstellen der HA II objekt- und materialmäßig abgewickelt und fast alle operativen Abteilungen aufgelöst. Bis zum 30. Juni 1990 war auch der gesamte zentrale Bereich der ehemaligen HA II liquidiert, so daß die 16 ehemaligen Mitarbeiter der HA II, die am 1. April 1990 befristete Arbeitsverträge vom Komitee für die Auflösung des ehemaligen MfS bzw. AfNS erhalten hatten, entlassen wurden. Damit endete im Juni 1990 für die letzten Mitarbeiter der DDR-Spionageabwehr ihr Tschekistenleben.

Wie war seinerzeit der Tschekist ironisch von uns charakterisiert worden? Er ist ein immer diensttuender, niemals ruhender, in allen Situationen höflich auftretender, die persönlichen Belange zurückstellender, selten zum Kino- oder Theaterbesuch kommender, ständig rauchender, in allen Fragen Schuld bekommender, durch die Stadt jagender, dem Täter aber meist hinterherrennender, oftmals leider auf öffentliche Verkehrsmittel angewiesener, immer nach Auto und Schreibkraft suchender, in Familiendramen und Ehekrisen wühlender, ekelhafte Wohnungen, Keller und Böden durchsuchender, immer Angst vor Flöhen und Wanzen habender, auf alles gefaßt seiender, stets Schießeisen tragender, ständig als Erzieher wirkender, leider wenig Dank erhaltender, in Karteien und Kaderakten kramender, Statistiken malender, in Papierkörben fischender, oft auf Tagungen sitzender, dabei oftmals mächtig schwitzender, Lehrgänge und Qualifizierungen besuchender, oft die Nacht zum Tag machender, zu Hause den Frust ablassender, selten mit dem schmalen Tschekistengehalt auskommender, aber stets ideologisch gefestigter Zeitgenosse. Es ist eine Lust, ein begeisterter Tschekist zu sein ...

Während der Auflösung des MfS tauchten viele Fragen und Probleme auf. Die meisten bezogen sich auf die eigene Person. Werden wir die Prügelknaben der Nation? Kommt eine erneute Kommunistenverfolgung wie unter den Nazis oder während des Kalten Krieges in der Bundesrepublik, die im Verbot der KPD sichtbar Ausdruck fand? Gäbe es eine Internierung? Wie würde sich die gesellschaftliche Entwicklung vollziehen?

Nach dem Sieg der »Allianz für Deutschland« bei den Wahlen am 18. März 1990 war den meisten ehemaligen Mitarbeitern des MfS klar, daß sie keine Zukunft haben würden. Einige hatten aber diese Illusion und hofften, daß sie sich nur neu orientieren (und anbiedern) müßten, um als Geheimdienstler auch unter den veränderten politischen Bedingungen eine Arbeit zu bekommen. Sie glaubten den Versprechungen der Berater aus den alten Bundesländern, daß sich nach Herstellung der deutschen Einheit alles zum Guten wenden werde.

Daß die Bürgerbewegung eine eklatante Niederlage erlitten hatte, freute viele von uns, da namentlich sie für unsere gegenwärtige Situation haftbar gemacht wurde. Die Häme war nicht zu übersehen. Allerdings hatte das Wahldebakel auch sein Gutes: Unsere »Aufpasser« gingen ein wenig freundlicher mit uns. Die spürbare Verachtung, mit der sie uns bislang begegneten, verlor sich in dem Maße, wie sie begriffen, daß es ihnen so zu ergehen schien wie uns – wir waren gemeinsam Verlierer der Entwicklung. Wir wurden zwar aus ganz verschiedenen Gründen aus der Bahn geworfen, doch das Resultat war das gleiche: Wir waren gemeinsam aus dem Rennen. Selbst Frau Machner (»Grüne Witwe«), Frau Werner (»Flintenweib«), Herr Schwenke (»Bürstenemil«) und die Gehbehinderte an der Einlaßkontrolle (»Lady Krücke«) wechselten nun mit uns ein paar Worte, nachdem sie uns bislang ihre ganze Verachtung spüren ließen und sie uns mit wortloser Ignoranz glaubten strafen zu müssen.

Im Dezember 1989 nahmen die Aktivitäten westlicher Geheimdienste, besonders der CIA, immens zu. Eine Abwehrarbeit fand kaum noch statt. Hauptziel dieser Dienste war, Informationen für ihre Regierungen zu erarbeiten, die für die Neubestimmung der jeweiligen deutschlandpolitischen Konzeption wichtig waren. CIA-Mitarbeiter machten kein Hehl daraus, daß die Wiedervereinigung auf der Tagesordnung stehe, wobei nur das Tempo unklar schien. Das würde nicht zuletzt von der Haltung der UdSSR abhängen.

Im Kontext dieser geheimdienstlichen Bemühungen von außen wollte man auch verhindern, daß die bis ins Mark getroffene SED sich und damit ihren Führungsanspruch regenerierte. Die Kommunisten mußten, wenn schon nicht aus der Gesellschaft, so doch aber mindestens aus der Regierungsverantwortung gedrängt werden.

Dazu mußte mit den verantwortlichen Personen die staatstragende Idee des Sozialismus diskreditiert werden. Die CDU beispielsweise zog mit der Losung »Freiheit statt Sozialismus« in den Wahlkampf, als bedeutete Sozialismus automatisch Unfreiheit. Natürlich knüpfte man damit an die Erfahrungen von Millionen Menschen an, die davon träumten, diese DDR auch vor dem Rentenalter verlassen zu können. (Nicht grundlos hatte Christa Wolf auf der Kundgebung am 4. November 1989 erklärt: Stellt euch vor, es ist Sozialismus und keiner will weg!) Die Form des Realsozialismus mit all seinen Defiziten und Unzulänglichkeiten, die wir in der DDR hatten, war nicht jene sozialistische Gesellschaft, von der Generationen geträumt hatten. Zugegeben, der Staatssozialismus hatte die Idee diskreditiert – aber die Deformation überholte doch nicht die Idee! Doch auf diesen fundamentalen Unterschied zwischen Wesen und Erscheinung legten in dieser Situation die wenigsten Wert. Die Denunziation des

Staates und der Idee waren eins. Am 18. März 1990 wurden die SED und die minimale Chance auf Erneuerung abgewählt. Der Kapitalismus mit all seinen Segnungen – den schlechten wie auch den guten – kam mit Macht über uns.

Die westlichen Geheimdienste nahmen aktiv daran teil. Sie lancierten einerseits »Enthüllungen« in die Presse, um die DDR, deren Eliten und Träger, ihre Institutionen und Verbindungen zu diskreditieren und zu delegitimieren. Anderseits nutzten sie die Chance, eigene Leute in die sich entwickelnden neuen Strukturen zu plazieren oder solche für sich zu gewinnen. Wir kannten dafür den Begriff des Perspektivkaders. So hoffte man beizeiten künftige Schlüsselstellungen im Staatsapparat, in der Wirtschaft, im militärischen Bereich und innerhalb der Sicherheitsorgane besetzen zu können.[6] Zu solchen Personen gehörten zweifelsohne Rainer Eppelmann als Abrüstungs- und Verteidigungsminister und Außenminister Markus Meckel. Man konnte ja nicht wissen, daß diese als Politiker nicht ausreichend Format besaßen, um sich länger behaupten zu können.

Die westlichen Geheimdienste sahen sich in allen neu entstandenen politischen Parteien nach personellen Stützpunkten um. Etwa 80 Aktivisten in der DDR wurden von den amerikanischen Diensten, die eigens dafür Experten nach Deutschland brachten, genauer unter die Lupe genommen. Mit Hilfe von Journalisten wurden Psychogramme erarbeitet. (So verfuhr man übrigens auch in Polen und Ungarn.)

Zu diesem Personenkreis zählten Manfred Stolpe, Lothar de Maizière, Rainer Eppelmann, Bärbel Bohley, Reinhold Schult, Wolfgang Ullmann, Ibrahim Böhme, Wolfgang Schnur, Konrad Weiß, Ulrike Poppe, Sebastian Pflugbeil und Markus Meckel. Die besten Noten als integre Persönlichkeit mit großer Ausstrahlung erhielt der Wittenberger Theologe Friedrich Schorlemmer.

Negativ hingegen wurden bewertet Bärbel Bohley (»Für Massenwirkung völlig ungeeignet.«), Konrad Weiß (»Starke Profilierungssucht. Primitiver Antikommunist. Gefährlich, wenn er Macht bekäme.«) und Reinhard Schult (»Primitiver Eiferer«).

Die CIA bemängelte, daß sich in den neuen politischen Strukturen keine Kräfte aus der Industrie und aus der Arbeitnehmerschaft befänden, aber »Pfaffen« und »Intellektuelle« im Überangebot. Das werde sich nachteilig auf die Entwicklung auswirken. Die Amerikaner sollten mit ihrer Analyse Recht behalten.

Auch der BND wurde langsam wach. Er war zu jener Zeit auf dem DDR-Territorium kaum präsent, erst im März 1990 änderte sich das. Lothar de Maizière und Manfred Stolpe standen an erster Stelle des Interesses, wobei Stolpe Priorität hatte. Lutz Stavenhagen (CDU), Geheimdienstkoordinator im Kanzleramt, rüffelte einen BND-Beamten, der das offenkundig nicht erkannt hatte: »Sie sollen sich nicht um de Maizière kümmern, sondern um Stolpe!«[7]

Am 4. Mai 1990 wurde in Bonn die formelle Weisung erteilt, daß alle nachrichtendienstlichen Aktivitäten gegen die DDR einzustellen seien. Bis dahin hatte der BND auch die erste frei gewählte Volkskammer und das Kabinett de Maizière auch mittels Richtfunkaufklärung im Visier.[8]

Entgegen der offiziellen Weisung verfolgte der BND nachweisbar bis zur Herstellung der deutschen Einheit am 3. Oktober folgende Aufgaben auf dem Territorium der DDR:

1. Sicherung des Archivs der Funkaufklärung der HA III des MfS. (Das Archiv war zunächst vom Objekt der HA III Berlin-Wuhlheide in ein Objekt der NVA/Grenze nach Pätz verlegt worden und wurde im Oktober 1990 durch Kräfte des Bundesgrenzschutzes in die Zuständigkeit des BND überführt. Minister Rainer Eppelmann hatte für diese Übung eine Reihe von Räumlichkeiten in Armeeobjekten zur Verfügung gestellt, in denen sich der BND ab Mai 1990 etablierte.)

2. Sicherung von Materialien und Teilen des Archivs des Außenministeriums der DDR und Überführung in die zeitweilige Zuständigkeit des BND. Das betraf besonders die Abteilung BRD und Westberlin. (Vorranging war dabei erstens die Sicherung solcher Materialien und personeller Unterlagen, die der Schaffung neuer Quellen Richtung Osten dienen könnten, da der Zusammenbruch der Sowjetunion noch nicht absehbar war. Zweitens: Sicherstellung von Unterlagen, die BRD-Politiker betrafen und Schlüsse auf ihre Verbindungen zuließen. Beide Aufgaben wurden mit Hilfe des Außenministers Markus Meckel realisiert.)

3. Aufklärung des Verbleibs der Unterlagen der HVA. (Diese Aufgabe wurde sehr vorsichtig – in Abstimmung mit Beratern aus der BRD – angegangen. BND-Berater waren im Bereich des In-

nenministeriums und des Verteidigungsministeriums der DDR tätig.

4. Kontaktsuche zu ehemaligen Mitarbeitern des MfS, besonders der HVA, HA II (Spionageabwehr) und HA XXII (Terrorabwehr), um sie für eine Mitarbeit zu gewinnen.

5. Observation der bis 1994 in Ostdeutschland stationierten sowjetischen Truppen sowie »Restgruppen der ehemaligen SED und des aufgelösten Ministeriums für Staatssicherheit, weil sie die Demokratie in der DDR stören könnten«.[10]

Dazu wurden auch Privatanschlüsse ehemaliger Mitarbeiter des MfS abgehört. »Das Bundeskriminalamt hat nach Angaben der Bundesregierung ab September 1990 für laufende staatsanwaltliche Ermittlungsverfahren personenbezogene Unterlagen aus Beständen des DDR-Staatssicherheitsdienstes erhalten. Über die Weitergabe von Stasi-Akten an den Bundesnachrichtendienst, an das Bundesamt für Verfassungsschutz oder an westliche Geheimdienste würden Auskünfte nur in den parlamentarischen Gremien gegeben, die für die Kontrolle nachrichtendienstlicher Tätigkeit zuständig sind. Das teilte die Bundesregierung gestern [d. i. 19. Juni 1991] auf eine Anfrage der Bundestagsgruppe PDS/Linke Liste mit. Diese Vorgehensweise entspreche den im Einigungsvertrag und in der vorläufigen Benutzerordnung für Stasi-Unterlagen getroffenen Festlegung.«[11]

Das ist zu bezweifeln. Seit Juni 1990 besaßen nachweisbar Mitarbeiter des BND, BfV und MAD sowie die der Dienste der Amerikaner, Engländer und Franzosen, welche ehemalige MfS-Mitarbeiter kontaktierten, »personenbezogene Unterlagen aus Beständen des DDR-Staatssicherheitsdienstes«. So hatten die Amerikaner zum Teil Original-Vorgänge in den Händen, die aus der HA II stammten. Der MAD verfügte über Strukturen des MfS, mit denen er versuchte, ehemalige HV A-Mitarbeiter zur Aussage zu nötigen. Staatsschützer waren im Besitz von Personalakten ehemaliger MfS-Mitarbeiter, die sie aus Köln (BfV) erhalten hatten. Der BND operierte mit Adressenlisten von MfSlern und legte inoffiziellen Mitarbeitern (IM) Personalakten auf den Tisch, um sie anzuwerben.

Seit Juni 1990 nahmen sich Berater aus der alten Bundesrepublik, die im Innenministerium der DDR unter Peter Michael Diestel tätig waren, verstärkt der MfS-Problematik an. Mit Hilfe einstiger MfS-Mitarbeiter sollten zunächst Quellen des MfS in der BRD bzw. Westberlin enttarnt werden. Dazu brauchte man sich nur Kenntnisse der Struktur des MfS anzueignen.[12] Daraus konnte geschlossen werden, welche operativen Abteilungen »ins und im Operationsgebiet« arbeiteten. Zu jener Zeit war das EDV-Kaderprojekt der HA Kader und Schulung – von der Abteilung XIII im Objekt in der Wuhlheide geführt – noch in Takt, weil es im Zusammenhang mit finanz- und rententechnischen Fragen benötigt wurde. Dort besorgte man sich einen EDV-Ausdruck, aus dem Schlüsselnummern der Struktureinheiten, Geburtsdaten, Familiennamen, Vornamen und Jahresverdienst vom Stand 1988 hervorgingen.[13]

Damit lag alles offen. Jedem MfS-Mitarbeiter konnte die Abteilung zugeordnet werden. Von dort gab es die Verbindung zu den IM – auch die im Operationsgebiet. Das geschah anhand sogenannter Vorgangsbücher (oder Vorgangshefte), die sich in der Abteilung 12 (zentrale Registrierung) befanden. Dort wurde über jeden operativen Mitarbeiter ein Vorgangsbuch mit seinem Namen geführt. Sie enthielten seine OV-Vorgänge bzw. IM-Vorgänge mit Decknamen und Registriernummer. Mit preußischer Gründlichkeit war jedes Detail verzeichnet. Auch Archivierungen oder Übergaben an andere operative Mitarbeiter ließen sich damit recherchieren. Hatte man den Decknamen und die Registriernummer, gelangt man über eine Kartei innerhalb der Abteilung 12 zum Klarnamen der Person, die operativ bearbeitet wurde bzw. IM war.

Auf diese Weise wurden alle Quellen der HA II in der BRD und Westberlin identifiziert – im Unterschied zu den Quellen der HV A, wo es noch gelungen war, die Akten fast vollständig zu vernichten. Allerdings: Die Amerikaner hatten Anfang 1990 einen Teil der Unterlagen in die Staaten verbracht (»Rosewood«) und nicht die Absicht, diese an deutsche Stellen herauszugeben. Aufgrund des nachhaltigen Drängens einiger ostdeutscher Bürgerbewegter übergab 1999/2000 die US-Regierung Teile der Rosenholz-Akten deutschen Behörden. Ihre Aufdeckung wird in der deutschen Innenpolitik vermutlich jene Verwerfungen hervorrufen, die die Amerikaner durch ihre Zurückhaltung verhindern wollten.

Bei diesen Unterlagen handelt es sich um karteimäßig erfaßte Sachverhalte, die aber auch Hinweise auf Personen im Operationsgebiet zuließen. Die Betreffenden gehörten zur HVA und sollten an Moskau »übergeben« werden.

Im März 1992 aber jubelte Generalbundesanwalt Alexander von Stahl. »Die Enttarnung dieser Fälle ist leichter, da zahlreiche sogenannte Vorgangshefte zur Verfügung stehen ... Allein in der Hauptabteilung II, die für die Spionageabwehr zuständig war, sind mehr als hundert solcher Vorgangshefte gefunden worden.«[14]

Als größter Coup galt jedoch, Ende 1990 den Bürgerbewegten eine Liste mit knapp hunderttausend Namen von Hauptamtlichen zugespielt zu haben. Die sollten die »Drecksarbeit« machen. An dieser Operation war Eckart Werthebach maßgeblich beteiligt. Klaus Wolfram, Herausgeber der Wochenzeitschrift »die andere«, einem Sprachrohr der Bürgerbewegung in der DDR: »Uns liegen damit die Namen von knapp 100.000 hauptamtlichen Stasi-Mitarbeitern vor. Es sind nicht alle, der Bundesverfassungsausschuß soll angeblich noch 10.000 Namen mehr haben. (*Das Bundesamt für Verfassungsschutz hatte die Namen von etwa 85.000 ehemaligen Mitarbeiter und deren Adressen. Diese Liste war über die Personendatenbank des Innenministeriums der DDR in Berlin-Biesdorf ergänzt worden – d. A.*). Damit entzieht ›die andere‹ als Wochenzeitung der Bürgerbewegung das Mitarbeiterverzeichnis dem Zwielicht des Verfassungsschutzes und übergibt es der Öffentlichkeit.«[15]

Wie so oft ließ sich die Bürgerbewegung auch in dieser Frage manipulieren. Selbst in den eigenen Reihen regte sich über diesen unsinnigen Schritt Kritik, man sprach von »nützlichen Idioten«, zu denen man sich hatte machen lassen. Wenig später segnete »die andere« das Zeitliche. Sarkastisch konstatierte im Sommer 1992 Wolfram zutreffend: »Wir tanzten auf unserem Grab!«[16]

Die Veröffentlichung der Namensliste provozierte eine wochenlange Debatte. Peter Michael Diestel bemerkte: »So verantwortungslos, dachte ich, können Journalisten nicht sein.« Der Schriftsteller Christoph Hein fürchtete gar: »Das führt zu Mord und Totschlag.«

Das passierte gottlob (oder wem immer dafür zu danken war) nicht. Aber fortan hatte jeder Gelegenheit, seinen persönlichen Unmut an eine bestimmte Adresse zu richten. Es gab Drohbriefe, zerstochene Autoreifen, beschmierte Briefkästen und Haustüren, eingeworfene Fensterscheiben und – Kündigungen. Im April/Mai

1991 verloren allein in Berlin fast 500 Ehemalige ihre Arbeit. Hatte man im Herbst 1989 nicht gefordert: »Stasi in die Produktion!«?

Die Veröffentlichung führte zu einer Serie von Prozessen gegen den Herausgeber Klaus Wolfram. Vierzehn ehemalige Ärzte der Sportvereinigung »Dynamo«, die ebenfalls in der Liste aufgeführt worden waren, klagten und gewannen. Sie sorgten dafür – so Heike Fischer in ihrem letzten Artikel –, daß »die Geschichte der ›anderen‹ auch die Geschichte dieser Prozesse war«. Vollstreckbare Strafgelder in sechsstelliger Höhe drohten, sofern die Leichenfledderer nicht einlenkten.[17] Der Mohr hatte seine Schuldigkeit getan, der Mohr konnte gehen. Im August 1992 stellte »die andere« ihr Erscheinen ein.

Mengenlehre

Auf einer Pressekonferenz am 16. Mai 1990 erklärte Innenminister Peter Michael Diestel, daß »über vier Millionen Ost- und zwei Millionen Westdeutsche« von der Staatssicherheit erfaßt worden seien. Damit wurde der Eindruck erweckt, als habe das MfS sechs Millionen Deutsche bearbeitet.

Joachim Gauck und etliche aus der nach ihm benannten Bundesbehörde suggerierten in der Folgezeit ebenfalls, als wären Millionen und Abermillionen bespitzelt worden, indem auf die riesigen Aktenbestände verwiesen wurde. Dabei unterließ man es tunlichst, den unterschiedlichen Charakter der Unterlagen zu benennen.

Unter diesen »Stasi-Akten« befinden sich beispielsweise etwa eine Millionen Akten der Angehörigen des Wachregiments des MfS. Diese Einheit zählte rund 15.000 Angehörige. Mehrheitlich handelte es sich um Zeitsoldaten. Das heißt: In den vierzig Jahren kamen da schon etliche Personalakten zusammen.

Berücksichtigt man außerdem noch die rund 1,5 Millionen Namen von Personen, die im Zusammenhang mit Nazi- und Kriegsverbrechen erfaßt worden waren, schrumpft der Berg der »Opferakten« (oder »das Auschwitz der Seelen«, wie ihn einer der Bürgerbewegten dramatisierend nannte). Im Februar 1994 forderten darum öffentlich einige einst leitende Mitarbeiter des MfS zu größerer Differenzierung auf.[18]

Die Gauck-Behörde interessierte das wenig, sie verbreitete weiterhin den Eindruck, wer als Operativ-Vorgang registriert sei, war

Opfer, wer eine IM-Akte habe, sei prinzipiell ein Täter. Dazu noch einmal die vier Ex-MfSler in dem bereits zitierten ND-Beitrag: »Wie bunt das Leben eigentlich war, beweist auch die von der Aktenbehörde oft zitierte Direktive über Operative Vorgänge (OV) oder die Direktive über die Arbeit mit IM. OV wurden in der Regel dann angelegt, wenn offizielle oder inoffizielle (geheime) Hinweise zu einer oder mehreren Personen vorlagen, die den Verdacht einer staatsfeindlichen Tätigkeit, anders gesagt: Spionage, landesverräterische Agententätigkeit, Diversion/Sabotage, verfassungsfeindlicher Zusammenschluß usw., rechtfertigten. Die OV wurden – so sah es auch die einschlägige Direktive vor – so geführt, daß die zweifelsfreie Klärung des Anfangsverdachtes erarbeitet werden mußte. Das heißt, im Vorgang war die betreffende Person zweifelsfrei der Straftat zu überführen oder zu entlasten, als unschuldig oder aus mangelnder Beweislast. Es ging also um Bestätigung oder Nichtbestätigung des Anfangsverdachtes.

Nach unserer Erinnerung über die Vorgangsbearbeitung bestätigte sich bei ca. 30 Prozent der abgeschlossenen OV der Verdacht einer gegen die DDR gerichteten Tätigkeit, und sie wurden mit der Einleitung von Ermittlungsverfahren und z. T. mit Verhaftungen der Betroffenen abgeschlossen. Das kann alles in den analytischen Dokumenten des MfS der Aktenbehörde exakt nachvollzogen werden. Zirka 60 Prozent der OV wurden wegen Nichtbestätigung des Anfangsverdachtes abgeschlossen und archiviert. Etwa die Hälfte dieser abgeschlossenen OV wurde hauptsächlich wegen der erfolgten Persönlichkeitsaufklärung und ihrer Eignung für eine sicherheitsrelevante Aufgabe selektiert. Es wurden zu ihnen inoffizielle und z. T. auch offizielle Kontakte des MfS hergestellt.

Geeignete Personen wurden IM (Inoffizielle Mitarbeiter), ihre Zusammenarbeit mit dem MfS wurde über sogenannte IM-Vorlauf-Akten angebahnt. Darin wurden jene Schritte dokumentiert und konzipiert, die bereits gegangen worden oder die vorgesehen waren, um eine feste inoffizielle Mitarbeit zu sichern.«[19]

Die inoffiziellen Mitarbeiter wurden in besonderer Weise denunziert. Ihnen wurde pauschal unterstellt, sie hätten ihre Umgebung bespitzelt und dafür einen Judaslohn erhalten. »Die Masse der IM (ca. 70 bis 75 Prozent) waren überwiegend zu Sicherungsaufgaben, also nicht zur Personenbearbeitung, im

Staatsapparat, auf vielen Gebieten der Volkswirtschaft, in Schwerpunktbetrieben und Kombinaten, im Bereich der Wissenschaft und Technik, der Forschung eingesetzt. Sie hatten präventive (vorbeugende) Aufgaben zu erfüllen, die sichern sollten, daß ruhig und gefahrlos gearbeitet, Brände und Havarien vorbeugend verhindert werden konnten. Ein Teil der IM in speziellen Bereichen waren inoffizielle spezifische Sachverständige und Experten auf verschiedenen Gebieten. Um Ruhe und Ordnung an den Grenzen des Landes zu sichern, waren ebenfalls IM tätig. Ihr Beitrag bestand darin, eine Annäherung an die Grenzanlagen und damit eine Schußanwendung zu verhindern. Ein weiterer, sehr großer Teil waren Inhaber konspirativer Wohnungen, in denen Treffs mit anderen IM durchgeführt wurden. Viele waren als Deckadressen oder Decktelefon tätig mit der Aufgabe, die konspirative Verbindung von IM zum MfS zu sichern. (*Sie lösten Aufgaben im Rahmen des konspirativen Verbindungssystems des MfS und hatten keine personenbezogenen Kontakte zu deren Quellen – d. A.*).

Etwa 10 bis 12 Prozent waren IMB, d. h. sie hatten Verbindungen zu Geheimdiensten, Feindorganisationen im Ausland, aber auch zu feindlich tätigen Personen innerhalb der DDR. Das waren jene, die Angriffe ausländischer Dienste und Aktivitäten von verfassungswidrigen Zusammenschlüssen und feindlich tätigen Einzelpersonen abzuwehren bzw. einzuschränken hatten.«[20]

Bei der Beurteilung eines IM durch die Gauck-Behörde spielen solche Unterschiede keine Rolle. Dort heißt es stets: Nach Aktenlage war Herr/Frau XYZ ein inoffizieller Mitarbeiter. Das genügt bereits, um ihn/ihr zu kündigen oder ihn/sie öffentlich unter Druck zu setzen, damit er/sie ein Mandat niederlegt. Das Kainsmal genügt. Es ist seit 1990 ein wirksames Totschlagargument.

Das von einer Mehrheit im Deutschen Bundestag am 20. Dezember 1991 beschlossene Stasi-Unterlagen-Gesetz bediente sowohl das Rachebedürfnis einer ostdeutschen Minderheit als auch den Ehrgeiz der westdeutschen Funktionselite, die DDR als Staat zu kriminalisieren und zu delegitimieren. Dafür gab es politische wie Herrschaftsgründe. Und nicht zuletzt brauchte man Aufgaben für abgehalfterte oder funktionslose Politiker, Wissenschaftler, Juristen und Wirtschaftskapitäne aus Westdeutschland. Hier fand ein ideologisch begründeter Verdrängungswettbewerb statt.

Im Unterschied zum »Berlin Document Center« oder die Ende der 50er Jahre geschaffene »Zentrale Stelle der Länderjustizverwaltungen« in Ludwigsburg, welche Nazi-Akten verwalten, hat die Gauck-Behörde rund 3.000 Mitarbeiter und einen Jahresetat von 250 Millionen DM. Jene, die den Holocaust und Völkermord untersuchen, verfügen über erheblich weniger Mittel und natürlich auch Personal als jene Instanz, der es um »Aufklärung« des DDR-Unrechts geht.

Die beiden Stellen in Berlin und Ludwigsburg waren von Anfang an unzugänglich für die Öffentlichkeit. Bis heute erhielt kein Deutscher Einblick in seine Gestapo-Akten.[21]

Heute will keiner wahrhaben, daß Gauck einer Behörde vorsteht, die, wie es im Januar 1994 Prof. Heinz Obermann in einer deutschen Tageszeitung formulierte, »ein anachronistischer Ausdruck des deutschen irrationalen Antikommunismus und des totalitären Denkens in Feindbildern ist. Zudem kommt die Behörde in verhängnisvoller Weise dem tagespolitischen Bedürfnis entgegen, den politischen Gegner oder auch nur den Konkurrenten mit Bezichtigungen von der politischen Bühne zu fegen.«[22]

Es mehreren sich jedoch die Zeichen, daß es inzwischen eine Mehrheit auch im Bundestag gibt, die diesen Anachronismus als solchen begreift. Im Interesse des inneren Friedens und des Zusammenwachsens von Ost und West muß diese Wunde geschlossen werden. Ob Einsicht und Vernunft zu dieser Erkenntnis geführt haben oder der Umstand, daß sich inzwischen die Akten auch gegen die Verantwortlichen in der Bundesrepublik richten, ist dabei unerheblich.

Anmerkungen

1 Der Spiegel, Nr. 3/95, S. 44
2 Berliner Zeitung vom 16. Januar 1990, S. 1ff
3 Der Spiegel, Nr. 3/95, S. 52ff
4 Berliner Zeitung vom 16. Januar 1990, S. 2
5 Berliner Zeitung vom 16. Januar 1995, S. 3
6 ADN-Meldung vom 22. Dezember 1989
7 Berliner Zeitung vom 14. Oktober 1991, S. 2
8 Berliner Morgenpost vom 15. September 1991, S. 1
9 Berliner Zeitung vom 15. März 1990, S. 2
10 Neues Deutschland vom 21. März 1990
11 Berliner Zeitung vom 20. Juni 1991, S. 4
12 Gauck-Behörde, Struktur des MfS, Nr. 2/93
13 »die andere - Wochenzeitung der Bürgerbewegung« -: Nr. 12/91, 13/91, 14/91, 15/91: Die

Hauptamtlichen
14 dpa am März 1992
15 »die andere«, 12/91, Beilage Nr. 3
16 Berliner Zeitung vom 6. August 1992
17 ebenda
18 Neues Deutschland vom 21. Februar 1994, S. 10: Ein Diskussionsbeitrag ehemaliger Mitarbeiter des MfS (Günter Möller - ehemaliger Kaderchef), Manfred Dietel (ehemaliger 1. Stellvertreter HA I), Gerhard Niebling (ehemaliger Leiter ZKG), Klaus Kynast (Mitarbeiter Disziplinar)
19 ebenda
20 ebenda
21 Prof. Heinz Obermann in: Neues Deutschland vom 10. Januar 1994, S. 7: Die Gauck-Behörde hat schon mehr als 3.000 Mitarbeiter, die Zentrale für die Nazi-Akten in Ludwigsburg aber nur 26
22 ebenda

Epilog

Das Phänomen der deutsch-deutschen Spionage gehörte vier Jahrzehnte zum deutsch-deutschen Neben- und Miteinander. Mit der Herstellung der deutschen Einheit am 3. Oktober 1990 endete zwar dieses Phänomen aus dem Kalten Krieg, nicht aber der Kalte Krieg auf diesem Feld: Die Beteiligten auf ostdeutscher Seite wurden strafrechtlich verfolgt, ebenso die Personen, die auf westdeutscher Seite mit ihnen zusammengearbeitet hatten. Mit am stärksten betroffen wurden ehemalige hauptamtliche Mitarbeiter der Auslandsaufklärung der DDR (HV A) und der Spionageabwehr der DDR (Linie II). Man warf ihnen »Landesverrat«, »geheimdienstliche Agententätigkeit«, »Bestechung« und andere kriminelle Delikte vor.

Bis 1993 wurden laut offiziellen Mitteilungen etwa 3.900 Ermittlungsverfahren nach §§ 93 bis 101 (Landesverratsdelikte) eingeleitet. 160 Haftbefehle wurden vollstreckt.

Bis 1995 waren in rund 50 Prozessen gegen 92 Angeklagte Urteile gesprochen worden – Haftstrafen (überwiegend zur Bewährung ausgesetzt), Geldstrafen und Beschlagnahmungen in Höhe von über 2,5 Millionen DM.

In der Öffentlichkeit wurde aufgrund des Medienechos das Verfahren gegen den einstigen Leiter der Auslandsaufklärung, Generaloberst Markus Wolf, bekannt. Das Oberlandesgericht Düsseldorf verurteilte ihn 1993 zu 6 Jahren Haft.

Gegen seinen Nachfolger, Generaloberst Werner Großmann, und drei weitere Personen verhandelte 1991 das Kammergericht Berlin; gegen Generalmajor Harry Schütt (HV A IX) und drei weitere Mitbeschuldigte fanden 1991 und 1993 Prozesse vor dem Bayrischen Oberlandesgericht statt. Es wurden Bewährungsstrafen ausgesprochen. Generalmajor Karli Coburger, letzter Leiter der HA VIII (Ermittlung und Beobachtung), wurde vom Kammergericht Berlin 1993 zu 21 Monaten Haft verurteilt. Gegen Generalmajor Horst Männchen, letzter Chef der HA III (Funkaufklärung, Funkabwehr), wurde zwar Anklage wegen des Verdachts geheimdienstlicher Agententätigkeit erhoben, doch ein Prozeß fand nicht statt.

Der letzte Chef der Spionageabwehr (HA II), Generalleutnant Günter Kratsch, und drei weitere Mitbeschuldigte standen 1993 vor dem Kammergericht Berlin, es ging ein Vorlagebeschluß an das Bundesverfassungsgericht. Kratsch saß ein Jahr in U-Haft.

Ebenfalls erst nach einem Jahr U-Haft kam Generalmajor Rudi Strobel, letzter Leiter der Abteilung M (Postkontrolle), auf freien Fuß. Gegen ihn war 1994 und 1995 in Berlin prozessiert worden; er wurde freigesprochen.

Die Bundesbürger Karl Gebauer (»IM Reuter«), Klaus Kuron und Rainer Rupp wurden zur Höchststrafe von 12 Jahren Haft verurteilt. Gebauer wurde 1999 nach Verbüßung der Hälfte der Strafe aus gesundheitlichen Gründen begnadigt, Kuron ebenfalls. Rupp sitzt noch immer ein.

Die strafrechtliche Verfolgung von Mitarbeitern des MfS wurde aus dem Einigungsvertrag abgeleitet. Rückwirkend wurde bundesdeutsches Recht für die DDR-Zeit geltend gemacht. Zwar galt gemäß Artikel 8 des Einigungsvertrages das (bundesdeutsche) Strafrecht erst ab 3. Oktober 1990 für das Gebiet der DDR. Doch Artikel 315, Absatz 1 bis 3, des Einführungsgesetzes zum Strafgesetzbuch (EGStGB), das Bestandteil des Einigungsvertrages und Bundesgesetz ist, bekam auf Drängen Bonns noch einen vierten Absatz, der das sogenannte Rückwirkungsverbot aufhob: »Die Absätze 1 bis 3 finden keine Anwendung, soweit für die Taten das Strafrecht der Bundesrepublik schon vor dem Wirksamwerden des Beitritts gegolten hat.« Das bedeutete, daß alle geheimdienstlichen Maßnahmen der DDR in bezug auf die Bundesrepublik juristisch verfolgt werden sollten.

Die Regierungskoalition hatte am 2. September 1990 noch ein Gesetz eingebracht, mit dem dieser vierte Absatz eliminiert werden sollte: »Der Entwurf (Gesetz über die Straffreiheit bei Straftaten des Landesverrats) sieht die Straffreiheit für die typischen Taten der Angehörigen der Auslandsnachrichtendienste der Deutschen Demokratischen Republik und ihre Agenten vor.«
Das Gesetz scheiterte im Bundesrat an der SPD-Mehrheit. In einer Stellungnahme vom 7. September 1990 hieß es dazu: »Der Gesetzentwurf ist unausgereift und sollte derzeit nicht weiter verfolgt werden.«

SPD, Grüne und auch CSU sahen auch danach keinen Handlungsbedarf für eine »Schlußstrichamnestie«. Die politische Lösung des Problems schien nicht gewollt, die Justiz sollte es lösen. Günter Gaus charakterisierte diese Praxis als mittelalterlich: »Wenn es Strafe sein soll, wie unsere Öffentlichkeit gewöhnlich mit Stasi-Mitarbeitern umgeht, dann sollten wir uns dessen ganz bewußt werden: Es ist eine Art zu strafen, die zum mittelalterlichen Pranger zurückführt. Zivilisatorische Fortschritte gelten in der Regel nicht mehr; nicht der Satz: im Zweifel für den Angeklagten, kein Datenschutz. Die Anklageschrift – die Akte aus Gaucks Zauberberg – enthält praktisch schon das Urteil.«

Der Frage, ob einstige DDR-Bürger, die beruflich gegen die Bundesrepublik gearbeitet haben, juristisch belangt werden dürfen, nahm sich das Bundesverfassungsgericht im Sommer 1991 an. Es war der Auffassung, daß eine Strafverfolgung einst hauptamtlicher, leitender Mitarbeiter der DDR-Spionage mit »Lebensgrundlage« in der DDR gegen das Gleichheitsgebot des Grundgesetzes verstieße. Am 15. Mai 1995 erging vom Zweiten Senat des Bundesverfassungsgerichtes ein 81seitiger Beschluß; drei Verfassungsrichter vertraten ihre Abweichende Meinung in einem weiteren 33-Seiten-Papier. Die Mehrheitsmeinung sah so aus:

»1. Staatsbürger der ehemaligen DDR, die vor der Herstellung der deutschen Einheit für Geheimdienste ihres Staates ausschließlich vom Boden der DDR aus gegen die Bundesrepublik Deutschland spioniert haben, dürfen nach der Wiedervereinigung nicht mehr wegen ihrer Spionagetätigkeit verfolgt werden.

2. Zugunsten derjenigen Staatsbürger der DDR, die dies im Gebiet der Bundesrepublik getan haben, sind bei der Bestimmung der Rechtsfolgen der Tat besondere Milderungsgründe zu berücksichtigen, die im Ergebnis auch zur Verfahrenseinstellung führen können.

3. Bei Staatsbürgern der DDR, die von einem ausländischen Staat aus Spionage gegen die Bundesrepublik Deutschland betrieben haben, muß unterschieden werden: Drohte dem Täter keine Bestrafung oder Auslieferung an die Bundesrepublik durch den ausländischen Staat, so kann er wie bei der Fallgruppe (1) nicht mehr wegen seiner Spionage verfolgt werden. Drohte ihm dagegen Bestrafung oder Auslieferung an die Bundesrepublik Deutschland durch den ausländischen Staat, so kommt die Strafverfolgung nur

eingeschränkt in Betracht. Dagegen besteht hinsichtlich der Bundesbürger, die Spionage für die DDR betrieben haben, weder ein Verfolgungshindernis noch ein besonderer Strafmilderungsgrund.«

Bis zu diesem Beschluß des Bundesverfassungsgerichtes im Mai 1995 war bereits gegen eine ganze Reihe leitender Mitarbeiter der Hauptabteilung II und der Abteilungen II in den Bezirksverwaltungen des MfS Anklage erhoben worden.

Diese Erfahrung und die fortgesetzte Ausgrenzung der ehemaligen MfS-Mitarbeiter haben verhindert, daß sie mehrheitlich bislang nicht im vereinten Deutschland angekommen sind. Sie wurden nicht nur als Ostdeutsche benachteiligt, sondern auch durch ihre frühere Tätigkeit stigmatisiert. Der innere Frieden in dieser Republik nahm dadurch schweren Schaden. Dafür können nicht sie, sondern kann nur die Politik der Bundesregierung haftbar gemacht werden.

Noch immer verlangt man Rechenschaft von den Ostdeutschen, sie müssen ihre Biographien offenbaren und sich dafür entschuldigen, daß sie einem Staat gedient haben, der einmal angetreten war, eine gesellschaftliche Alternative zu versuchen. Da offenkundig allein der Versuch strafbar war, müssen alle, die daran aktiv mitgewirkt haben, bestraft werden.

Der Auffassung eines Berliner Justizsenators kann ich darum nur beipflichten: »Man leistet keinen Beitrag zur Einheit, wenn man den Eindruck vermittelt, wir in der alten Bundesrepublik hätten immer alles richtig gemacht und die in den neuen Bundesländern immer alles falsch.«

Allerdings ist das keine Mehrheitsmeinung.

Es bleibt noch einiges zu tun, ehe sich diese Haltung flächendeckend durchsetzt.

Anhang

Anlage 1
Gesetz über die Bildung eines Ministeriums für Staatssicherheit

Gesetz über die Bildung eines Ministeriums für Staatssicherheit.

Vom 8. Februar 1950

§ 1

Die bisher dem Ministerium des Innern unterstellte Hauptverwaltung zum Schutze der Volkswirtschaft wird zu einem selbständigen Ministerium für Staatssicherheit umgebildet. Das Gesetz vom 7. Oktober 1949 über die Provisorische Regierung der Deutschen Demokratischen Republik (GBl. S. 2) wird entsprechend geändert.

§ 2

Dieses Gesetz tritt mit seiner Verkündung in Kraft.

Berlin, den 8. Februar 1950

Das vorstehende, vom Präsidenten der Provisorischen Volkskammer unter dem 10. Februar 1950 ausgefertigte Gesetz wird hiermit verkündet.

Berlin, den 18. Februar 1950

**Der Präsident
der Deutschen Demokratischen Republik**

W. Pieck

Anlage 2
Fahneneid der Angehörigen des MfS

Ich schwöre:
Der Deutschen Demokratischen Republik, meinem Vaterland, allzeit treu zu dienen und sie auf Befehl der Arbeiter-und-Bauern-Regierung gegen jeden Feind zu schützen.

Ich schwöre:
An der Seite der Nationalen Volksarmee und der anderen bewaffneten Organe der Deutschen Demokratischen Republik, der Armeen, der Schutz- und Sicherheitsorgane der Sowjetunion und der mit uns verbündeten sozialistischen Länder als Angehöriger des Ministeriums für Staatssicherheit die Feinde des Sozialismus auch unter Einsatz meines Lebens zu bekämpfen und alle mir gestellten Aufgaben zur Gewährleistung der staatlichen Sicherheit zu erfüllen.

Ich schwöre:
Ein ehrlicher, tapferer, disziplinierter und wachsamer Angehöriger des Ministeriums für Staatssicherheit zu sein, den Vorgesetzten unbedingten Gehorsam zu leisten, die Befehle mit aller Entschlossenheit zu erfüllen und die militärischen und staatlichen Geheimnisse immer streng zu wahren und zu schützen.

Ich schwöre:
Die Kenntnisse und Fähigkeiten zur Erfüllung meiner Aufgaben gewissenhaft zu erwerben, die dienstlichen Bestimmungen einzuhalten und immer und überall die Ehre unserer Republik und des Ministeriums für Staatssicherheit zu wahren. Sollte ich jemals diesen meinen feierlichen Fahneneid verletzen, so möge mich die harte Strafe der Gesetze unserer Republik und die Verachtung des werktätigen Volkes treffen.

Anlage 3
Verpflichtungserklärung für hauptamtliche Mitarbeiter des MfS

Ich (Name, Vorname, Geburtsdatum, -ort) verpflichte mich, auf der Grundlage der dazu erlassenen Rechtsvorschriften und dienstlichen Bestimmungen im Ministerium für Staatssicherheit Dienst im militärischen Beruf zu leisten. Bei der Abgabe dieser Verpflichtung bin ich mir bewußt, daß das Ministerium für Staatssicherheit ein zuverlässiges und der Sozialistischen Einheitspartei Deutschlands treu ergebenes Organ des Ministerrates der Deutschen Demokratischen Republik ist, in deren Auftrag es wichtige politisch-operative und militärische Aufgaben zur Festigung unserer Arbeiter-und-Bauern-Macht und zur Sicherung des Friedens durchführt, daß das Ministerium für Staatssicherheit als ein bewaffnetes Organ der Arbeiter-und-Bauern-Macht zum Schutz und zur Sicherung der sozialistischen Gesellschaft und zum Kampf gegen alle Anschläge der Feinde des Friedens und des Sozialismus geschaffen wurde.

Ich verpflichte mich,
a) alle meine Kräfte und Fähigkeiten einzusetzen, um die ehrenvollen Pflichten und Aufgaben eines Angehörigen des Ministeriums für Staatssicherheit zu erfüllen, die Beschlüsse der Sozialistischen Einheitspartei Deutschlands und die Verfassung, die Gesetze und Beschlüsse der Volkskammer, die Erlasse und Beschlüsse des Staatsrates, die Verordnungen und Beschlüsse des Ministerrates, die Beschlüsse und Anordnungen des Nationalen Verteidigungsrates sowie die dienstlichen Bestimmungen und Befehle des Ministers für Staatssicherheit und der anderen zuständigen Vorgesetzten einzuhalten und mit schöpferischer Initiative durchzuführen.
b) den Dienst, getreu dem Fahneneid, ehrlich und gewissenhaft an jedem Einsatzort zu leisten, mit aller Entschlossenheit den Kampf gegen die Feinde der Deutschen Demokratischen Republik und der sozialistischen Staatengemeinschaft zu führen, die Verbundenheit mit den Angehörigen des Komitees für Staatssicherheit der Sowjetunion und den Angehörigen der Sicherheitsorgane der sozialistischen Staatengemeinschaft weiter zu

festigen und stets im Sinne des sozialistischen Internationalismus zu handeln,
c) die militärische Disziplin zu wahren, ständig einsatzbereit zu sein und meine marxistisch-leninistische, spezial-fachliche, militärische, wissenschaftlich-technische und allgemeine Bildung sowie praktischen Fähigkeiten zur Lösung der mir übertragenen Aufgaben zu vervollkommnen,
d) die Verbundenheit zwischen dem Ministerium für Staatssicherheit und der Arbeiterklasse, den Genossenschaftsbauern und den anderen Werktätigen unablässig zu festigen,
e) nach den Geboten der sozialistischen Ethik und Moral zu handeln, die sozialistischen Beziehungen der Angehörigen des Ministeriums für Staatssicherheit zueinander unablässig zu festigen, innerhalb und außerhalb des Dienstes Vorbild zu sein sowie die Ehre und Würde des Ministeriums für Staatssicherheit stets zu wahren,
f) während und nach der Ableistung des Dienstes die staatlichen und militärischen Geheimnisse zu wahren sowie vor Gericht, Staatsanwalt, Untersuchungsorganen oder anderen staatlichen und gesellschaftlichen Organen über Tatsachen, die mit dem Dienst im Ministerium für Staatssicherheit im Zusammenhang stehen, nur dann auszusagen, wenn mir die Genehmigung erteilt wurde,
g) entsprechend der erfolgten Belehrung über die verbrecherischen Methoden der imperialistischen Geheimdienste und ihrer Organisationen bei allen Versuchen der Verbindungsaufnahme stets wachsam zu sein und solche Versuche sofort meinem Vorgesetzten zu melden,
h) das Verbot, Westberlin, die BRD oder andere Länder des kapitalistischen Auslands zu betreten, zu befahren oder zu überfliegen sowie Verbindungen jeglicher Art von oder nach dort zu unterhalten, soweit kein dienstlicher Auftrag vorliegt, einzuhalten und dafür zu sorgen, daß auch meine Familienangehörigen oder Personen, die ständig oder überwiegend zur häuslichen Gemeinschaft gehören, dieses Verbot unbedingt achten sowie bei Nichtachtung dieses Verbots durch meine Familien-

angehörigen oder durch Personen, die zur häuslichen Gemeinschaft gehören, unverzüglich meinem Vorgesetzten Meldung zu erstatten,

i) alle Post, die aus Westberlin, der BRD oder anderen Ländern des kapitalistischen Auslands an mich gesandt wird, unverzüglich meinem Vorgesetzten zu übergeben bzw. den Empfang solcher Post durch meine Familienangehörigen oder durch Personen, die zur häuslichen Gemeinschaft gehören, sofort meinem Vorgesetzten zu melden und die Ankunft von Personen aus Westberlin, der BRD oder anderen Ländern des kapitalistischen Auslands, die mich, meine Familienangehörigen oder zum Haushalt gehörende Personen besuchen oder auf andere Art mit mir oder den Vorgenannten in Verbindung treten, meinem Vorgesetzten sofort zu melden,

j) alle Veränderungen persönlicher Art, die mich oder meine nächsten Angehörigen betreffen, schriftlich über meinen Vorgesetzten an die Hauptabteilung Kader und Schulung bzw. Abteilung Kader und Schulung unverzüglich zu melden,

k) auch nach meiner Entlassung mich so zu verhalten und so zu handeln, daß eine Gefährdung für die Tätigkeit des Ministeriums für Staatssicherheit und meine Person nicht eintreten kann.

Ich wurde über die strafrechtlichen Folgen der Verletzung dieser durch mich abgegebenen Verpflichtung auzsführlich belehrt.

(Ort, Datum, Unterschrift)

Verpflichtet durch: (Name, Dienstgrad, Dienststellung)

Anlage 4

Vergleichende Übersicht der nachrichtendienstlichen Strukturen der DDR mit den analogen Behörden der BRD

Dienststellen DDR	Personalstärken (gerundet)		Dienstellen BRD
Ministerium für Staatssicherheit Mitarbeiterzahl ohne - meist wehrpflichtige - Angehörige des Wachregiments (16 200) und ohne Sportvereinigung Dynamo (500)	**68 800**		**Führungsstellen** **für die Geheimdienste** im
		...	Bundeskanzleramt - Koordinierung der Geheimdienste - Aufsicht über Bundesnachrichtendienst
		...	Bundesinnenministerium Aufsicht über - Bundesamt für Verfassungsschutz (BfV) - Bundeskriminalamt (BKA) mit - Bundesgrenzschutz (BGS) mit - Grenzschutzeinzeldienst (GSE) und - Antiterrorgruppe (GSG 9)
		...	Innenministerien der Länder Aufsicht über - Landesämter für Verfassungsschutz (LfV) - Landeskriminalämter (LKA)
		...	Bundesverteidigungsministerium Aufsicht über - Militärischen Abschirmdienst (MAD)
Hauptverwaltung Aufklärung(HVA)	davon 4 200	**7 500**	**Bundesnachrichtendienst (BND)**
		2 360	**Bundesamt für Verfassungsschutz (BfV)**
		2 700	**Landesämter für Verfassungsschutz (LfV)**
		1 950	**Militärischer Abschirmdienst (MAD)**
		4 331	**Bundeskriminalamt (BKA)** mit - Sicherungsgruppe Bonn (438 Mitarbeiter) - polizeilichem Staatsschutz (262 Mitarbeiter)
		... ...	**Landeskriminalämter (LKA)** mit nachgeordneten Diensteinheiten : politische Polizei bis zu den Kreisbehörden,
			In der DDR dem MfS teilweise zugeordnete Funktionen der strafprozessualen Ermittlungen und Untersuchungshaft bei Staatsschutzdelikten werden auf BRD-Seite von **Justizbehörden** und dem polizeilichen Staatsschutz erfüllt.
Ministerium f. Nationale Verteidigung **Verwaltung Aufklärung**	**1 200**	**1 200**	Bundesverteidigungsministerium **Amt für Nachrichtenwesen der Bundeswehr (ANBw)**

Anlage 5
Struktureinheiten des MfS, die mit Aufgaben der Spionageabwehr befaßt waren

Hauptabteilung II (HA II), dem Minister direkt unterstellt

Dienstsitz: Berlin-Lichtenberg, Normannen-/Gotlindestr.
Personalbestand: 1.408 hauptamtliche Mitarbeiter
Leiter: Generalleutnant Dr. Günther Kratsch
Stellvertreter: Generalmajor Wolfgang Lohse, Oberst Kurt Schenk, Oberst Dieter Oertel, Oberstleutnant Dr. Horst Hillenhagen
Auswertungs- und Kontroll-Gruppe (AKG): Lageeinschätzung, Entscheidungsvorbereitung, Vorbereitung von Dienstbesprechungen, Dienstkonferenzen und von Vorträgen für den Leiter
Arbeitsgruppe Koordinierung: Abstimmung mit anderen Diensteinheiten des MfS zur komplexen Spionageabwehr
Referat 1: Sicherung des IM-Netzes und Operativer Vorgänge (OV)
Referat 2: Identifizierung von Agenturen und Zielpersonen gegnerischer Geheimdienste, zentrale Koordinierung der OV-Bearbeitung, Kontrolle von Verbindungssystemen gegnerischer Dienste
Abteilung 1: Innere Sicherheit des MfS sowie Absicherung des Sondergebietes Karlshorst (KGB) und der Sektion Kriminalistik der Humboldt-Universität
Abteilung 2: Spionageabwehr im bzw. in das Operationsgebiet (BRD) mit den Operativen Referaten 1 bis 4
Abteilung 3: Spionageabwehr auf der amerikanischen Linie
Abteilung 4: Militär-Spionageabwehr mit den Operativen Referaten 1 bis 4
Abteilung 5: Fahndung nach nachrichtendienstlich-postalischen Verbindungsmitteln
Abteilung 6: Abwehr von Spionageangriffen auf politische und ökonomische Bereiche und Wissenschaftseinrichtungen der DDR
Abteilung 19: Sicherung der internationalen Beziehungen der SED

Abteilung M:
Unterstellung: HA II
Sitz: Berlin-Lichtenberg, Normannen-/Gotlindestraße
Leiter: Generalmajor Rudi Strobel
Stellvertreter: Oberst Rudolf Hundshagen, Oberst Klaus-Dieter Schenkwitz, Oberst Karl-Heinz Pfüller
Aufgaben: Überwiegend auftragsgebunde Kontrolle und Auswertung von Postsendungen, Feststellen von geheimdienstlichen und anderen subversiven Verbindungen, Verhinderung der Verbreitung von Materialien mit staatsfeindlichem Inhalt, Führung eines Schriftenspeichers und spezieller Adressenkarteien

Hauptabteilung I (HA I)

Sitz: Berlin-Treptow, Schnellerstraße
Leiter: Generalleutnant Manfred Dietze
Stellvertreter: Generalmajor Manfred Dietel, Oberst Helmut Heckel, Oberst Günter Nieter
Aufgaben: Abwehrarbeit in den Führungsorganen, Truppen und Einrichtungen der NVA und der Grenztruppen; Arbeit im und nach dem Operationsgebiet zur Erkundung militärischer Einrichtungen

Hauptabteilung VI (HA VI)

Sitz: Berlin-Treptow, Schnellerstraße
Leiter: Generalmajor Heinz Fiedler
Stellvertreter: Oberst Rudi Ziegenhorn, Oberst Erhardt Wilke, Oberst Günter Herfurth, Oberst Werner Ott
Aufgabe: Überwachung des Ein- und Ausreiseverkehrs und des Transits; Datenerfassung und zentrale Speicherung, operative Maßnahmen im und nach dem Operationsgebiet; Oberservierung und »Betreuung« im Rahmen des Polittourismus; Abwehrarbeit unter den Angehörigen der Zollverwaltung

Hauptabteilung VII (HA VII)

Sitz: Berlin-Lichtenberg, Normannen-/Gotlindestraße
Leiter: Generalmajor Dr. Jochen Büchner

Stellvertreter: Oberst Dr. Hans-Joachim Krüger, Oberst Dr. Rolf Spange, Oberst Karl-Heinz Wiese
Aufgabe: Sicherung und Abschirmung des MdI, des Strafvollzuges außer StVA Bautzen II und operative Arbeit unter Strafgefangenen; Sicherung des Zentralen Aufnahmeheimes und Abwehrarbeit unter Rückkehrern und Ausländern

Hauptabteilung XVIII (HA XVIII)

Sitz: Berlin-Lichtenberg, Normannen-/Gotlindestraße
Leiter: Generalleutnant Dr. Alfred Kleine
Stellvertreter: Oberst Gerhard Böhm, Oberst Erich Lehmann, Oberst Hilmar Wunderlich
Aufgabe: Sicherung der zentralen volkswirtschaftlichen Objekte (ohne KoKo); Wirtschaftsspionageabwehr, Aufklärung und Bestätigung von Nomenklaturkadern, Auslands- und Reisekadern; Sicherung der Außenwirtschaftsbeziehungen; Aufdeckung von Wirtschaftskriminalität; Sicherung des FDGB

Hauptabteilung XIX (HA XIX)

Sitz: Berlin-Lichtenberg, Normannen-/Gotlindestraße
Leiter: Generalmajor Edgar Braun
Stellvertreter: Oberst Dr. Manfred Türpe (Oberstleutnant Karl-Heinz Kretschmar)
Aufgabe: Absicherung aller Bereiche des Verkehrswesens; Absicherung des Post- und Fernmeldewesens; Sicherungs-aufgaben beim grenzüberschreitenden Verkehr der Reichs-bahn; Aufklärung und Bestätigung von Kadern

Hauptabteilung XX (HA XX)

Sitz: Berlin-Lichtenberg, Normannen-/Gotlindestraße
Leiter: Generalleutnant Paul Kienberg
Stellvertreter: Oberst Benno Paroch, Oberst Horst Gerlach, Oberst Rolf Krull
Aufgabe: Bekämpfung der politisch-ideologischen Diversion (PID) und politischer Untergrundtätigkeit (PUT); Sicherung zentraler Einrichtungen des Staatsapparates und von Führungsgremien

der Parteien (ohne SED) und Massenorganisationen; Mitwirkung an der Durchsetzung der offiziellen Jugendpolitik, der Kulturpolitik; Kampf gegen staatsfeindliche Hetze; Aufklärung, Bearbeitung, Sicherung der Kirchen und Religionsgemeinschaften; Sicherung der zentralen Massenmedien; abwehrmäßige Arbeit im und nach dem Operationsgebiet gegen Zentren der PUT und unter alternativen Gruppierungen; Sicherung von Einrichtungen und Betrieben der SED

Anlage 6
Struktureinheiten des MfS, mit denen die HA II zusammenarbeitete

Hauptabteilung III (HA III)

Sitz: Berlin-Köpenick, Wuhlheide
Leiter: Generalmajor Dr. Horst Männchen
Stellvertreter: Oberst Heinz Fischer, Oberst Gerhard Höferer, Oberst Ernst Kraft, Oberst Peter Schneider, Oberst Ralph Walther
Aufgabe: Funkaufklärung und Informationsgewinnung; Funkabwehr, wissenschaftlich-technische Entwicklung; Kontrolle und Überwachung von Funknetzen und Nachrichtenverbindungen der NATO-Staaten und nichtsozialistischer Länder; Überwachung UKW- und KW-Bereich; Sicherung eigener Nachrichtenverbindungen

Hauptabteilung IX (HA IX)

Sitz: Berlin-Hohenschönhausen, Freienwalder Straße
Leiter: Generalmajor Dr. Rolf Fister
Stellvertreter: Oberst Dr. Achim Kopf, Oberst Dr. Manfred Eschberger, Oberst Jürgen Lehmann
Aufgabe: Wahrnehmung der Befugnisse eines staatlichen Untersuchungsorgans gemäß § 98 der Strafprozeßordnung der DDR von 1968 (Spionage und Landesverrat, politische Untergrundtätigkeit, schwere Wirtschafts- und Eigentumsdelikte); Bearbeitung von Straftaten von Angehörigen des MfS und durch IM, Bearbeitung von Militärstraftaten, Nazi- und Kriegsverbrechen; Kooperation mit Untersuchungsorganen der Bruderländer im Kontext von »ungesetzlicher Verbindungsaufnahme« und »ungesetzlichen Verlassens« der DDR

Operativ-technischer Sektor (OTS)

Sitz: Berlin-Hohenschönhausen, Freienwalder Straße
Leiter: Generalmajor Günter Schmidt

Stellvertreter: Oberst Manfred Hahnewald, Oberst Karl Bauch, Oberst Gerhard Müller, Oberst Hans Jurich
Aufgabe: Auftragsbezogene Forschungs- und Entwicklungsarbeit, Musterbau und Kleinserienfertigung operativ-technischer Geräte (z. B. »Container«, Fototechnik etc.); Be-schaffung und Ausstellung »operativer Dokumente«
Abteilung 32: Naturwissenschaftlich-technische Expertisen und Kooperation mit der Kriminalpolizei
Referat 1: Chemische Expertisen
Referat 2: Technische Expertisen
Abteilung 34: Chemische und fotografische Mittel
Referat 1: Entwicklung von Geheimschriftuntersuchungsmethoden
Referat 5: Untersuchung von Geheimschreibmitteln und Geheimschriften

Zentrale Auswertungs- und Informationsgruppe (ZAIG)

Sitz: Berlin-Lichtenberg, Normannen-/Gotlindenstraße
Leiter: Generalleutnant Dr. Werner Irmler
Stellvertreter: Oberst Rudi Taube, Oberst Dr. Karl Bausch, Oberst Dr. Harry Bochmann, Oberst Dr. Karl Fischer
Aufgabe: Lageanalyse für Partei- und Staatsführung, Mitwirkung an der zentralen Planung des MfS; Öffentlichkeits- und Traditionsarbeit; Mitwirkung im System der vereinigten Erfassung von Informationen über den Gegner innerhalb der sozialistischen Staaten (SOUD); Dienstaufsicht über die HA XII und XIII sowie über die Rechtsstelle

Hauptverwaltung Aufklärung (HVA)

Sitz: Berlin-Lichtenberg, Normannen-/Gotlindestraße
Leiter: Generaloberst Werner Großmann
Stellvertreter: Generalmajor Horst Vogel, Generalmajor Heinz Geyer, Generalmajor Heinrich (Heinz) Tauchert, Generalmajor Werner Prosetzky, Oberst Ralf-Peter Devaux, Oberst Manfred Süß
Aufgabe: Auslandsnachrichtendienst. Nachrichtendienstliche Arbeit gegen das Ausland, insbesondere BRD und Westberlin

Anlage 7
Geheimdienstzweige der USA, die gegen die DDR arbeiteten

Central Intelligence Agency (CIA)

Sitz: Frankfurt/Main (seit 1945), Stuttgart (seit den 80er Jahren), Residentur Bonn, Residentur Westberlin; Außenstellen in den Generalkonsulaten Hamburg, Frankfurt und München.
Residentur in der DDR-Hauptstadt: seit 1973. Sechs bis sieben Mitarbeiter mit diplomatischer Abdeckung. Auffällig viele Frauen und Ehepaare.

Defence Intelligence Agency (DIA)

Aufklärungsverwaltung des Verteidigungsministeriums mit dem Führungsorgan Intelligence and Security Command (INSCOM) in Heidelberg
Sitz der DIA: Pentagon, Washington
Aufgabe: Militäraufklärung gegen Warschauer Pakt

Bureau of Intelligence and Research (INR)

Büro für Aufklärung und Forschung des Außenministeriums
Sitz: State Departement, Washington
Aufgabe: Erarbeitung und Analyse von Auslandsinformationen, die aus Sicht der USA für die nationale Sicherheit von Interesse sind

Personenregister